MONOGRAPHIE

DE LA

VILLE DE CASTELJALOUX

PAR

J. F. SAMAZEUILH,

AVOCAT,

Membre de la Société d'Agriculture, Sciences et Arts d'Agen, Membre correspondant de l'Académie impériale de Bordeaux, et Correspondant du Ministère de l'instruction publique, pour les Travaux historiques.

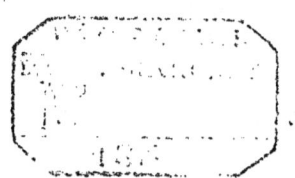

NÉRAC
IMPRIMERIE DE J. BOUCHET.
1860.

LISTE DES SOUSCRIPTEURS.

N. B. Le produit de cette Souscription, frais déduits, est destiné à la restauration de la façade de l'Eglise Notre-Dame, à Casteljaloux.

CASTELJALOUX.

MM.	ex.
Remy Dartaud, maire, pour	10
Calas Nérée, propriétaire,	1
DE Calbiac A., cons. mun.,	5
Prieur, coutelier,	1
Ollive, chev. de la lég. d'h.	1
Ducos de La Hitte, percept.	1
veuve Besse, propriétaire,	1
Lévadou S., limonadier,	1
Maison, emp. des cont. ind.	1
Daguerre, V., menuisier,	1
Dertheil, boucher,	1
Marot A., limonadier,	1
Campmas C., propriétaire,	1
David C., de Fargues,	1
Bernous, boulanger,	1
Scarpatett, pâtissier,	1
Populus, S. rec. buraliste,	1
Levadou Th., coiffeur,	1
Lamarque F., tourneur,	1
Cabannes jeune, négociant,	1
Armagnac P., charcutier,	1
veuve Vigneau, marchande,	1
Dufils A., sellier,	1
Labat, propriétaire,	1
Labat Th., négociant,	1
Calas E., négociant,	1
veuve Pochet, sage-femme,	1
Austry, marchand de bois,	1
Cormarie fils, négociant,	1
Pochet G., march. de vin,	1

MM.	ex.
Hiollet, peintre,	1
Frauciel F., boulanger,	1
Réau, teinturier,	1
Pélissier, dir. de la p. aux l.	1
Galssaires, aubergiste,	1
Mlle Cloé de La Corrège	2
Germa, roulier,	1
Pivaudran, aubergiste,	1
Cherchouly-Lardallier, not.	1
Pointier, retraité,	1
veuve Picard, limonadière,	1
Saintaraille, notaire,	2
Berreté, juge de paix,	2
Bartherote, menuisier,	1
Prévot Eul., marchande,	1
Lussac, tailleur,	1
Bordères, bijoutier,	1
Fromentié, cons. mun.,	1
V⁰ Lagardère, marchande,	1
Dufils, adjoint,	1
Dabos, cons. mun.	1
Coumet jeune, négociant,	1
Marot, sabotier,	1
Béziat, marchand,	1
Casaux A., cons. mun.	1
Chastaignol, rec. de l'enreg.	1
Belloc, com. de police,	1
Ducros A., sec. de la mairie,	1
Salefranque, cons. mun.,	2
Filhastre, prop. et meunier,	1
Bridet, cordonnier,	1
veuve Labadie, propr.,	2

MM.	ex.	MM.	ex.
Artigalas, botteleur,	1	veuve Murat, prop.,	1
Girot, maître d'hôtel,	1	Labadie, cantonnier,	1
Dufils J., propriétaire,	2	DE Labarrière, cons. mun.,	1
Cassières, sabotier,	1	Paillés, chef cantonnier,	1
Guillot C., perruquier,	1	Larrivet, banquier,	1
Tauzin P., propriétaire,	1	Grenouilleau, notaire,	1
Dupouy Thérèze,	1	Bo Pierre, propriétaire,	1
Garrelon, cons. mun.,	1	Brune, agent-voyer,	1
Dufillol, serrurier,	1	Mlle Yon,	1
Barbarisque, boulanger,	1	Perrot, aubergiste,	1
Mme Dartaud, née de Tenet,	1	Molère, facteur,	1
Dartaud L., négociant,	1	Laujac, médecin,	1
Filhastre M., march. fond.	1	Cauzac, charpentier,	1
Durey, charpetier,	1	Duport, commis,	1
Vervial, charcutier,	1	Duguerre Ulie,	1
Veillon, propriétaire,	1	Pasquier, coiffeur,	1
Guichené, meunier,	1	DE Campagno, vᵉ Dutour,	1
Dartaud Ch.,	1	Lespés, cons. mun.,	1
Batz de Trenqueléon, prop.	1	Lacommère fils, propr.,	1
Misson, facteur,	1	Lasserre, propriétaire,	1
Lagardère Ch., prop.,	1	Bavard, négociant,	1
Fleysener M., marchand,	1	La Supérieure de l'Hospice,	3
Quatremaille, propriétaire,	1	Dartaud Th., propr.,	1
veuve Larrieu, prop.,	1	Labails, propr.,	1
Dulau, pharmacien,	1	Lanouelle, propr.,	1
Gastaing M., coiffeur,	1	J.-B. Lamarque, adjoint,	1
Renous, propriétaire,	1	Martin, cond. des p. et c.,	1
Simon, propriétaire,	1	Charbonneau, piqueur,	1
Surget A., meunier,	1	Monteilh, marchand,	1
Billet, ancien commissaire,	1	Lacroix fils, marchand,	1
Buffandeau, propriétaire,	1	Godard, chapelier,	1
Laffagne M., charron,	1	David, fils, propriétaire,	1
Coycaul fils, négociant,	1	Fages, maître d'hôtel,	1
Sudery, serrurier,	1	Boyer, ancien agent-voyer,	1
Moulade, charron,	1	Murat Jules, platrier,	1
Col Gabriel, cons. mun.,	1	Bienvenu, tourneur,	1
Lange, charron,	1	Moura, propriétaire,	1
J.-B. Levadou, limonadier,	1	Millot, ferblantier,	1
Ducros Louis, cons. mun.,	1	Saugeon, boulanger,	1
Closterman, greffier,	1	un anonyme,	10
Favard, curé de Casteljaloux	1	Beaubois, huissier,	1
Handus, vicaire id.	1	Bourrillon Ch., menuisier,	1
J.-B. Besse, propriétaire,	1	Faugères fils Romain,	1
Samazeuilh, commis négᵗ,	1	Vidaillet, cordonnier,	1

MM.	ex.	MM.	ex.
Barbot Arsène,	1	**NÉRAC.**	
Lalibert Jean,	1	Lafite Ch., député, chev. de la lég. d'hon.,	1
AGEN.		Vignes, sous-préfet,	1
Lébé, 1er prés. hon., chev. de la lég. d'hon.,	1	Faurie, procureur impérial,	1
Réquier, prés. de chamb. chev. de la lég. d'hon.,	1	Larroze, maire, chev. de la lég. d'hon.,	1
Dreme, 1er avoc. génér.,	1	Fagel, adjoint,	1
Donnodevie, avoc. génér.,	1	Brettes, avocat, adjoint,	5
Labat, ancien avoc. génér., chev. de la lég. d'hon.,	1	Cabos, président du consist.	1
Dubernet de Bosc, conseil.,	1	Ducomet, contrôl. des contr.	1
DE Pérès, conseiller, chev. de la lég. d'hon.,	1	Bonneuil, avoué,	1
Filhastre, conseiller,	1	Duvigneau, avoué,	1
Calvet, id.	1	Rozés,	2
Sorbier, prés. du trib. civil, chev. de la lég. d'hon.,	1	Lespiault père, propr.,	1
Moulié, procureur impérial,	1	**BORDEAUX.**	
Belloc, greffier à la cour,	1	Samazeuilh, banquier, offic. de la lég. d'hon.,	5
Barteyrès, juge suppléant,	1	Pelet, cons. à la cour imp.,	1
Vacqueyrie Al., avocat,	1	Brostaret B., propriétaire,	2
Vacqueyrie H., avocat,	1	veuve de Tenet,	1
DE Montvert, avocat,	1	veuve Tourtelot, propr.,	1
Fabre, avocat,	1	Springer Henri, négociant,	1
Broq, avocat,	1	Ichon, consul d'Oldembourg	1
Delpech, avocat,	1	**MARMANDE.**	
Ducos, avocat,	1	DE Lartigue, propriétaire,	1
St-Marc fils, avocat,	1	L. de Villepreux, avocat,	1
Guizot, receveur général,	1	Faye, avocat,	1
Bessières, dir. des cont. dir.	1	Tréjaut, avoué,	1
Pouydebat, cons. de préf.,	1	Dalliez, avoué,	1
Magen, secrét. perp. de la soc. des sciences et arts,	1	Marot Ed., limonadier,	1
DE Laffore, prés. id.	1	**GRIGNOLS.**	
Casse, chanoine titulaire,	1	le comte Pontevés de Sabran	1
Bourrière, architecte,	1	Guillaume de Sabran,	1
Goux, vétérin. du départ.,	1	J. Pontevés de Sabran,	1
Fromenti, prop. près Agen,	1	Burguet, juge de paix,	1
Richon, notaire,	1	Faugères Ed., notaire,	1
DE Coste, anc. chef d'escad.,	1	Cachou Guillau., instituteur,	1
Dubédat Urbain,	1	Tauzin, curé,	1
Descomps, plâtrier,	1	Martin Guil., boucher,	1

MM.   ex.

ANTAGNAC.
J.-B. Boi, curé, 1
Dubrana Adeline, 1
Pascal, instituteur, 1

BEAUZIAC.
Poujard'hieu, maire, au château de Beauziac, 5
Mansencal, adjoint, 1
Brocas de Lanauze, 1
Peyré, curé, 1
Lamarque, propriétaire, 1
Ducos B., id. 1
V⁰ Touché, id. 1
Caubet, id. 1
Dubrana, forgeron, 1

HOUEILLÉS.
Elie, maire, 1
Lacan, juge de paix, 1
Bénac, com. de police, 1
Brue, percepteur, 1
Gueyraud, notaire, 1
Mondineu fils, propr. 1
Dudevant fils, 1

LA RÉUNION.
Baron du Sendat, cons. gé. 24
Lebrère, maire, 1
Camarade, 1
Lagardère Barthélemy, 1

VILLEFRANCHE.
Gaubert, propriétaire, 1
Ducros, 1
Sangosse de Lagrave, 1

St-MARTIN de CURTON.
L'Abbé, maire, 1
Anduran, curé, 1
de Labarre, propr., 1
Carcin, id. 1
Trescos J., id. 1
Constans, id. 1

Bridon, id. 1
Goynard Martial, 1
Tuja, propriétaire, 1

POUSSIGNAC.
Salefranque, maire, 1
Biennassis, propr., 1
Degans, propr., 1

BOUGLON.
Courrens, huissier, 1
Cazaux, id. 1
Duffau Julien, greffier, 1

MONTCASSIN.
Le Maire de Montcassin, 1
Jacomy, curé, 1
Bordes, propr., 1

USSEL.
Tempoure, sous-préfet, 1

XAINTRAILLE.
Mme la Marquise de Lusignan, 1
Darrozet, curé, 1
Capdeville Emile, 1

MAS D'AGENAIS.
de Biensan L., propr., 1
Séré, limonadier, 1

TONNEINS.
Saboureau jeune, 1
Larroche, propr., 1

SOS.
Villeneuve, percepteur, 1
Comin, cons. d'arrond., 1

ANZEX.
Coulanges, maire, 1
Le curé d'Anzex, 1

FARGUES.
Le vic^{te} du Gout d'Albret, 1
Dugua, propriétaire, 1

MM.	ex.	MM.	ex.
PARIS.		**LUSIGNAN.**	
Poujard'huieu Gustave, secr. de la comp. du midi,	10	Dugoujon, curé,	1
ANGERS.		**DAMAZAN.**	
Dartaud H., et ses enfants, payeur à Angers,	4	Moulis, huissier,	1
COURS.		**CAUMONT.**	
Bouchet neveu,	1	Dartigoles, propriétaire,	1
CLAIRAC.		**COLMAR.**	
Fournié, limonadier,	1	Huot, cons. à la cour,	1
PORT-Ste-MARIE.		**LECTOURE.**	
Larrey, curé,	1	Lasbouygues, juge,	2
MÉZIN.		Bergues Lagarde com. de p.	2
DE Vigier, cons. gén.	1	id. id. fils,	2
AIGUILLON.		**BELVES.**	
Merle de Massonneau, maire et cons. d'arrond.,	1	Guichené, com. de police,	1
FUMEL.		**PINDÈRES.**	
Autagne, curé,	1	Lacommère, propr.,	1
DURAS.		**MAURILLAC.**	
Larrivet, agent-voyer,	1	Giscaus, curé,	1
LAYRAC.		**PUY-FORT-AIGUILLE.**	
Marreau, propr.,	1	Chaloupy, curé,	1
St-BARTHÉLÉMY.		**CUDOS.**	
Capdeville, curé,	1	Pons, curé,	1
St-PIERRE-DE-BUZET.		**MALVIRADE.**	
Villeneuve, propriétaire,	1	Blanc, propriétaire.	1

MONOGRAPHIE

DE LA

VILLE DE CASTELJALOUX.

MONOGRAPHIE

DE LA

VILLE DE CASTELJALOUX.

CHAPITRE 1er.

Antiquité de la ville de Casteljaloux.

I. La *Bibliothèque historique de la France,* du père Lelong, 1re édition faite en 1709, mentionne comme existant à la Bibliothèque du Roi, un *Mémoire sur l'antiquité* de notre ville. Mais ce document n'a pu se retrouver. « Le catalogue des manuscrits, ré-
« digé en 1682, ne renferme pas le titre du volume demandé.
« Le catalogue de 1729-1730 est également muet à ce sujet. Ce
« volume a été autrefois demandé et les recherches de cette
« époque n'ont pas obtenu plus de succès. C'est donc par erreur
« que le père Lelong indique ce manuscrit comme existant à la
« Bibliothèque du Roi, en 1709, puisque les catalogues antérieurs
« et postérieurs à cette date n'en font aucune mention. Cette

« erreur est aussi démontrée par cette circonstance, savoir : le
« père Lelong, lorsqu'il cite le titre d'un manuscrit qui est à la
« Bibliothèque royale, en désigne en même temps le *fond* et le
« *numéro*. Pour le manuscrit concernant Casteljaloux, ces dési-
« gnations manquent entièrement. Il aura désigné la Bibliothè-
« que du Roi, au lieu et place de celle de Paris ou des provinces,
« dans laquelle se trouvait le mémoire demandé. » (Lett. de M.
Champollion-Figeac à M. Camille Jubé, du 17 avril 1844.)

Privé de ce document regrettable, la question de l'antiquité
de notre ville reste pour nous soumise à bien des conjectures.

II. Quelques auteurs ont fait de Casteljaloux la 4ᵐᵉ station dite
Tres arbores, de l'itinéraire de Bordeaux à Jérusalem, composé,
en 333, pour les pèlerins des Gaules.

Mais il suffit d'appliquer cet itinéraire à l'une de nos cartes,
pour voir que Casteljaloux n'est pas située dans cette direction.
Voici, en effet, la ligne des stations à partir de Bazas :

« Civitas *Vasatas*............. Leuc. IX.

« Mutatio *Tres arbores*..... L..... V.

« Mutatio *Oscineio* (I)...... L..... VIII.

« Mutatio *Scittio* (II)......... L..... VIII.

« Civitas *Elusa* (III)......... L..... VIII.

D'un autre côté, cet itinéraire n'indique entre *Bazas* et *Tres
arbores* que cinq lieues gauloises, qui ne feraient que douze kilomètres environ (IV), tandis que la ville de Casteljaloux est à 30
kilomètres de la ville de Bazas.

(I) On présume que la station *Oscineio* était à l'Eglise d'*Esquieys*, sur la rivière du Ciron, église détruite depuis un grand nombre d'années. Les rui- nes en furent adjugées, le 27 novembre 1813, avec le cimetière, à Joseph Bounoure (de Nérac), pour 250 fr.

(II) Tous les auteurs s'accordent pour reconnaître ici l'erreur d'un copiste qui aura mis *Scittio* pour *Sottio*, *(Sos)*.

(III) *Eauze*, en Armagnac.

(IV) La lieue gauloise était de 1,500 pas romains et le pas romain de 4

Aussi M. Jouannet *(Statistique du dép. de la Gironde)*, place-t-il avec plus de plausibilité la station *Tres arbores*, au lieu nommé *Lous tres casses* (les trois chênes), dans la commune de Syllas, canton de Grignols, arrondissement de Bazas.

III. Ce n'est pas que la ville de Casteljaloux ne puisse prétendre à quelque antiquité, et lorsqu'elle disputa le siège présidial à la ville de Nérac, en 1605, elle se dit *la plus ancienne de l'Albret* (1). Mais rien dans son enceinte, rien dans les documents historiques, rien dans ses chartes, ne nous autorise à faire remonter son existence à l'époque Gallo-Romaine. Seulement, on a trouvé des restes romains dans son voisinage. A Fontpeyre, c'est-à-dire à 2 kilomètres, nord, de Casteljaloux, il fut découvert, lors de la confection de la route impériale n° 133, des fondations qui offraient ce caractère et d'où l'on retira une tête en marbre, reste évident d'une statue, ou, du moins, d'un buste d'une forte dimension. A deux kilomètres plus loin, sur la rive droite de la rivière de *l'Avance*, les ruines de l'ancienne église de Ste-Aulasie recouvraient des ruines romaines, où M. Lamarque, propriétaire de ce terrain, a cru reconnaître les restes de quelques bains. Enfin, du côté opposé et à six kilomètres, sud, de la même ville de Casteljaloux, qui de nous n'a pas admiré les belles mosaïques et les trésors archéologiques exhumés, dans le voisinage de l'Eglise gothique de Pompogne, par les soins de M. Martin, conducteur des ponts et chaussées ?

IV. Au surplus, le nom de *Casteljaloux*, autrefois *Castelgeloux*,

---

pieds 6 pouces 5 lignes, ou de 1 m. 47 c. 30 m.; ainsi la lieue gauloise équivalait à 1133 toises ou 2209 mètres 50; c'était à peu près la demi lieue commune de France.

(1) Nous avons quelque soupçon que ce fut à l'appui de cette prétention que fut composé le mémoire signalé par le père Lelong, dans sa *Bibliothèque historique*.

vient à notre ville du mot latin *gelosus* (jaloux), et non de la *Gélise*, sur laquelle M. de Montlezun a commis l'erreur de placer Casteljaloux, baignée par l'*Avance*. Moreri rapporte que Casteljaloux possédait une tour dont les habitants du pays faisaient de petits contes au sujet du nom de leur ville. Nous croyons avoir lu ailleurs, sans pouvoir dire dans quel livre, qu'il s'agissait dans ces contes de la jalousie du seigneur du lieu à l'encontre de celui de Labastide de *Castelamourous*... Les moissonneurs chantaient, de leur côté, les versets suivants :

« N'y a pas pu bère bille,
« La de Castetgelous !
« Es bastide sou sable,
« Aygue tout à l'éntour.

« Lou maçoun qui l'a heyte
« Démande pas d'argent ;
« Mais y a bère gouyate,
« La bo per paguemént » (1).

Quoiqu'il en soit, dès Agrippa d'Aubigné, on avait déjà commencé de dire Casteljaloux. Néanmoins, le nom de Castelgeloux prévalut jusque vers la révolution de 1789.

V. On lit, dans un acte conservé aux archives de l'ancienne abbaye de la Sauve :

« Que tous présents et à venir sachent que moi Bernard Aiz d'Albret, du consentement de mon épouse et de mes enfants, j'ai donné à l'église de la Mère de Dieu, qui est à la Sauve Majour, du vivant de l'abbé Gérald, une de mes terres à Castelge-

---

(1) « Il n'est pas de plus belle ville que celle de Castelgeloux. Elle est bâtie sur le sable, avec de l'eau tout à l'entour.
« Le maçon qui l'a construite ne demande point d'argent ; mais il s'y trouve une belle fille ; il l'a veut pour son payement. »
Cette chanson passe pour fort ancienne.

loux, pour y faire bâtir une église et un faubourg, dans lequel je me retiens la moitié des rentes et de la justice, laquelle ne sera autre que celle de Castelgeloux même. Mais aussi on ne l'exercera qu'en présence du religieux même qui aura soin de l'église du faubourg ou de son sergent. (Cartulaire de la grande Sauve, fol. 180.)

« Suit le droit de pêche accordé aux religieux sur des étangs voisins, la cession du moulin et d'un fonds dans la ville pour y bâtir. L'acte n'est pas daté ; mais par ceux qui le suivent et par les personnages dont il y est question, on peut regarder comme certain qu'il est de 1093 à 1094 » (Note de M. Cirot, aumônier du S. cœur, à Bordeaux).

Il est impossible de retrouver sur place le moindre vestige de l'église que Bernard Aizi d'Albret aurait permis aux religieux de la Sauve de bâtir à Casteljaloux, ou plutôt dans un des faubourgs de cette ville, par concession de 1093 ou 1094.

Nous ne connaissons, d'ailleurs, que deux Bernard Ezi d'Albret et le plus ancien de ces deux princes vivait vers la fin du XIIIe siècle, le second vers le milieu du XIVe, et non vers la fin du XIe.

A la vérité, on trouve, dans *l'art de vérifier les dates*, un « Bernard 1er qualifié sire d'Albret dans un titre de l'abbaye de Souche en Bordelais ». Nous ne demandons pas mieux, en outre, que de supposer que par l'abbaye de Souche, il faut entendre l'abbaye de la Sauve et que, de plus, ce titre n'est autre que la concession transcrite plus haut. Mais Bernard 1er, sire d'Albret, mourut en 1140. On ne manquera pas de nous objecter que ce prince, pour être mort en 1140, n'en pouvait pas moins avoir régné depuis 1093 ou 1094, date de cette charte. Nous répondrons que Bernard 1er eut pour père Amanieu III d'Albret, qui vivait encore en 1130, d'où la conséquence que ce ne peut être que postérieurement à l'année 1130 que son fils Bernard 1er, devenu sire d'Albret par la mort de son père, consentit quelque concession, du consentement de sa femme et de ses enfants. Enfin, en 1096, c'est-à-dire deux ou trois ans seulement après la date que l'on donne à cette charte, on voit Amanieu III, sire d'Albret et grand père de Bernard 1er, suivre Godefroi de Bouillon à la croisade et entrer des premiers dans Jérusalem. Ce serait donc à cet Amanieu II et non à Bernard 1er, qu'il faudrait attribuer la charte de 1093 ou 1094. Jusque là tout se réduirait à une simple erreur de peu d'années, puisqu'il suffirait de reporter la date de cette charte en deçà seulement de 1130. Mais à cela nous trouvons une autre difficulté : c'est que ce titre déclare positivement que la concession fut faite du vivant de l'abbé Gérald, fondateur de l'abbaye de la Sauve, et qu'il paraît positif que cet abbé était mort avant 1130.

De plus, on aurait créé, dans ce titre, un véritable paréage entre le sire d'Albret et l'abbayse de la Sauve. Mais comment se fait-il, dès lors, qu'il n'en est fait mention dans aucun des nombreux documents que possède la ville de Casteljaloux? Nous verrons bientôt que sous Alain d'Albret, il y eut procès entre ce prince et les consuls de notre ville, au sujet de la justice. D'où vient qu'il n'y fut pas question des droits de l'abbaye de la Sauve sur cette justice que l'on se disputait? Et ces rentes, et ce moulin concédé à la même abbaye, jamais on ne les trouve dans la possession des religieux de la Sauve. D'un autre côté, la chronique de Bazas rapporte qu'en l'année 1146, de graves discussions s'étaient élevées entre Guillaume de Cazalis et le chapitre de Bazas, au sujet des revenus des moulins de Casteljaloux, « cette affaire fut soumise à la décision de Monseigneur l'archevêque de Bordeaux. Ce prélat envoya sur les lieux Guillaume, doyen du chapitre de St-Seurin, qui mit fin aux discussions, en partageant les revenus en litige par moitié, entre les parties contractantes. » De plus, on lit dans la même chronique, à la date de 1251, que « Amanieu d'Albret, pendant qu'il demeurait à Cazenave, accorda la dîme des paroisses de Casteljaloux et de Damazan (lisez

Lavazan), dont il était seigneur, pour la subsistance de deux chapelains dans la cathédrale de Bazas. » Tout cela nous semble exclusif d'un paréage qui aurait subsisté à Casteljaloux, entre les sires d'Albret et l'abbaye de la Sauve.

Nous doutons même qu'à la date de la charte de 1093 ou 1094, les sires d'Albret fussent les seigneurs de Casteljaloux. Notre motif est pris de la guerre que se firent, au sujet de cette ville, de 1119 à 1124, les évêques de Bazas et d'Agen, et dont nous allons parler bientôt (v. le chap. 2). Il n'est pas à croire que les d'Albret eussent laissé saccager leur baronie et brûler le chef-lieu, sans intervenir dans la querelle. Nous penserions plutôt qu'à cette époque l'évêque de Bazas avait des intérêts de seigneur, autant que des intérêts spirituels à défendre. Nous venons de voir les discussions survenues, en 1146, entre le châpitre de Bazas et Guillaume de Cazalis, touchant les moulins de Casteljaloux. La charte des coutumes sur laquelle Charles d'Albret prêta son serment, en 1401 (1), pour prendre possession de la baronie de Casteljaloux, se trouvait revêtue des sceaux 1° du chapitre de Bazas, 2° de Galhard de Lamothe, qui fut évêque de Bazas, depuis l'an 1186 jusqu'en 1214, 3° de Peyronin de Lamothe, et 4° d'Amadieu d'Albret, qui vivait en 1174. Il y a bien là le caractère d'un ancien paréage, mais non entre les d'Albret et l'abbaye de la Sauve ; paréage où les d'Albret n'auraient été admis que postérieurement à l'an 1146. Plus tard, comme à Nérac, ces puissants feudataires auront réussi à s'attribuer la totalité de cette baronie.

VI. Quoiqu'il en soit de ces doutes, il n'est pas indifférent de faire la recherche de l'église qu'auraient fondée à Casteljaloux les religieux de la grande Sauve.

---

(1) Et non en 1404, comme on l'a imprimé par erreur, dans notre Histoire de l'Agenais, du Condomois et du Bazadais.

Dans l'enceinte de cette ville existaient autrefois : 1° l'église de N. D. ; 2° l'église de St-Raphaël ; 3° l'église des Cordeliers ; 4° l'église de St-Nicolas ; 5° l'église de Rimbèz ;

Et dans le voisinage : 1° l'église des Capucins ; 2° l'église de St-Michel ; 3° l'église de St-Roman, ou St-Arroman.

Nous ne parlerons ni de l'église de Gassac, ni de celles de St-Gervais, de Belloc, de Ste-Aulasie, de Moleyres et de Lupiac, situées bien au-delà de tout emplacement présumable d'un faubourg de notre ville.

ÉGLISE DE N. D. — L'église de ce nom, détruite, comme on le verra plus loin, en septembre 1568, par les protestants, fut reconstruite par les catholiques, de l'an 1683 à 1711, sur ses anciens fondements. C'est dans ce temple que les sires d'Albret, lors de leur avènement à la baronie de Casteljaloux, prêtaient leur serment de fidélité aux franchises de la ville et recevaient ensuite le serment de leurs vasseaux. C'est là également qu'à la sollicitation d'Alain d'Albret, une bulle du pape Léon, du mois de mars 1521, fonda le chapitre qui s'y est maintenu jusqu'à la Révolution. Ces diverses observations ne se prêtent guère à la supposition d'une église fondée par les religieux de la Sauve et leur appartenant. D'ailleurs, l'église de N. D. se trouvait placée dans le voisinage du château des sires d'Albret, sur la rive gauche de l'Avance, au cœur de la ville, enfin, position qui éloigne toute idée de faubourg. C'était, d'un autre côté, l'une des deux églises paroissiales de notre ville.

ÉGLISE DE St-RAPHAEL. — Celle-ci fut également outragée par les protestants, en 1568, mais non détruite, et, dans notre jeunesse, nous la vîmes dans un tel état de conservation, que nous pûmes apprécier son caractère gothique, la flèche qui surmontait son clocher et le clocher lui-même ne s'étant écroulés qu'en 1848. Des édifices religieux que renfermait la ville de Casteljaloux, c'était celui qui remplissait le mieux les conditions de la charte de la Sauve. Il était situé à l'extrémité de notre ville et au bout opposé à l'église de N. D., comme au château. Si la ville s'est agrandie, par l'incorporation d'un de ses faubourgs, ce ne peut être que de ce côté. D'ailleurs, de grands changements se sont opérés dans cette partie. L'Avance paraît avoir baigné autrefois le côté opposé à celui où elle coule aujourd'hui, ou peut-être servait-elle par deux branches, de ceinture à la ville. Le style de l'église de St-Raphaël ne remontait pas à la vérité au XIe siècle, mais sa construction ne pouvait être de l'époque même de la concession. Enfin, il y avait un prieur à St-Raphaël... Néanmoins, ce prieur n'a jamais dépendu de l'abbaye de la Sauve ; l'église n'était pas dédiée à la mère de Dieu ; en outre, il existait tout proche de ce temple, des tours et des murailles, ainsi qu'une porte de ville remontant à des époques fort reculées et se refusant à l'idée d'un agrandissement, de ce côté, par l'incorporation d'un faubourg ; l'Avance, lorsque l'un de ses bras coulait par là, dût servir de fossé à la ville et la circonscrire anciennement dans les mêmes dimensions que nous lui voyons aujourd'hui, sauf le couvent plus moderne des Capucins et le faubourg que l'on nommait *la Carraque* et qui n'eut jamais d'église. De tous les temps, d'ailleurs, St-Raphaël fut, comme N. D., l'une des églises paroissiales de la ville de Casteljaloux.

ÉGLISE DES CORDELIERS. — Le couvent des frères mineurs fut fondé à Casteljaloux par les sires d'Albret, ainsi que le prouve cette lettre de Henri d'Albret, aux consuls de notre ville :

« Le roi de Navarre, sire d'Albret ;

« Chers et bien amés, vous savez que Messrs nos prédécesseurs, que Dieu absoile, ont fondé le couvent Saint-François de notre ville de Castelgeloux et qu'ils ont depuis aidé et porté les religieux d'icell en tout ce qui leur a été possible..... »

On a cru (v. la *Gallia Christiana*), que ce monastère devait sa fondation au sire Alain d'Albret. Mais ce prince n'advint à la baronie de Casteljaloux qu'en 1471, et dès l'an 1427, on voit, dans le père Anselme, Jeanne de Roucy, femme de François d'Albret, seigneur de Ste-Bazeilhe, instituer pour ses héritiers, les *frères mineurs et les augustins de Castelgeloux et de Nérac* ; legs que nous entendons dans ce sens : *les frères mineurs de Castelgeloux et les augustins de Nérac.*

De plus, nous devons à feu M. de Moncade, qui nous aida si généreusement, dans nos recherches historiques, une copie d'une donation faite par un Noailhan, à ce même monastère, le 15 juillet 1469 ; on y lit : « In nomine Domini, amen. Notum sit.... quod nobilis et potens vir Dominus Ludovicus de Noailhano, miles, loci de Fraxino (Lefrechou) diocœsis Condomiensis cum-dominus, pro se.... dedit concessit et assignavit honorabili conventui venerabilium virorum fratrum minorum Castrigelogii diocœsis vasatensis..... Videlicet quinquagenta quartanos geliosos frumenti boni, meri et marcantis annuatim.... Super molendino de Lisoncha prope Marmandam, 10 quart. frumenti ; super decima de Milhano, 5 quart. frum.; super molendinum de Buzet, 5 quart. frum.; super molendino et feudis et possessionibus loci de Andirano, 10 quart. frum.; item, super feudis, receptis, possessionibus et redditibus loci de Villenoveta (Villeneuve de Mezin) 10 quart. frum. ; item, super feudis de Fraxino, 5 quart. frum.; item, super d'Espeyrous, 5 quart. frum.; etc. acta et rescitata fuerent hœc apud locum de Buzeto die decima quinta mensi julii anno Domini 1469. »

Des documents irrécusables placent le premier couvent des frères mineurs, hors de notre ville, (peut-être vers les lieux où se trouve encore de nos jours la *fontaine des frères*, ce que la découverte récente de fondations non loin de cette source, rend fort plausible). C'est le transport de ce monastère dans notre ville, que nous devons sans doute au sire Alain d'Albret, et que MM. de Ste-Marthe auront pris pour la fondation primitive.

ÉGLISE DE St-NICOLAS. — Il existait à Casteljaloux, comme à Nérac, une confrérie dite de St-Nicolas. Celle de Nérac possédait outre 37 hectares environ de terres nobles, un fief fort étendu pour lequel son hommage aux sires d'Albret était d'une paire de gants blancs. Celle de Casteljaloux avait des rentes sur quelques paroisses du voisinage, une église et une maison dans notre ville. Tous ces biens ayant été transportés à la commune de Casteljaloux, nous ne savons trop à quel titre, (peut-être par suite de la vente des biens ecclésiastiques, sous Jeanne d'Albret), de la maison où se réunissaient autrefois les membres de cette confrérie, on fit un temple pour la religion prétendue réformée, et de l'église, un collège, pour les classes duquel on divisa l'édifice religieux en plusieurs compartiments (1). A cette église ainsi transformée, fut adossée la maison du régent. C'était, il y a peu de temps encore, le modeste hôtel-de-ville de Casteljaloux, qu'il a fallu abandonner, parce qu'il menaçait ruine, et qui a, depuis, subi le sort de l'église. Au-dessus de ce monument religieux transformé ainsi en collège, on construisit la salle des délibération des jurats et des consuls. Sous l'ancien clocher, on avait pratiqué une prison.

Placée au centre de la ville, l'église de St-Nicolas, bien que remontant par son style à l'époque de la concession faite à la grande Sauve, n'avait aucun rapport avec cette charte.

ÉGLISE DE RIMBÈZ. — La maison de Rimbèz était un fief noble, dans Casteljaloux. Le poids public en dépendait, et c'étaient les barons du Sendat qui s'en trouvaient les possesseurs. Nous n'avons pu remonter plus haut.

La tradition faisait de ce fief une ancienne commanderie des Templiers. La cave voûtée à plein cintre et dont les murs ont de 2 à 3 mètres d'épaisseur, fut évidemment une église à demi souterraine, dont nous nous souvenons d'avoir vu le clocher ainsi

---

(1) Lors de la démolition toute récente de ce vieux monument, on a beaucoup parlé des nombreux anneaux de fer scellés à la voûte, les prenant pour avoir servi à torturer des prisonniers. Nous pensons qu'à ces anneaux on suspendait tout simplement des lampes qui éclairaient les diverses classes de ce collège.

que l'escalier fort dégradé qui y montait, avant que notre famille ne fît construire, aux mêmes lieux, la maison moderne devenue aujourd'hui *l'hôtel des bains*. Un jour, nous trouvâmes dans le jardin dépendant de cette maison, une pierre sur laquelle se voyait une croix.

ÉGLISE DES CAPUCINS. — La fondation de ce couvent, sur l'emplacement duquel M. Lamarque vient de faire élever, outre sa maison, les casernes de la gendarmerie, ainsi que la nouvelle mairie, ne remontait qu'au XVIIe siècle.

ÉGLISE DE St-MICHEL. — Il ne restait, il y a peu de temps, de cette ancienne église qu'un monticule de sable sur la rive gauche de l'Avance, en amont du moulin de Lannes et en aval de celui des Frères. Aujourd'hui ce monticule a même disparu. Mais l'existence de cet édifice religieux ne peut être révoquée en doute, bien que, dès le 20 juin 1734, (appert un contrat de vente sous cette date), les fondements de l'église de St-Michel fussent recouverts de sables.

Dans un compte des consuls de Casteljaloux, de l'an 1481, figure cet article : « plus... pour recouvrir l'église de St-Michel, où il convint que l'hospital se fit. » On retrouve cette église, dans un compte de 1525 : « *Item*, y est-il dit, à messire Pierre Valz, par mandement de mess. de la ville, 20 écus sol, pour absoldre l'église St-Michel, par commission à lui donnée par Monseig. de Bazas. » Un autre article du même compte nous révèle que cette cérémonie, qui coûta vingt écus sol, avait été ordonnée, sur la poursuite du procureur fiscal, contre les consuls ; ce qui ne pouvait provenir que de quelque crime ayant profané cette église.

Enfin, voici le dernier signe d'existence de l'église de St-Michel. C'est un article d'un compte de 1530, époque d'une peste, dans notre pays : « *Item*, pour faire une fosse à l'église de St-Michel, pour enterrer un pauvre qui était mort dans la ville. »

On ne retrouve là, au surplus, aucune trace d'un faubourg de la ville de Casteljaloux.

ÉGLISE DE S¹-ROMAN ou S¹-ARROMAN. — La découverte assez récente des fondations de cet édifice religieux, a excité vivement la curiosité et exercé la sagacité de quelques archéologues. Quant à nous, les dimensions de ces fondations nous avaient donné la conviction que l'on ne devait y voir que les restes d'une chapelle appartenant à un château ou à quelque monastère.

Voici maintenant ce que nous avons découvert :

Le champ qui renferme ces fondations portait sur le cadastre Baritaut, de 1672, et porte encore de nos jours, le nom de St-Arroman; et dans des titres du XVIe siècle, on nomme chemin de St-Arroman, celui qui prenait la direction de ce champ, en partant de la gourgue (bassin) du moulin du château.

Cela posé, nous avons trouvé qu'un ancien commandeur payait à la ville de Casteljaloux, une rente de 30 ardits pour la bourgeoisie de ses vignes, (v. plus loin, au chap. 3-IV, ce que c'était que ce droit de bourgeoisie). Or, les comptes de nos consuls désignent ce débiteur, de l'an 1493 à 1508, tantôt sous le titre de Commandeur de St-Arroman, ou de St-Roman, tantôt sous celui de Commandeur d'Argentens. Mais à partir de 1508, le titre de Commandeur de St-Arroman disparaît et l'on ne retrouve plus que le Commandeur d'Argentens.

D'où nous tirons la conséquence que l'église exhumée du champ de S-Arroman, appartenait à une ancienne commanderie

---

(1) Dans cette même commanderie d'Argentens s'en étaient fondues d'autres, car le cadastre Baritaut, dans la commune de Fargues, attribue la tour et maison d'Avance, avec d'autres biens situés dans la paroisse de St-Martin d'Avance, à M. Franç. de Tressemans, chevalier de St-Jean de Jérusalem, commandeur d'Argentens, Cours (*), Romestaing, St-Martin d'Avance et autres de ladite commanderie.

(*) L'ancien commandeur de Cours, qui joua un rôle, lors de nos troubles religieux (v. au chap. 7), avait une maison à Casteljaloux. C'est celle que possède M. Molié, sur la grande rue ou route impériale. Ce vieux édifice a conqui se sera fondue dans celle d'Argentens, dont le siège principal, ou, du moins, nominal, se trouvait tout proche de Nérac et non loin de la vigne du Roi (1).

VII. Puisque nous en sommes aux anciens monuments de Casteljaloux, ce chapitre resterait incomplet, si nous négligions de parler des anciennes fortifications de cette ville, du Castéra de Belhade, du château des sires d'Albret, et de la maison des Saintrailles.

Anciennes fortifications de Casteljaloux. — Il paraît positif que la rivière de l'Avance, divisée en deux bras, servait de ceinture et peut-être de fossés à notre ville.

Casteljaloux avait trois portes principales, savoir : celle de St-Raphaël, celle de Veyries et celle de N. D., et, de plus, deux portes moins importantes, celle de l'Avancette, qui doit être celle s'ouvrant aujourd'hui sur le jardin de M. Hay de Slade, voisin des bains Levadou, et celle des Cordeliers, à laquelle nous pensons que s'appliquait la désignation de porte de l'Esquiue ou l'Esquibe, que l'on trouve mentionnée dans nos documents municipaux. Nous parlerons aussi de la porte du moulin du roi (de Navarre), laquelle devait se confondre avec la porte de N. D.

La porte de St-Raphaël était défendue par une *barbacane*, dont la construction, d'après les comptes de nos consuls, remontait à l'année 1372-1373. Outre la tour qui surmontait la porte de St-Raphaël, il y avait tout proche, à l'angle sud-ouest de la ville, la tour du *houret* (esprit follet), qui prit le nom de Béraud, d'un capitaine de cette famille, lequel défendit avec courage cette même tour, où il fut blessé et fait prisonnier, durant nos guerres civiles. On la nommait aussi tour de St-Raphaël. Nous l'avons

---

servé, du côté du jardin, des signes de gothicité. Dans une autre maison, voisine médiate de la précédente, M. Escarpalet, qui en est le propriétaire, vient de découvrir la bouche d'un souterrain se dirigeant vers l'ancien mur de ville, assez rapproché de ce quartier.

vue très bien conservée dans notre jeunesse. Mais, depuis, elle fut rasée au niveau du sol. Nous avons trouvé aussi quelques mentions des petites tours et de la grande tour de St-Raphaël.

En avant de la porte de Veyries, surmontée également par une grosse tour, existait un *ravelin*, dont la promenade dite *Plateforme*, occupe de nos jours l'emplacement. Sous Henri IV, on voit aussi des *ravelins*, l'un à N. D. et l'autre à St-Raphaël. De plus, la maison forte de Rimbèz se trouvait adossée à la porte de Veyries, et, dans son voisinage, le *Castera de Belhade* lui prêtait également son appui. Il est question quelquefois dans nos documents de la grande tour et des petites tours de Veyries.

Quant à la porte de N. D., le château des sires d'Albret la rendait la plus forte des trois. On se servait, de plus, du moulin attenant, comme d'ouvrage avancé.

Une petite tour située au bord de l'Avance, protégeait la porte des Cordeliers, et l'on verra plus loin (chap. 8), que de ce même côté, le moulin *des frères* pouvait servir de fortifications extérieures.

La tour de Magnebeuf, convertie aujourd'hui en écurie de la maison Dufils, défendait Casteljaloux du côté de l'ouest et s'élevait entre la porte de St-Raphaël et l'angle nord-ouest des murailles, où l'on établit, en 1683, un couvent des religieuses de St-Benoit, en détruisant sans doute la tour qui devait protéger cette partie. C'est M. Casse qui possède les restes de ce monastère (1). La tour de Magnebeuf était, en outre, une prison. On renfermait moins souvent des prisonniers, dans la grande tour de St-Raphaël.

---

(1) L'arrêté des jurats autorisant cet établissement, est du 14 février 1681. Les fondatrices furent les dames de Barbot, Gaîchiès et Roquan, religieuses de l'ordre de St-Benoit du couvent de Marmande. Les jurats avaient voulu qu'elles fissent cette fondation dans le faubourg de la ville, attendu la petitesse de l'enceinte d'icelle. Cette condition n'a pas été remplie complètement et surtout textuellement.

De vieux titres parlent également d'une tour du Prieuré, dont nous ne savons pas quel fut l'emplacement.

Castera de Belhade. — C'était le manoir d'un fief, manoir adossé à la muraille nord de la ville et dont les restes touchent aujourd'hui à la maison Buffandeau. Son nom primitif fut *bella hada, belle hade, belle fée* ou *belle magicienne.* Non loin de Casteljaloux et dans la possession de M. Dartaud, maire de cette ville, on trouve la maison de *Came de hé* (Jambe de fée). Nous avons déjà parlé de la tour du *houret* (esprit follet). Toutes ces dénominations devaient se rattacher à de vieilles légendes aujourd'hui oubliées. Une tradition, dont nous nous souvenons positivement, accusait un seigneur de Belhade d'avoir fait brûler sa femme dans le Castéra. Or, nous savons qu'il était de bonne guerre autrefois, de mettre au four les *hades* et les *sorciers*. — C'est aux mêmes lieux que l'on construisit un four seigneurial, lequel s'est conservé jusqu'à la Révolution.

Nos recherches sur les seigneurs de Belhade n'ont pu remonter qu'à celui dont il est question au chap. 6, article de Charles II ; les Bacalan possédaient ce fief, dès le XVI° siècle et sans doute antérieurement. Un membre de cette famille fut avocat général au parlement de Bordeaux, ainsi qu'à la chambre de l'Edit de Guienne. Les Bacalan prenaient le titre de seigneurs de Bella hade, (dont ils firent, plus tard, Belhade), de Cumont et de Caze. — Après les Bacalan vinrent les Noailhan.

Château des sires d'Albret. — Nous ignorons l'époque de la fondation de ce château, ainsi que le nom de son fondateur, et le peu qui nous reste de ce vieux manoir ne peut nous autoriser, par son style, à lui donner une date. Seulement, une vieille fenêtre accuse l'époque gothique. Aussi, dès l'an 1209, nous voyons Amanieu IV, sire d'Albret, y faire son testament, et dès l'an 1294, Izabeau d'Albret, comtesse d'Armagnac, vendre les villes et châteaux de Casteljaloux et de Nérac, à Gaston et Roger d'Armagnac, pour cinquante mille sols morlans (1).

Louis XIII ayant ordonné, en 1636, la démolition du château de Casteljaloux, un procès-verbal du conseil de ville, à la date du 27 août, même année, nous apprend, en ces termes, quelles furent, à cette époque, les destructions opérées.

« .... Et étant rendus audit château, en compagnie desd. consuls et jurats, M. de Saveze (c'était le gouverneur de Casteljaloux), leur aurait dit qu'il prétendait faire démolir la muraille et portail qui est entre la ville et le château, la muraille qui va joindre le moulin du côté de Bise, le portail et tour qui est au-dessous, qui joint ledit moulin, la tour appelée de Casteljaloux et le vieux portal qui est au-delà, la citadelle, qui fait l'entrée du dit château, les deux murailles qui conduisent jusques au donjon dudit château, le donjon qu'il veut faire abattre en deux fois etc. »

Malgré ce démantèlement, le château de Casteljaloux ayant attiré dans deux occasions, sur cette ville, les foudres de la guerre civile, nos ayeux furent les premiers à demander sa démolition complète ; ce qui leur fut octroyé, et, cette fois, il ne resta debout qu'une aile du château, une porte avec sa tour tronquée et les *culottes de Gargantua*.

Tous les vieillards parlaient, lors de notre jeunesse, de ces célèbres culottes et nous même avons souvent remarqué, en face de l'école où un prêtre revenu tout récemment de l'émigration, nous enseignait à lire, ainsi qu'à servir la messe (chose fort ignorée alors), une grosse pierre qu'on nous disait être un des boutons des *culottes de Gargantua*. Mais cette pierre ne ressemblait pas plus à un bouton, que l'édifice dont il s'était, assurait-on, dé-

---

(1) Ces 50,000 sols morlans vaudraient aujourd'hui plus de 400,000 fr. Sur une copie de cette charte conservée par D. Martenne et que l'on trouve dans la riche bibliothèque du séminaire d'Auch, la somme est de 60,000 livres morlanes, ce qui approcherait de dix millions de francs. C'est ce qui nous porte à préférer les 50,000 sols morlans, énoncés au répertoire de l'ancien trésor d'Albret de Nérac, lequel répertoire s'est conservé à Paris, bien que les révolutionnaires de Nérac aient brûlé tous les titres.

taché autrefois, ne ressemblait à des hauts de chausses, quoiqu'en ait dit un officier de la maison de Bouillon, dans ce passage d'un rapport sur le duché d'Albret :

« Une aile du château a été respectée... Elle est habitée par le doyen du chapitre.

« On voit sur le derrière du bâtiment occupé par le doyen, une antique bien singulière et que l'on nomme, dans le pays, *les culottes de Gargantua.* Cette antique est composée de deux pièces de 25 à 30 pieds en tous sens, chacune, qui se communiquent par un grand arceau. Ces deux pièces sont fermées par des murs qui s'élèvent en forme de flèche, à la hauteur de plus de 200 pieds, et qui ressemblent à des culottes renversées, avec cette différence, cependant, que chaque bras de culotte est flanqué de quatre petites tours d'environ huit pieds de circonférence, (il faut lire sans doute diamètre) et de 30 pieds de hauteur.

« La tradition du pays est que le bâtiment a été construit dans un temps très reculé, pour servir de cuisines, et c'est apparemment ce qui l'a fait nommer *culottes de Gargantua*, personnage fabuleux, d'une stature immense et d'une voracité à nulle autre seconde. »

Quant à nous, jamais nous ne consentirons à croire que ce beau groupe de deux flèches hautes de 200 pieds et de huit tourelles hautes de 30, ait eu pour destination première des cuisines. Ce dut être le château primitif, lequel, du reste, s'écroula de vétusté, peu de temps avant la Révolution, comme nous avons vu tomber, en 1848, le clocher et la flèche de St-Raphaël... Mais que l'on juge quel devait être l'aspect de notre ville, lorsqu'elle se trouvait ainsi toute hérissée de tours, de flèches et de clochers!

Maison des Saintrailles. — Les Saintrailles eurent longtemps, on le verra bientôt, le gouvernement de la ville de Casteljaloux, et la maison qu'ils y possédaient, sur la rue de Veyries, a conservé des restes précieux d'antiquité. On y remarque notamment seize médaillons ou bas reliefs en pierre, qui en décorent la façade, du côté du jardin, et qui durent être les portraits des princes d'Albret. Mais le ciseau révolutionnaire les a fort maltraités. C'est ainsi que la façade intérieure du château de Pau était ornée des portraits des princes du Béarn.

CHAPITRE 2e.

Guerre entre les évêques d'Agen et de Bazas, au sujet de la ville de Casteljaloux. — Guerre entre Amanieu d'Albret et l'évêque de Bazas. — Avènement des sires d'Albret à la baronie de Casteljaloux.

I. On sait que la *Garonne* fut considérée généralement comme formant la limite entre la *Celtique* et l'ancienne *Aquitaine*, plus tard *Novempopulanie*, et, puis, *Gascogne*. Néanmoins, une colonie de Celtes ayant passé ce fleuve, forma des établissements sur la rive gauche, dans la contrée qu'occupa, depuis, l'évêché de Condom, et qui, dans l'origine, dépendait de l'évêché d'Agen.

M. de Saint-Amans a compris Casteljaloux dans l'Agenais, et il ajoute qu'à l'époque de la Révolution, cette ville était, depuis longtemps, du diocèse de Condom.

C'est là une des bien rares erreurs que l'on peut reprocher à cet auteur fort exact d'ordinaire. Sous l'ancien régime, Casteljaloux appartenait au diocèse de Bazas (1).

Mais comme la limite des deux territoires se trouvait, de ce côté, à l'Avance, et que cette rivière paraît avoir subi quelque changement de lit, les évêques de Bazas et d'Agen se disputèrent Casteljaloux, au XIIe siècle.

La chronique de Bazas place sous Calixte II, (élu pape en 1119,

---

(1) M. de St-Amans a pu être trompé par un Pouillé, imprimé à Paris en 1648, et qui place la cure de Casteljaloux, dans l'archiprêtré du Cayran, dépendant du Condomois. Ce document que nous avons cité nous-même, sous toutes réserves, ne peut être consulté qu'en le soumettant à un soigneux examen.

et mort en 1124), une première discussion à ce sujet, laquelle fut terminée par une décision de ce Souverain Pontife adjugeant notre ville à l'évêque de Bazas, contrairement à une sentence de l'évêque d'Angoulême qui, chargé en première instance de vider ce différend, s'était prononcé en faveur de l'évêque d'Agen, sur la déposition d'Etienne de Calvimont et de Raymond de Bouglon.

Puis, à l'année 1142, la même chronique note le voyage à Rome d'un nommé Garin ou Guérin, chargé de plaider la cause de l'évêque de Bazas, auprès du pape Innocent II, contre l'évêque d'Agen. Sancin de Calvimont et Bertrand de Cantiran, partisans de l'évêque d'Agen, s'étaient rendus maîtres de Casteljaloux, y avaient fait prisonniers des chanoines de l'église de Bazas et avaient livré notre ville au pillage, au meurtre et au feu. Guérin dénonça ces faits au St-Siège, qui donna la mission de terminer cette affaire, à l'évêque de Chartres. Mais, sur ces entrefaites, les hostilités s'étaient aggravées; les partisans de l'évêque d'Agen venaient de prendre et de brûler la ville même de Bazas.

Cependant l'évêque de Chartres mit tant de retard à rendre sa sentence, que Fort de Pellegrue, évêque de Bazas, qui la poursuivait, n'eut pas la consolation de l'obtenir. Lui mort, Raymond, son successeur, se vit obligé d'effectuer en personne le voyage de Rome, où le pape Eugène finit par confirmer les droits de ce dernier, sur la ville de Casteljaloux.

II. Mais notre ville n'en continua pas moins d'être un sujet de dispute, sinon entre les deux évêques de Bazas et d'Agen, du moins entre les deux chapitres de St-Jean de Bazas et celui du Mas d'Agenais. D'après la chron. bazad., « on ne manquait pas, de part et d'autres, de raisons spécieuses. Pourtant Gaillard de Lamothe (élu évêque de Bazas, en 1186, et mort en 1214, ayant déjà résigné), parvint à les mettre d'accord, à rétablir les anciennes relations et les droits d'hospitalité, avec une parfaite réciprocité de bons procédés. Les deux chapitres unis ne formaient qu'un corps et la nomination du recteur de Ste-Marie de Casteljaloux fut laissée pour un temps à leurs suffrages. »

III. D'un autre côté, l'évêché de Bazas n'avait pas eu le temps d'oublier les violences des partisans de l'évêque d'Agen, lorsque, dès l'an 1157, Amanieu IV, sire d'Albret, lui porta des coups non moins terribles. Nous ignorons quelles furent les causes de cette nouvelle guerre qui dura deux années. Amanieu débuta par piller les paroisses formant l'extrémité méridionale du Bazadais. Puis, il osa se présenter devant la ville épiscopale et fit mine de vouloir s'en rendre maître. Mais le chapitre ayant rassemblé quelques troupes, Amanieu se vit repoussé avec perte. La paix se fit, en 1159, et Amanieu promit de ménager à l'avenir ce diocèse. Peut-être cette promesse ne fut-elle pas tout-à-fait gratuite. C'est peu de temps après que nous trouvons les d'Albret en possession de la baronie de Casteljaloux. Ils avaient pris pied évidemment, dans le Bazadais, par la concession du château de Cazenave, qu'ils obtinrent des vicomtes de Béarn, et, depuis, ils ne cessèrent pas de s'avancer dans le pays (1). C'est ainsi qu'ils durent obtenir Casteljaloux des évêques de Bazas, comme ils obtinrent Nérac des abbés de Condom. Nous en avons déjà fait l'ob-

---

(1) Le père Anselme n'attribue les châteaux de Cazenave et de Bazas, aux sires d'Albret, qu'à partir du 14 août 1250. Mais nous pensons que cette date est celle d'un hommage à Gaston, vicomte du Béarn, et non d'une concession, et il se pourrait que les droits d'Amanieu d'Albret sur le château de Bazas fussent la cause ou l'occasion de la guerre que l'on vient de raconter. Suit le texte de la prétendue concession que, du reste, le Trésor de Pau, p. 72, ne qualifie que d'hommage fait par Amanieu d'Albret à Gaston de Béarn, des châteaux de Bazas et de Cazenave :

« Conegude cause sie à tots que Nous Namaneu de Labrit aben reconegut que nous tiem lo castel de Basats et tote la honour de Gabarret, en la mesiche honour de Basats abem reconegut que es lo castel de Cazenave et d'aquestes abandites causes em sous caber et sous houm, ab une lance de sporle, que len debem pagar à seignou mudan. »

D'après l'art de vérifier les dates, l'avènement d'Amanieu serait de l'an 1255 au plus tard. D'où l'on peut présumer que la reconnaissance ci-dessus provient de cet avènement et n'est pas le titre primordial.

servation au chapitre précédent, la charte des coutumes de notre ville portait les sceaux du chapitre de Bazas, de Galhard de Lamothe et de ce même Amanieu d'Albret. Il y a là de fortes présomptions que ce fût vers la fin du XIIe siècle, que les d'Albret acquirent la baronie de Casteljaloux. Admis d'abord en paréage avec l'évêque et le chapitre de Bazas, ainsi qu'avec Peyronilh de Lamothe, ils auront fini par devenir les seuls maîtres de notre ville.

CHAPITRE 3e.

Emancipation de la commune de Casteljaloux. — Organisation municipale. — Population diverse.

I. L'avènement des sires d'Albret à la baronie de Casteljaloux se manifesta, comme on vient de le voir, par un grand bienfait, nous voulons parler de l'émancipation de cette commune.

Au sujet de cette grande révolution, connue dans l'histoire, sous le nom d'*Emancipation des Communes,* et dont certains historiens ont fait honneur à Louis *le Gros*, nous n'avons pas l'intention de reproduire dans une modeste monographie, les détails où nous sommes entré, dans l'*Histoire de l'Agenais*, *du Condomois et du Bazadais*, to. 1er, p. 281 et suiv. — Seulement, nous rappelons ici ces quelques faits :

Les Romains trouvèrent en Aquitaine le sytème municipal et ils l'y conservèrent. Autant en firent les Visigoths, puis les Francs ; et quand les siècles de barbarie survinrent, ce régime plutôt enseveli que détruit, dût laisser en divers lieux des souvenirs et des regrets, auxquels il est impossible de ne pas attribuer le grand mouvement qui, dans les XIe, XIIe et XIIIe siècles, finit par nous valoir une émancipation générale.

Ce mouvement dut être imprimé à nos provinces méridionales par l'Espagne, où des *fueros* précédèrent les *fors* du Béarn, de même que ces *fors* précédèrent nos *coutumes*.

Quant à la ville de Casteljaloux, nous savons déjà qu'elle reçut ses *coutumes* de Galhard de Lamothe, évêque de Bazas, du chapitre de St-Jean de Bazas, de Peyronilh de Lamothe et d'Amanieu, sire d'Albret. Pour établir la date de cette émancipation, il faut rappeler aussi que Galhard de Lamothe, élu évêque en 1186, résigna ses fonctions épiscopales quelque temps avant sa mort, arrivée en 1214; que, d'un autre côté, Amanieu IV, sire d'Albret, qui vivait déjà en 1174, fit son testament dans le château de Casteljaloux, le 2 août 1209; d'où l'on a le droit de conclure, que les coutumes de notre ville remontaient au-delà de 1209, mais en deçà de 1186.

Par malheur, ces coutumes ne se sont pas retrouvées dans nos archives, si riches d'ailleurs en documents de toute nature (1). A la vérité, Raymond-Bernard de Rovinha donna les coutumes de Casteljaloux, en 1264, aux habitants de Tonneins-Dessus, où l'on a conservé une copie de cette charte. Mais cette copie est fort incorrecte, et nous n'y avons pas retrouvé d'ailleurs l'organisation municipale telle que de nombreux titres nous mettent en mesure de l'établir pour notre ville.

II. La ville de Casteljaloux, dont la juridiction s'étendait, dans les Landes, sur les paroisses de Pindères, de Pompogne, de Jautan, de Houeillés, d'Esquieys, d'Ariet, de Saumejan, d'Allons, de Gouts et de Lubans, et, en dehors des Landes, sur les paroisses de Couthures, de Lupiac, de Bayrac, de Lahournère, du Grand Arieu, du Trenc, de Heuliés, de Beauziac, d'Antagnac, de St-Gervais, de St-Martin-de-Curton, de Ruffiac, de Poussignac et de Gassac; la ville de Casteljaloux, disons-nous, était administrée et presque gouvernée, tant l'action du seigneur s'y trouvait

---

(1) C'est feu M. Col, secrétaire de la mairie de Casteljaloux, qui sauva de la destruction les livres des délibérations de la jurade de cette ville, que l'on avait mis en vente comme papiers sans intérêt. D'autres documents étaient restés entassés, dans un coffre à moitié pourri. M. de Lacaze, ancien maire, nous en ayant donné avis, nous nous empressâmes de vérifier et de trier ces richesses, par malheur trop négligées jusques là, car le temps, les vers et les rats y avaient prélevé un triple dîme. Aujourd'hui ces archives se trouvent rangées dans un ordre convenable et peuvent être consultées avec fruit. La maison de Béraud a laissé aussi quelques documents utiles pour l'histoire du pays et dont le regrettable M. Louis de Béraud avait bien voulu nous donner communication.

peu sensible, par un conseil municipal composé de 24 membres, nommés jurats (à cause du serment que l'on exigeait d'eux), et par 4 consuls élus et pris dans ce même conseil, ce qui réduisait à 20 le nombre des jurats.

III. *Conseil des Jurats.* — Ce conseil nommé, *in globo*, la Jurade (nom donné aussi aux procès-verbaux de ses décisions), se recrutait par l'élection. Cette charge avait même fini par devenir en quelque sorte héréditaire, comme l'établit cet arrêté de la Jurade, du 1er février 1593, renouvelé le 1er janvier 1595 :

« Pour éviter division entre les consuls et jurats de cette ville, et pour iceux maintenir en union et concorde, si aucun de ladite jurade vient à décéder, s'il a des enfants en âge et qu'il soit trouvé idoine et suffisant pour être mis à sa place, il sera préféré à tout autre, et où il n'en y aura pas, sera choisi un autre de la ville de la plus ancienne famille, suffisant et capable, et des familles plus honorables. »

Il est à présumer que, dans l'origine, les 24 premiers jurats furent élus par l'universalité des bourgeois. Depuis, ce corps remplit les vides que la mort y occasionnait, en élisant lui-même les nouveaux membres.

Les fonctions et les devoirs de ces jurats nous semblent suffisamment résumés dans le texte de leur serment. Voici la formule la plus ancienne :

« Vos jurats per Diu e per aquesta sancta lex é au perilh que la vostro arma a à passar, que bon et lial cosselh e segret, secors, seber, adjutori darats au s Cossehs qui aje son e tostenips sian, é que obedient siats totas horas, é totas bets que per los Cosselhs siats requerits é mandats, per les coytes de la bila, sauban bona é lial descucuza, é que les talhes et collectas que se faran bonament et lialment los y portarats, tant per lo gros cum per lo petit, ab vostre lial poder et saber, é que los usatges, fors, costumes, franquessas, é libertats de la bila de Castetgelos garderats é observarats, ab vostre lial poder, davant totas causas, sauban et reservan los dreyts deu senhor, et quan Cosselh sia ordonnat à far los jurats, e aquet sia demonstrat é denuntiat, que segret lo tiendrats é no lo rebelerats, entro se age à saber et denuntiar per los tots. »

Plus tard, ce serment fut réduit à ces plus simples expressions :

« Et étant ledit... présent à la dite jurade (du 1er janv. 1591), il a été reçu jurat et prêté serment au Dieu vivant (1), et moyennant icelui a promis faire le profit de ladite ville et éviter le mal de toute sa puissance, et préférer les affaires de ladite ville aux siennes propres et ne révéler aucuns secrets, mais les tenir cachés et autrement généralement faire comme un bon citoyen doit et est tenu faire. »

C'est sur une liste présentée par les consuls que l'on procédait à l'élection des jurats, et il n'était pas rare de voir le jurat nouvellement créé se refuser à ce fardeau et braver même des amendes énormes, que séance tenante, le juge ordinaire présent à ces sortes d'installations, prononçait contre ceux qui s'obstinaient dans ce refus.

Au surplus, il s'agissait d'une charge à vie. Au Jurat empêché par son âge, ou par ses infirmités, on donnait un *supernuméraire*. On destituait ou l'on punissait de fortes amendes, celui qui, après diverses sommations, négligeait de se rendre aux assemblées.

Suit une discussion soulevée en pareille occasion, en jurade tenue le 22e jour de juin 1562 : « Il a esté proposé qu'il y a plusieurs jurats qui ne se occupent en aulcune charge de la ville, mesmement Bailhet, le trésorier Léglize et Gabriel Dusolier, quy

---

(1) Par une ordonnance rendue à La Rochelle, en 1569, Jeanne d'Albret changeant le serment judiciaire, voulut qu'au lieu de mettre la main sur la croix et le missel, on levât la main *en jurant au Dieu vivant*. De là ce cri *au Dieu vivant !* si fréquent dans le Béarn ainsi que dans les Landes. C'est également sous le règne de cette princesse qu'il fut ordonné que le nom de Dieu serait préalablement invoqué avec la prière, tant au commencement qu'à la fin de chaque séance.

s'est fait exempter, à sçavoir s'il serait expédient en mettre d'autres, sans aulcunement exclure ceux quy se occupent en aulcune affaire. — Lacorrège dit qu'on n'en y doit point mettre que
les autres ne soyent morts. — Capdeporc oppine le semblable.
— Norman, Sauvaigo, Montarrast, Castaing, Blanchet, Reyne,
Dusolier, Andriux, Guiraud, Tiercelin, sont d'avis d'y mettre
gens capables à leurs lieux. — Mons. le juge ordinaire a dit que
Bailhet et le trésorier seront sommés de faire déclaration s'ils
veulent continuer l'état de consul et se occuper auxd. charges
de la présente ville et advenant qu'ils ne s'y occupent, il sera
loisible aux autres consuls et jurats d'en y mettre à leur lieu. —
Et pour mieux resoudre led. affaire, il a esté, depuis, arresté,
que attestation sera faite par devant les magistrats tant contre
Léglise de ce qu'il y a six ans qu'il n'est entré en jurade, ny
donné aulcun secours à la ville, moings aussy Bailhet, pour icelle
faite, les interpeller s'ils veulent servyr en leur rang, ou en deffault de ce, qu'il en sera mis d'autres à leurs lieux. »

C'est au son de la cloche et quelquefois, en outre, sur un
mandement envoyé à domicile par le *clerc* de la ville et remis
par le *sergent*, que ces assemblées se convoquaient. Chaque jurat y prenait son rang d'ancienneté. Si plusieurs jurats dataient
du même jour, on avait soin d'assigner à chacun des nouveaux
élus, lors de leur élection, le rang qu'il devait tenir sur la liste
de la jurade.

Les consuls présidaient la jurade dans l'ordre assigné par leur
rang d'élection. S'il était question de finances, de reddition de
comptes consulaires, de règlements de police ou d'affaires politiques, les officiers de justice assistaient à la délibération, de
même que le gouverneur ou capitaine du château. Ces officiers
y venaient aussi surveiller les élections et recevoir le serment
des nouveaux consuls et des nouveaux jurats. Le capitaine du
château s'y rendait également, lorsqu'il le jugeait utile aux intérêts du sire d'Albret, comme, par exemple, s'il s'agissait de me-

sures de défense à prendre, de fortifications à ordonner. Quelquefois, il convoquait les jurats au château. Dans des cas pressants, les jurats se groupaient en conseil, dans la boutique la plus voisine. Chassés de la maison de ville, par la peste, nous les montrerons délibérant dans la rue, puis en dehors de la porte de St-Raphaël. Nous les soupçonnons même d'avoir tenu plus d'une séance à la taverne. Car le vin a toujours présidé aux destinées de notre ville, si nous en jugeons par les comptes de nos consuls, et (nous l'avons dit ailleurs) « on y voit que le jour de l'élection des consuls, ceux-ci donnaient un dîner ou un souper, (quelquefois l'un et l'autre) à tous les jurats, aux frais de la ville. A la fin du consulat, c'est-à-dire le jour de la reddition des comptes consulaires aux nouveaux consuls, au bayle (juge), au gouverneur et aux jurats, un autre dîner réunissait à la même table les oyants et les rendants. Fallait-il visiter les corps de garde, vite une collation ! On servait une collation aux jurats et aux consuls qui assistaient aux criées des fermes de la ville; ainsi qu'au capitaine du château, au bayle, aux consuls, aux jurats et jusqu'au trompette, ou sergent de ville, qui procédaient à la publication des ordonnances de police. Aux enfants, ou aux *compagnons* qui jouaient des mystères, c'était du vin que l'on fournissait ; aux sires d'Albret, pour leur bienvenue, aux grands seigneurs qui passaient, et même à l'évêque de Bazas, lors de ses visites, du vin ! Du vin aux prédicateurs ! du vin aux prêtres qui faisaient des processions contre la sécheresse ou contre la peste ! A table, l'on réglait le département (répartition) des tailles, l'on consultait un procès, l'on terminait un marché, ou l'on négociait un emprunt pour la ville. Les consuls ne repoussaient pas toujours les indiscrets de ces joyeuses réunions, et l'on trouve dans un compte de 1498, cet article dont la naïveté dut désarmer nos jurats : « *Item*, le lendemain du départ de notre baron, ils payèrent à dîner au capitaine d'Aillas, au contrôleur et au secrétaire, parce qu'il s'invita lui-même, *(per so que ed medis se combidet).*

Enfin, lorsqu'on apportait un enfant trouvé et qu'en attendant de connaître le père dont la recherche était ordonnée, on croyait, dans le doute, devoir administrer le baptême au nouveau-né, les consuls donnaient une collation au parrain et à la marraine, *pour l'honneur de la ville.* » (Hist. de l'Agenais etc.)

Dans les occasions les plus importantes, (nous citerons, entre autres, la prise de possession de la baronie de Casteljaloux, par un sire d'Albret, la prestation de serment à un édit de pacification, la création d'un syndic ou mandataire, etc.) tous les bourgeois étaient convoqués.

IV. *Des Bourgeois.* — Ceux qui n'ont aucune connaissance de notre ancien régime, prennent aujourd'hui en mauvaise part la qualification de *bourgeois*, et ces mots *bourgeois de Marmande*, par exemple, ne réveillent dans ces esprits, que l'idée d'une vanité ridicule, tandis qu'ils devraient savoir qu'à Marmande, la bourgeoisie jouissait de grandes franchises, dont il lui était permis de manifester quelque fierté. Les rois d'Angleterre, ducs de Guienne, briguèrent le titre de bourgeois de Bordeaux, et, (pour ne pas sortir de notre modeste patrie), les comtes de Montcassin s'honoraient du titre de bourgeois de Casteljaloux.

N'était pas bourgeois qui le désirait. C'était le conseil des jurats qui prononçait l'admission au droit de bourgeoisie, soit d'un ancien habitant, soit d'un étranger. Mais pour ce qui regardait celui-ci, il avait dû obtenir antérieurement de la Jurade, l'autorisation d'habiter la ville sous serment d'y vivre en homme de bien. L'admission à la bourgeoisie nécessitait aussi le serment d'être bon et loyal au seigneur d'Albret et à la ville, de tenir et garder les coutumes et privilèges de lad. ville, comme bon bourgeois, et de payer toutes tailles, impositions et tous subsides imposés sur la ville. A d'autres époques (1566), ces bourgeois juraient d'être bons et fidèles citoyens et bourgeois, de garder les prééminences de la ville et d'avertir les consuls, si aucun dommage ou trahison y advenait. — De plus, le bourgeois de Casteljaloux payait, pour son admission, quelques francs bordelais; que l'on employait d'ordinaire à l'achat de hallebardes ou d'arbalêtes destinées à la défense de la place.

Quelquefois la condition de bourgeoisie restait attachée à une terre, et nous avons trouvé une requête, à la date du 18 octobre 1544, où un sire Jehan Augey expose aux consuls, pour être reçu bourgeois, qu'il vient d'acquérir un mayne dans la paroisse de St-Jean de Bauziac ; que les propriétaires dudit mayne, de tout temps et ancienneté, étaient bourgeois de Castelgeloux; payaient toutes tailles tant ordinaires que extraordinaires, et jouissaient des privilèges de ladite ville.

Il y a plus ; les vignes de la banlieue furent qualifiées de *bourgeoises*. On ne recevait dans la ville que le vin provenant de ces vignes, à moins que la grêle, la gelée ou quelque autre cause de stérilité n'eussent rendu nécessaire l'introduction des autres vins nommés *forains*, auquel cas cette exception à la règle était l'objet d'une autorisation spéciale de la jurade, moyennant une rétribution. Ce privilège des vignes bourgeoises donna lieu à beaucoup de fraudes et de procès. On plaida surtout au sujet des limites de la banlieue qu'on nommait le *dets* ou *dex de Castelgeloux*. Alain d'Albret chargea maître Martial Cortete, docteur en droit, juge ordinaire et lieutenant général de la sénéchaussée d'Agenais, d'en faire la recherche ; après quoi, une décision de ce prince rendue au château de Casteljaloux, le 15 avril 1504, détermina ces limites, de la manière suivante :

« Senseguent les confronts, limites e dex ordonnats per serbi à la ville de Castelgeloux e aux bourges e habitants d'aques, à sabe es que nul ne pourra bende bin fourasin dens lesd. limites, e commensen a' subé es a lavance, au loc aperat ou gôua deus Chrestians, sive de Nauzet ; e de qui en foro tirant bers soleil libant, au long de les limites de les seigneuries de Labastide et Castelgeloux, per dessus loustau deus heretois de Sansoun Mou-

3

ret leychant loustau dud. Mouret dens lesd. limites; e de qui en hore tirant entre aquet loc oun se hey la division de les seigneuries de Castelgeloux, Villefranche et Labastide, loquau division e termis es au dedens la vigne de Jeanet et Peyrot de Salebert; e de qui en hore, au long de les limites de les seigneuries de Villefranche et Castelgeloux, tirant a drete ligne au casau de Bayle, qui hes hors lou camin per louquau on ba de Castelgeloux à Loupiac; e de qui en hore tirant debers mitjour, au long de les limites, entre un camin per loquau on ba de Castelgeloux à Beyrac et à Villefranque; e de qui en hore au long d'un riu sive gaules, entre au termi que depart les seigneuries de Villefranque, Castelgeloux e lou Sendat; e de qui en hore tirant à lun dous termis que debisent Castelgeloux e lou Sendat, per dessus loustau deu Lanin à la fourcade dous camins qui tiren lun a Nérac et laute a Coutures, leychant loudit camin dins les limites de Castelgeloux; e de qui en hore tirant a la hon Benezit; e de lad. hon tirant a lavance e au loc aperat dou Gallon coumpernen per termi larriu de Baraton entre a la Mazerolle et tirant de la Mazerolle a drete ligne a la gleyze de St-Gerbasy; e de lad. gleyze tirant per dessus les vignes de Baraton a la houn Perrin; e de lad. hon tirant au long deu riu pouirit entre au camin bazadés, e deud. camin tirant a drete ligne au riu de Belloc, entre a la gleyze deud. Belloc, e de lad. gleyze tirant a drete ligne au goua de Nauzets. »

Toutefois, la jurade de Casteljaloux avait accordé le droit de bourgeoisie à diverses vignes situées hors de cette enceinte et parsemées dans les paroisses de Couthures, de Moleyres, de St-Giny et de Veyries, (juridiction de Labastide). Un Saintrailles, gouverneur de Casteljaloux, ayant un vignoble dans la paroisse de St-Martin-de-Curton, le même privilège lui avait été concédé. Les paroisses du Sendat, de Loupiac et de Beyrac, ayant consenti, dans des époques difficiles, à contribuer aux réparations des remparts de Casteljaloux, cette ville les en récompensa, par le droit de bourgeoisie accordé à toutes leurs vignes. Les frères mineurs de Casteljaloux, le commandeur de St-Roman (v. ch. 1) et le seigneur de Belhade (v. même ch.), payaient, pour jouir du même privilège, à raison de leurs vins, une rente annuelle à notre ville. Enfin, dans un procès contre un sieur Beaupuy, de Rufilac, qui voulait se maintenir, en 1527, dans ce droit de bourgeoisie pour son vignoble, un témoin alla jusqu'à reprocher à nos consuls de laisser entrer quelquefois du *vin forain*, s'ils le trouvaient à leur goût. D'un autre côté, lorsque la ville n'était pas suffisamment approvisionnée en vin, on en défendait la sortie, témoin cet arrêté du conseil des jurats, du 15 juin 1562 :

« Par lesd. consuls il a esté remonstré qu'ils ont faict le resserc du vin par la ville, et n'ont trouvé que six cent quarante-trois barriques de vin, qu'est non suffizant à l'entretenement des habitants de la présente ville, qu'est la cause qu'il a esté arrêté de ne getter vin hors icelle, à peyne de perdition dud. vin et des autres esmendes arbitrées ; ce que sera proclamé. »

V. *Des Chrétins ou Capots*. — Au-dessous des jurats, des bourgeois et des habitants ordinaires de Casteljaloux, il faut placer les tristes restes de ces Sarrasins que l'invasion d'Abderame laissa dans la Gascogne et dont quelques individus nous sont signalés à Casteljaloux, par de vieux documents. On vient de voir dans l'ancien *dets* de cette ville qu'un gué de l'Avance, vis-à-vis Belloc, avait reçu le nom de *goua deus Chrestians*. Un hameau de cette même paroisse porte encore de nos jours le nom des *Capots* et l'on sait que cette race réputée infame et infectée de la lèpre, (ce qui avait décidé nos villes à les reléguer hors de leurs murs) portait ces noms de *Capots* ou de *Chrestians*, ailleurs de *Cagots*, de *Jezits*, de *Gahects* ou *Gaffets*. Des vieillards nous ont affirmé, dans notre jeunesse, qu'à l'église de St-Raphaël, un bénitier et une porte séparés leur était rigoureusement affectés, ce qui se trouve conforme à ce qui se pratiquait dans beaucoup d'autres églises; et comme ces hommes se trouvaient réduits aux travaux réputés infames, un compte des cousuls de Casteljaloux, de 1498, porte en dépense :

« Item, an pagat à Peyroton de Laterre, *chrestian*, per far lo gibet, IV francs bordelais XX ardits. »

Un autre compte consulaire, de 1501, contient cet article :

« Item donneren au *chrestian* per far l'echaffaud ont la femna fo estranglade, IV fr. bord. »

Telle fut la population de bourgeois, habitants ordinaires et chrétins, qu'administrèrent les consuls de Casteljaloux. Il est temps de faire connaître ces officiers municipaux.

VI. *Des Consuls* (1). — Sur les 24 jurats formant le corps de ville de Casteljaloux, les 12 qui avaient occupé la charge de consuls, durant les trois dernières années, y comprise celle qui allait expirer, marquaient, en qualité d'électeurs, sur la liste des 12 jurats restants, ceux qu'ils croyaient dignes et capables d'occuper le consulat, l'année suivante, et c'est à la pluralité des suffrages ainsi exprimés, que les 4 nouveaux consuls se trouvaient créés. Dans l'origine, l'on procédait à cette élection le jour de St-Christau. Depuis que le commencement de l'année fut fixé au 1ᵉʳ janvier, l'élection de nos consuls eut lieu dans les derniers jours de décembre.

Rien ne prouve que cette élection dut être soumise, dans l'origine, à l'approbation des sires d'Albret, ou des représentants de ces princes à Casteljaloux. Seulement, les officiers de justice y assistaient et pouvaient la contrôler. Nous avons déjà dit que c'était entre les mains de ces mêmes officiers que les nouveaux consuls prêtaient leur serment, dont voici maintenant le texte :

« Losquaus a qui medis foren recebuts e jureren sobre libre

---

(1) Ce mot s'étant souvent corrompu, on le verra parfois converti en celui de Conseil, ou Conseilh, ou Cosses, dans nos documents municipaux.

missel, la sancta facie de Diu e crucifie, e la sancta heraya crotz a qui pauzade, que per Diu monsenhor, per aquets Sancts, per aquere Sancta lex e sanctas bertuts, saran fidels, leals a Monsenhor e a la bila, e cosselheran Monsenhor e son bayle de so que lor demandara, ben e leaument e degudement e que los jutgements que Monsenhor o son bayle los demandara en la Cort reddran bos e leals, tant per lo petit cum per lo gran, per lo paure e per lo ric, e que gardaram e observaram e mentendram las costumas, los priviletges, los estatuts, franquesses, libertats et usatges de Castelgelos, e en aquo los bens e habitants petits e grans deud. loc defendram e gardaram de tort o de force, e en lor offici de consolat se auran et pronunceran ben, lealment e degudement, a lor leau poder. » (Jurade du 25 juin 1413).

La suite de cette Monographie, en nous montrant à l'œuvre les consuls de Casteljaloux, nous fera connaître avec plus de détail que ne le fait ce serment, les fonctions dont ils étaient revêtus. Cependant il en est une trop importante, pour que nous ne lui consacrions pas un chapitre particulier, après avoir noté, dans celui-ci, d'autres serments que l'on exigeait de divers fonctionnaires ou particuliers.

VII. Les *régents* reçus après un examen de leurs talents et connaissances (1), le *clerc* chargé du livre des jurades et pris au

---

(1) Voici un procès-verbal de réception de régent : « Dans la mayson commune, le 22e juing 1568, assemblez en jurade, mess. Bacone et Bordes, lieutenants, Lacorrège, Labadie, Sauvaige, consuls, estant aussy présent Mons. Bodoy, qui s'est présenté pour régent et ayant disputé avec Mess. Benin, Morizot, Bresgue, 'rdilouze, Montozin, régens, et Jossius, aussi présent, qui ont dict attendu qu'il n'y a en ceste ville escoliers qui soyent avancés en estudes, combien que ledit Bodoy, régent, ne soit philosophe ni dialectitien, est souffisant pour exercer la charge de régent, pourveu qu'il hausse plus haut sa voix et ne se haste tant, de tant qu'il est bon grammarien. Bien ont dit s'il y avait gens souffisants avoir la dialectique, le régent ne serait souffisant. Ducellier, Fontanier, Jouffroy disent estre souffisant, attendu parle bon latin. Sur quoy, par l'advis desd. lieutenants, consuls et autres susd., il a esté reçu à la charge de régent, aux gages annuellement de 60 liv. tourn., y comprenant le lougis, avec condition qu'il prendra des escoliers argent comme estoyt

sein même de ce conseil, le *médecin* gagé par la ville (1), le *sergent de la ville*, tous prêtaient leur serment de fidélité. Ce dernier participait du garde champêtre, du valet de ville et de l'agent de police. Voici les instructions qu'il recevait de la jurade :

« Le sergent sera tenu de faire serment de fidélité à la reine de Navarre (II), officiers (III), consuls et jurats de la présente ville, lesquels consuls et jurats il reconnaîtra pour ses sires, après ladite dame.

« Outre le congé et volonté desd. consuls, led. sergent ne pourra pas s'absenter.

« Et pour les affaires de lad. ville, il se tiendra toujours prêt pour aller, venir et marcher partout où il sera mandé, sauf maladie, ou autre légitime excuse, et ce moyennant salaire accoutumé.

« Sera tenu aussi tenir l'œil tant aux portes, rues, ruine des murailles, des maisons, vignobles, et même contre les larronneux, qui vont dérober lesd. vignes et prairies, bois et jardins circonvoisins de la présente ville, et du tout en avertira incontinent et sans y commettre aucune faute ni connivence.

« Avertira aussi la jurade, quand il sera mandé.

« Tiendra la trompette en bon état et icelle apprendra bien sonner au plutôt.

« Et où le serviteur ne fera pas son devoir sur tous lesdits points et autres, qui concerneront et toucheront le service et

de coutume, laquelle charge il a acceptée, promis et juré y faire son debvoir. »

(1) C'est d'un médecin juré et pensionné par notre ville que descendait M. Brostaret, député à la première constituante, ainsi qu'au conseil des anciens. Un M. Despaignet, médecin gagé, en 1562, à 50 liv. par an, ayant réclamé son paiement, offrant de rester moyennant une pipe d'avoine et six charrettées de foin, en sus des 50 livres, la jurade, tout en soldant l'arriéré, répondit que la ville étant pauvre ne pouvait supporter tant de charges; mais que s'il voulait demeurer pour la pratique, qu'il attendît.

(II) C'était, à cette époque, Jeanne d'Albret.

(III) Officiers de justice.

intérêts de lad. ville et du public, led. sergent serviteur pourra être ôté par l'autorité de lad. ville et à son lieu en y sera mis un autre.

« Jouira led. serviteur des profits, revenus, émoluments, libertés et franchises accoutumées. (Jurade du 18 février 1566).

Enfin, les bouchers, fermiers des quatre bancs situés sous la halle (deux de ces bancs se trouvaient occupés encore, il y a quelques années), s'engageaient aussi, sous serment, à les approvisionner de bonnes viandes, comme à faire bon poids. Une taxe faite par la jurade, le 13 avril 1566, va nous apprendre en quoi consistaient ces approvisionnements :

« Livre de bœuf gras et maigre, à la discrétion des consuls ;

« Livre de mouton gras à IIII carolus, l'autre à la discrétion des consuls et jurats ;

« Livre de chabreu à IIII carolus ;

« Livre de boucq cresta à XX d.;

« Livre de chevre à 18 d.;

« Livre de oueilh à 18 d.;

« Livre de pourceaux et truyes et veaux à la discrétion des consuls et jurats, laquelle taxe est faite pour 3 mois seulement. »

D'autres documents établissent qu'il se vendait aussi à Casteljaloux, de la chair de cerf et de sanglier. (v. au chap. 5, le règlement de Charles II, sur le Souquet).

CHAPITRE 4e.

Administration de la Justice.

I. Au premier rang des franchises de la ville de Casteljaloux et comme garantie de toutes les autres (nul ne pouvant y être distrait de ses juges naturels, d'après un autre privilège), il faut placer le droit de justice, qu'exerçaient les consuls, conjointement avec le bayle, ou juge commis par les sires d'Albret. Ce n'était toutefois qu'en première instance qu'ils jouissaient de ce droit. Un *juge d'appeaux* créé par les sires d'Albret, siégeait dans la même ville, avec un *lieutenant d'appeaux*, et y recevait les appels de toutes les justices seigneuriales établies dans un ressort assez étendu et qui paraît avoir été le même que celui du siège du sénéchal, placé à Casteljaloux, lors de l'érection de l'Albret, en duché. (v. le chap. 6). (1).

II. En 1506, Alain d'Albret, sous le prétexte de quelques abus qui s'étaient glissés dans l'administration de la justice, à Casteljaloux, cessa d'y commettre un bayle et la confia exclusivement à son juge d'appeaux. C'était détruire la justice des consuls. Les consuls et les habitants se réunirent pour en adresser des remontrances à leur baron. Des arbitres furent nommés de part et d'autre ; des jurisconsultes d'Agen et de Bordeaux furent consultés, et à la suite d'enquêtes et de force écritures, Guillaume de

---

(1) Nous nous souvenons d'avoir trouvé, dans un recueil de jurisprudence, la mention d'une sentence rendue par le juge d'appeaux de Casteljaloux, sur l'appel d'une sentence du juge de la vicomté d'Aillas.

Castillon, lieutenant du sénéchal d'Agenais, et Gui de Vezins, juge de Bazadais, au nom d'Alain, signèrent avec nos consuls, une transaction datée du 16 février 1507. On y trouve la disposition suivante :

« Avons dit et prononcé, disons et prononçons que quelque trouble et empêchement que par ci-devant ait été fait, baillé ou donné aux consuls de Castelgeloux, pour l'exercice de la justice originelle, que par ci-devant ont accoutumé exercer ou assister, avec que le bayle, juge ordinaire pour mon dit seigneur, ils auront et exerceront lad. justice, pour et au nom de mond. seigneur, en ayant la première connaissance des causes civiles et criminelles qui occureront en tout le balliage et juridiction de lad. ville de Castelgeloux, sans en aucune manière pouvoir par lesd. officiers de mond. seigneur, qui à présent sont, ni par temps à venir seront désormais, en l'exercice d'icelle être troublés, molestés, ni empêchés, et le tout pourront faire, sans en aucune manière déroger à l'autorité du juge de mond. seigneur, qui demeurera en l'état qui lui appartient et qu'il a accoutumé user. » (1)

III. Postérieurement à ce traité, comme la charge de bayle se donnait aux criées et se trouvait trop souvent adjugée à un homme illétré, Henri d'Albret créa, dans Casteljaloux, un *assesseur perpétuel*, qui fut de *robe longue*, « lequel exerçait la justice tant civile, criminelle que police, avec lesd. consuls, comme est contenu par le règlement sur ce par led. seigneur fait en son conseil privé, le 5 nov. 1544. » (extr. d'une requête des consuls). Cet assesseur conserva aussi la qualification de juge ordinaire. De plus, il paraît que pour les affaires criminelles, on prenait

---

(1) Au nombre des consuls qui soutinrent avec succès, en 1506, les franchises de notre ville, on trouve Bertrand deu Soley, qui dut être un des ayeux des Solier, plus tard Soulier, éteints de nos jours dans la personne de deux chevaliers de St-Louis.

aussi l'avis des jurats. Voici, du moins, ce que nous avons trouvé sur nos registres municipaux :

« Rapport du procès du procureur contre Tole, fait en la maison commune par mons. le juge ordinaire, par devant la jurade de l'autre part écrite, le 9me jour de décembre 1565 :

« Par nous Me Jehan de Bordes, juge assesseur, le rapport de certain procès a été fait par lequel résulte certaines informations avoir été faites à la requête du procureur de la Reine de Navarre contre Jehan Tole, par lesquelles appert que ledit Tole, accompagné de plusieurs autres, savoir est, de Guilhem de Lamothe fils, de Arnauton et Arnauton de Capdeville, les tous habitants de la paroisse de St-Martin-de-Curton, présente juridiction, ont tué et homicidé Jehan de Lagleyre et Moniquet de Vineys, pour lequel procès vider, maître mons. Boyin, M. Ducellier, juge de Villefranche, M. Martin Constantin, avocat, ont été appelés, et jugement desquels a esté tel que led. Tole doit estre mis à la question et torture pour savoir la vérité par sa bouche, à cause que la vérité n'est point suffisante ; et pour le regard des autres à cause de leur absence et qu'ils sont contumax, qu'ils doivent estre décolés et mis à quatre quartiers et en grande esmende envers la Reine de Navarre et aux frais et mises de justice ; duquel avis ont esté Jehan Ducastaing, Labadie, Sauvaige, Norman, Andrieux, Guiraud, Lespiault, jurats, et Melet, consul. »

Quand nous en serons à l'erection de l'Albret en duché, nous dirons quelles furent les modifications qui s'en suivirent, dans l'administration de la justice.

IV. Bien que les consuls de Castejaloux eussent la justice criminelle, on voit par de vieux documents, qu'ils ne tenaient pas, dans l'origine, sous leur main, l'exécuteur des hautes œuvres. C'était le bourreau de Nérac qui venait fonctionner à Casteljaloux. « Si tost cum la causa sie feyte, » écrivit, de Nérac, le seigneur de Monpezat, sénéchal d'Agenais et lieutenant d'Albret, qui vivait de 1430 à 1432, aux consuls de notre ville, au sujet de l'exécution de trois voleurs, « tremetez-me lo mestre de l'obre, afin que de part deça, io lo posco metre en besouhe. » Le doute que pourrait faire naître ces quelques lignes, se trouve levé par cet article d'un compte de nos consuls de l'an 1503-1504 : « Item, paguere au borreau de Nérac que foelet Bidau de Harbos, XII ardits. »

Mais, dans un autre compte consulaire, de 1516, figure l'ameublement qui fut fourni au bourreau, cette même année, sans doute pour son établissement dans notre ville.

V. Ce droit de justice attaché à la charge de consul donna lieu, en 1509, à un procès fort grave.

Jean Vidal, dit Lamistous, se trouvait revêtu, à cette époque, des fonctions de consul de Casteljaloux, avec Gabriel Tiercelin, Esteben Trescos et Bertrand de Sen Martin. Cet homme possédait *une belle et honnête personne qui lui avait donné de beaux et nombreux enfants*, pour nous servir des expressions du réquisitoire fulminé contre lui. Mais sa passion effrénée pour les femmes ne l'en perdit pas moins. Il avait fait jeter dans une basse fosse de la tour de St-Raphaël, Jeanne Bahons, dite Marianne, qu'il accusait de sortilège. Sous le prétexte de procéder à son interrogatoire, il la fit extraire, un jour, de son cachot et comparaître devant lui, au sommet de cette même tour, où il ne craignit pas de lui offrir la liberté, au prix de son déshonneur. La malheureuse, qui jusques là s'était toujours bien conduite, (c'est une justice qu'on ne cessa de lui rendre, dans le cours de ce procès), finit par succomber, sans obtenir le prix de sa faute, car Vidal, joignant l'insulte au parjure, la fit rentrer dans la basse fosse, en lui disant ces mots : « Marianne, il ne faut pas vous émouvoir de rester quelques jours en prison, le Roi y a bien resté toute une année (1).

---

(1) Ce langage du consul Vidal nous avait inspiré des doutes sur la date de

Ce crime ne tarda pas à se divulguer. Toute la ville s'en indigna. Vidal s'était réfugié dans l'église de Notre-Dame et les consuls, ses collègues, n'osant violer cet asile, mirent des gardes aux portes, si bien que Vidal ayant commis l'imprudence d'en sortir, il fut saisi et livré à ses juges.

La sentence allait se prononcer, lorsqu'il représenta des lettres de grace qu'il venait d'obtenir, ce qui n'empêcha pas le procureur du sire d'Albret et le procureur du Roi en la cour du sénéchal de Bazadais, dont dépendait alors Casteljaloux, de conclure à ce que coupable fut *condamné à être par l'exécuteur de la haute justice, décapité au gibet patibulaire de la ville, ayant ses lettres de grace (le scel d'icelles par révérence du Roi ôté), attachées a son cou,* le parquet de Casteljaloux comme celui de Bazas, qualifiant ces lettres *d'inciviles et de déraisonnables, subreptices, obrectices et telles que par la cour n'étaient à entériner*. Néanmoins la cour du sénéchal de Bazadais les entérina. Vidal sauva sa tête. Mais il n'est pas besoin d'ajouter qu'il fut cassé de sa charge de consul, à ce point que son nom ne figure même pas dans le compte de ses collègues. De crainte de trahison de sa part, on fit confectionner une nouvelle clé de la porte de l'Esquibo, que ce consul avait tenue sous sa garde ; on le déclara indigne de remplir à l'avenir cette charge ou celle de jurat ; et de sa robe de consul il fut fait *deux capes*, dont on gratifia les deux églises de N. D. et de St-Raphaël, qui les envoyèrent à l'abbé de Fonguilhem, pour qu'il les bénît, en y joignant un présent d'une paire de chapons.

---

ce procès, car François 1ᵉʳ, roi de France, ne fut fait prisonnier, à Pavie, que bien postérieurement à l'année 1509. Mais les pièces de cette affaire sont restées à la mairie de Casteljaloux; de plus, on trouve sur les comptes de nos consuls, de 1509 et de 1510, divers articles relatifs aux poursuites contre Vidal. Dès lors, les paroles ironiques de ce consul ne peuvent être qu'une allusion à la captivité du roi Jean, le Bon, en Angleterre.

CHAPITRE 5e.

Tailhes. Souquet. Comptes des Consuls.

I. Les revenus de la ville de Casteljaloux consistèrent à diverses époques : 1° dans les tailhes ; 2° dans le produit du *Souquet*; 3° dans celui des places et bancs des bouchers sous la halle ; 4° dans le prix de ferme de la pêche des fossés de la ville et dans le prix de location des tours; 5° dans les rentes dues par divers, à raison de la bourgeoisie de leurs vignes ; 6° dans les dîmes de St-Nicolas ; et 7° dans la part qu'obtenait notre commune sur les amendes et confiscations prononcées en justice.

II. *Des Tailhes.* — Nous savons tous que ce mot est synonyme d'impôt. Il y avait la tailhe ordinaire et annuelle. Il y avait des tailhes extraordinaires, conséquence nécessaire ou des dépenses exceptionnelles que la ville se voyait dans l'obligation d'ordonner, ou des donations qu'elle faisait aux d'Albret, soit pour le présent de bien venue (v. au chap. 6), soit pour un mariage, soit pour une rançon (ibid). Ces tailhes étaient réparties sur les contribuables, dans une assemblée générale de tous les habitants, ou par des commissaires élus dans une de ces assemblées. Nous en avons trouvé la preuve dans le document précieux que voici :

« In nomine Patris et Filii et Spiratus Sancti. Amen.

« En l'an de nostre Senhor Jeshu Crist CCC LXXXVI, lo dimenches IXe jorn de decembre, Ramon de Sen Gini, Galhard de Camaleys, Bernardon del Fom, Delpech Vidal Adoux, Cosselhs de Castelgeloux, en sems ab los qui senseguent en asso far deputats ó elegits per tota la universitat del dit loc de Castelgelos, ordenen la forma et la maneyra de la liure per aliurac é partir et divisir les tailhes et collectes deld. loc de Castelgelos, so es à saber des borgues et del habitants dins la clausura del dit loc, ho aquets qui hic han ostals et heretatges arrendats.

« Sen seguensen los deputats e elegits per ordenar les talhes dessus dites ab los dits Cosselhs ad amasse, so es à saber.

(Suit la liste des commissaires).

« Tots prumyrament hordenen et taxssen la vinha de la fazie de XL hommes dedeus los dex et defora engualment à XX lbs, é per eyssi monte la fazie de I homme XII s. b. é mey (1).

« Item, tots fazedeys qui fassa vinha al ters per tostems paguera à la lbr les duas parts de la taxsse é lo sehor proprietar de la vinha la terssa part ; é si la feyt à quart, lo fazendey paguera las tres parts et lo sehor la quarte part; é si la feyt al quint, o de qui en avant, cascun paguera à l'avinent, segont la part qui len escayra, si la feyt per tostems; si la faze à terme, la fazendey no pague arré.

« Item lo fazendey de la terre no pague arré de la libr.

« Item, jornal de terre laurade estival o erme, o de prat, o de bosc, o de segae, o de vinha erme, dens los dets o de defora, à duas lbrs.

« Item, oblies, logueys d'ostals et autres rendes meten é taxssen XX s. b. a XV lbs.

« Item, tota puneyra des froment darrenda à V lbrs.

« Item, cascuna arrode de molin sur l'Avance à II lbrs.

« Item, nulhs bes no moables que sien fora la senhorie ni nulha denje dedens la senhorie ni defora, no pague lbr......

« Item, los hostals de la bila qui, no son logats ni arrendats deu taxssar cascun lo son ensson sagensi, é aquerre taxsse deu

---

(1) Ces lettres s. b. veu'ent dire sols bordelais. Il fallait quinze sols pour faire un franc bordelais ; le franc bordelais ne faisait que les 3/4 de la livre tournoise.

ester en apres arreformade, si mesteys es, per los consels é per los esligits dessus dits.

« Item, cascun borgues é habitant deu jurar totas les propriétas que a dedens la sehorie, quaus jornal ni a, ni qual loc, ni quas hommes vinia fazie, ni quante arrende, ni quos logueys d'ostals, é eyhssi medihs deu jurar tot lo moble que aura fora la senhorie, exceptat d'ordilhes d'ostal, que sien dedens la senherie o defore, que no paguen puint de lbr, sino bayhssia d'argent, loqual pague lbr cum l'aute moble.

« Item, à cascun deu ester apetissat de son blat e de son bin sa perbezicion, segont son estat, é les sobres deu paguar lbr enpero subz l'aute moble nol deu ester re defalquat, sino sobre lo blat é sobre lo bin susd.

« Item, meten et taxssen pelh de beus à ... X franx; pelh de baques à ... VI franx; rossin é egue à la taxsse de quel de cui es, en son sagrement; aolhs é crabes, à V s. b.; lo cap poc é truge de un an enssus à X s. b.; lo cap crabots, anhets ni tessos no paguen puint de lbr, entro que an un an.

« Item, avant de aliuzar et de paguar la lbr cascun paguera V s. b. de fugualge per carteyron, per aqueste attribution de queste paci del present an é sis faze autre tailhe maior o mendre, ne deura paguar à l'abinent segont meys et segont menhs. »

Les règles ci-dessus éprouvèrent, par la suite, bien des changements et la ville de Casteljaloux fut mise nécessairement, en matière d'impôt, au niveau des autres communes de France.

III. *Du Souquet* ou *Souchet*. — C'était un espèce d'octroi établi dans les villes, pour que le produit en fut appliqué principalement aux fortifications. Celui de Casteljaloux se trouve ainsi défini, dans un procès-verbal d'adjudication ou bail à ferme de cet octroi :

« Impôt du vin qui se leve dans la ville, faubourg d'icelle, paroisses Notre-Dame, St-Raphaël, Gassac, Couthures, Lupiac,

Bayrac, La Hournère, Grand Arieu et généralement dans toute l'étendue é dex de lad. ville, à la réserve de la paroisse du Sendat. »

C'est Bernard-Esi, sire d'Albret, qui en obtint la création, pour les places de Nérac, Castelgeloux, Meilhan, Sore et Tartas, par lettres d'Edouad III, roi d'Angleterre, du 1er juin 1342, (Brequigny, coll. V. 27). Charles II d'Albret confirma ce souchet, par lettres données au château de Nérac, le 22 mai 1443. Mais les textes de ces lettres sont loin de circonscrire sur le vin l'impôt du Souchet. Nous les reproduisons ici :

1re *pièce*. — Lettres par lesquelles Edouard III consent à ce que Bernard Esi d'Albret prenne, durant dix ans, dans tous les objets de commerce de ses terres de Nérac, Castegeloux, Milan Sore et Tartas, quatre deniers bons tournois, pour livre, tant sur les vendeurs que sur les acheteurs. 1er juin 1342.

« Supplicavit nobis vir et dilectus et fidelis B. E. de Lebreto... ut in auxilium reparationis, defensionis et munitionis castrorum et locorum suorum de Nerac, Casteljeloux, Milan, Sora et Tartas, quæ in fronteria inimicorum nostrorum situata sunt....., velimus concedere quod ipse de quibuslibet rebus venabilibus de mercimoniis ad castra et loca sua prædicta, seu districtus eorumdem venientibus, aut per eadem transeuntibus, estimationis vel valoris viginti solidorum quatuor denarios turonens. bonorum ab emptore, et quatuor denarios bonorum turonens. de venditore, usque ad finem decem annorum, capere possit et habere ; NOS advertentes sumptus onerosos, quos præfatus B. circa reparationem, defensionem et munitionum castrorum, locorum prædictorum hactenus apposuit et quos ipsum in diem apponere oportebit.... concessimus ei etc. teste rege apud Westm.... primo die junii.... per petitionem consilii....»

2me *pièce*. — « Double de la confirmation du droict du souquet faict par Charles Seigneur d'Albret aux consuls de Castelgeloux;

en l'an 1443 (1).

« Charles, seigneur d'Albret, comte de Dreux et de Gaure, à tous ceux quy ces présentes lettres verront salut sçavoir faisons que comme à la requête de nos prédécesseurs et des conseilz, bourgeoys, manans et habitans de notre ville de Castelgeloux, les prédécesseurs de Monseigneur et Roy ayant donné privilèges auxd. bourgeois, manans et habitants de notre d. ville et de y commettre et imposer sur toutes marchandises de bleds, vins et autres choses.

« Item, sensse le soucquet de diminution de vin vendut en la ville en taverne ed charge sur les autres marchandises pour employer à la fortification de notre d. ville de Castelgeloux et des puys peu estre que par le consentement de nos prédécesseurs et de nous a ce estre faicte diminution et croyssan. sur led. soucquet et autres marchandises par lesquelles causes pourroyt advenyr le cas que aulcuns marchans et autres y pourraient faire débat d'où s'en pourroit ensuyvre domaige auxd. marchans et autres auxd. conseils et bourgeoys et pour esviter tous inconvenientz et domaiges quy s'en pourroient ensuyvre, nous ont supplié lesd. conseilz, bourgeoys, manans et habitans... que led. droict de soucquet et autres charges à eulz et leur voulons confirmer, ratifier et déclarer sur toutes marchandises et de ce quy se vendront ou achepteront en notre dite ville de Castelgeloux ou passeront par lad. ville ou seigneurie d'icelle, et pour ce Nous considérés ez choses quy sont raisonnables et afin qu'il soit memoyre perpétuelle à la requête desd. conseils, bourgeoys, manans et habitans de notre d. ville de Castelgeloux, avons ratifié, confirmé, ratifions, confirmons par ces présentes led. soucquet et aultres charges auxd. conseilhs et bourgeoys et voulons

---

(1) Cette copie a été prise sur les livres des jurades. Elle nous a paru fort incorrecte. Mais nous avons dû la transcrire sans rectifications, pour ne pas commettre des erreurs à notre tour.

qu'il se leve sur toutes marchandises en notre d. ville de Castelgeloux et par la seigneurie et jurisdiction d'icelle en la forme et manière cy-après déclarée.

« Premièrement que lesd. conseilhs et bourgeoys puissent lever ou faire lever ainsin que est acostumé de tout vin quy sera vendut en taverne publicque ou en particulieres sans seignal de taverne, douze deniers pour livre.

« Item, que tout marchand forain quy viendrot achapter vins en gros en notre d. ville de Castelgeloux'ou en la seigneurie tant en Bazades qu'en Condomes appartenant en lad. seigneurie et ce pour transporter et mener led. vin en autre part, paye pour chascune pipe de vin (1), deux soulz 6 deniers, l'estrangier et non le bourgeoys.

« Item, que toute pipe de vin quy passe par la seigneurie de Castelgeloux, quy ne soyt achaptée ou crompée dedans lad. ville, paye celuy qui la passe six deniers pour pipe, l'estrangier et non le bourgeoys.

« Item, pour chairn de bœufz, vache ou de betet, de porc ou de creston, de boucq, de crabe, de cervg, de sanglier et de toutes autres chairns de quaulque estat que ce soyent, paye... deniers pour livre ainsin qu'il est acostumé.

Item, que toute personne qui vende ou achapte bœufs ou vaches, cheval, jument, mulet ou mule, asnes ou asnesses, en toute la ville de Castelgeloux ou en la seigneurie, payent l'achapteur et le vendeur, six deniers, l'estrangier et non le bourgeoys.

« Item, que toutes trucques ou change de bétail payent en la d. manière, l'estrangier et non le bourgeoys.

« Item, que pour chescun chef de creston, d'oueilhes, de porcz et truyes, et de tout bestail menu, quy se vendront en lad. ville, soict payé par l'achapteur et par le vendeur chescun deux deniers pour chef, l'estrangier et non le bourgeoys.

---

(1) La pipe contenait 2 barriques ou 4 hectolitres 40 litres environ.

« Item, que de toutz bledz qui se vendront en lad. ville et seigneurie, soyt payé par le vendeur et par l'achapteur chescun un denier pour carthon (1), l'estrangier et non le bourgeoys, sinon soyt blat de merguedure qu'on aye amassé l'esté ou de donation, led. bled aud. cas ne doyt rien.

« Item, que toutes charges de beste de quelque marchandise que ce soyt quy ne soit expresse qui passe par lad. ville ou par la seigneurie, paye pour charge vi d., l'estrangier et non le bourgeoys, sinon que ce soyt blat de merguedure, comme dessus est dit.

« Et sy lesd. marchandises étaient chargées en chars, payeront à l'équipolent de la charge.

« Item, que tous marchands forains quy ne soyent demeurans en notre d. ville de Castelgeloux, payeront de tout ce qu'ilz vendront et achapteront en lad. ville et de toutes marchandises, deux deniers pour livre, l'estrangier et non le bourgeoys.

« Item, que tout char de sel paye un denier pour carthon, l'estrangier et non le bourgeoys.

« Item, que toute personne qui achaptera ou crompera sel à Castelgeloux, pour porter hors de lad. ville, paye pour chescun carthon, ung denier, l'estrangier et non le bourgeoys.

« Item, pour toute pipe de combresq quy se vendra ou achaptera en notre d. ville, ou passera par la seigneurie, paye l'achaptedor et vendeur, à celuy quy achaptera, ainsin qu'il est accostumé.

« Et toutes lesquelles choses dessus d. a esté et sont accostumées estre cuilhies et prouvées en notre d. ville de Castelgeloux aux d. conseilz, baylé, manans et habitans de notre d. ville de Castelgeloux, pour convertir et employer en lad. fortification et emparement.

---

(1) Le carton dépassait de quelque peu 36 litres. C'était, par conséquent, un peu plus que le tiers de notre hectolitre. La pipe contenait 12 cartons,

« Sy donnons en mandement etc. donné en notre castet de Nérac soubz notre scel, le 22ᵉ jour de may, l'an mil IIIIᶜ quarante troys par monseigneur, pnt le seigneur de Moncassin et autres donné par coppye du présent original par moy et au dessoulz signé de Furno, not.

« Le présent double a esté extrait, vidimé et collationné à l'original, par moy soubsigné, quy est demeuré au coffre de ladite ville, le dernier jour de janvier 1597.

« Signé DE LESPIAULT, secrétaire de lad. ville. »

Dans les premiers temps, le prix de ferme du Souquet devait s'acquitter en matériaux et en main d'œuvre, aux tours et murailles de la ville, témoin cet extrait du livre des jurades :

« En l'an 1379, lo 12ᵉ jorn de feurey, Arnaulon de Balenton arrendet lo soquet de Castelgelos, per un an revolut, per quatre mileys et sept cens peyres paysadeyres en la maneyra acostumade, e en obre plana, à qui ont les cosselhs mostrerap. »

Mais passé l'an 1460, les adjudications du soucbet se firent à prix d'argent. En 1463, ce prix fut de 60 fr. bord; en 1466, de 66 fr.; en 1481, de 150 fr.; en 1482, de 75 fr. 15 sols; en 1485, de 140 fr.; en 1488, de 120 fr.; en 1492, de 170 fr.; en 1493, de 149 fr.; en 1497, de 176 fr.; en 1498, de 82 fr.; en 1502, de 142 fr. 22 ardits; en 1508, de 250 fr.; en 1516, de 310 fr.; en 1517, de 229 fr.; en 1519, de 216 fr.; en 1524, de 190 fr.; en 1525, de 260 fr.; en 1531, de 240 fr.; en 1532, de 230 fr.

Pour se rendre compte de ces produits, nous constatons que vers ces mêmes époques, le carton de froment valait de 8 à 9 sols; le carton de seigle, de 6 à 7 sols; l'avoine, de 2 à 3 fr. la pipe; la barrique de vin, de 3 à 4 fr.; une paire de bœufs, de 14 à 15 fr.; douze moutons, de 10 à 14 fr.; un chevreau, de 12 à 15 ardits; la paire d'oies, de 12 à 15 ardits; la paire de canards, de 4 à 5 ardits; la paire de chapons, de 5 à 10 ardits.

IV. *De la Halle.* — La halle de Casteljaloux avait été cédée à cette ville, moyennant une rente de 20 fr. qu'elle payait aux agents du sire d'Albret. Les consuls en retiraient une somme bien supérieure. C'est à partir d'un compte consulaire de 1485-1486, que l'on trouve en recette les produits de cette halle, et en dépense celle de 20 fr. payée au clavé pour la rente, dont on vient de parler. Ces produits se trouvent ainsi détaillés dans un compte de 1497-1498 :

« De la halle, 100 fr. b. — Des bouchers, 15 fr. 30 ardits.; item plus per lo banc de Jehan Clavi, 2 fr. 35 ardits. »

Dans un compte de 1501-1502, on lit :

« Emoluments de la halle, en asso compres los bancs deus maseres, 120 fr. »

Dans un compte de 1502-1503 :

« De la halle, 82 fr. 52 ardits; item, deus bancs, 23 fr. 15 ardits. »

Dans un compte de 1525-1526 :

« Halle, 60 fr. b.; premier banc de boucherie, 20 fr.; deuxième banc, 15 fr.; premier banc opposé, 18 fr.; deuxième banc, 15 fr. »

Il y avait aussi une *messegnerie*. Mais il arrivait souvent qu'il ne se présentait pas d'enchérisseur, aux criées, pour la prendre à ferme. Le prix, du reste, en variait de 3 à 6 fr.

Le 9 janvier 1624, la ville de Casteljaloux vendit ses droits de hallage au syndic des pauvres de l'hôpital, pour la somme de six mille livres.

Une *maladerie*, destinée aux lépreux, devint sans emploi ultérieurement, par suite de la cessation de cette hideuse maladie, dans nos contrées. Cette maison qui tombait en ruine fut réparée et reçut nos pestiférés, sous Louis XIII. Depuis, elle fut baillée à ferme avec un champ qui en dépendait, et dut compter dès lors dans les revenus de la ville de Casteljaloux.

V. *De la pêche dans les fossés et de la location des tours de la ville.* — C'était là un revenu fort casuel, les fossés que formait ou qu'alimentait l'Avance, ainsi que les tours, ne pouvant se livrer à des adjudicataires, dans toutes les circonstances. Aussi cet article de revenu ne figure que rarement dans les recettes de nos consuls.

VI. *Des Rentes.* — Les frères mineurs de Casteljaloux faisaient à notre ville une rente de 1 fr. b.; le commandeur de St-Roman et, plus tard, d'Argentens, de 30 ardits; et le seigneur de Belhade, de 1 fr. pour la bourgeoisie de leurs vignes.

VII. *Des Dîmes de St-Nicolas.* — Nous avons déjà parlé, au chapitre 1er, de la confrérie de St-Nicolas, dont les biens advinrent à la ville de Casteljaloux. Mais, plus tard, la ville aliéna ces dîmes et ce fut la maison de Morin, barons du Sendat, qui en devint l'acquéreur. Il semble même résulter d'une délibération du 1er juin 1562, que les Monlezun, barons antérieurs du Sendat, eurent des prétentions sur ces dîmes.

VIII. *Des Amendes et Confiscations.* — Une ordonnance de police rendue à Casteljaloux, le 25 août 1432, sur la vente des animaux sauvages, donnerait à penser que cette ville obtenait les 2|3 et les sires d'Albret le 1|3 seulement, des amendes et confiscations prononcées par les consuls. On y lit en effet :

« En l'an de notre Diü Jeshu Crist mil IIIICXXXII é lo XXV jorn del mes d'aost, les nobles prudhommes Guillem Arnaud de Lopiac, senhor de Moncassin, Guillem Arnaud de Pujale, donsels (I) castelans de Castetgelos (II), lo noble Peys de Sent Mar-

---
(I) C'est-à-dire gentilshommes.
(II) Capitaines, gouverneurs.

tin, donset (i), Galhard Descudey, Sans de Samazan, Johan de Labadie, cosselhs, qui eren à la..... de lad. bila de Castetgelos, el Ramon del Castanh, bayle de Castetgelos, Galhard de Calens, etc. etc., é tota la universitat de ladita billa de Castetgelos, o la maior partide, feren é establiren é ordenance feren, per lor é per tota la universitat tots amassa de una bets é de un acort, que tota persona estrassi é pribat, de quenhe condition que sien, qui portera saubatgie, cum es ser o senglor, mascle o femya, sia metut al pes de la liura, é los cosselhs de la bila de Costetgelos qui aje son é per tostemps sian, pusquen et degen taxar losd. saubatgie a lor boluntat regardan et suanssan lors bonas cossiences.... é es à saber sus pena de tres S. de Morlas (ii) et de lad. saubatgie *encors* (iii) à Monsehor la terssa part é las duas parts à la bila deldit *gatge* (iv) é delas ditas saubatgies, ayssi cum es acostumat. »

Néanmoins, on ne trouve aucune recette de cette nature sur les comptes de nos consuls.

IX. *Chapitre des Dépenses.* — Au premier rang de ces dépenses, on voit toujours figurer le prix des robes consulaires, qui étaient rouges et noires, avec chaperons et des fournitures de *panas blanquas.* — La robe du sergent de ville était pers et vert; son salaire de 4 à 7 fr. b.; les gages du clerc, de 2 fr. 25 ardits. Il fallait gager aussi le serrurier chargé du soin de l'horloge. Ce dernier article commence à figurer dans ces comptes, dès 1498. La ville donnait de plus des gages aux portiers commis à la garde des portes de N. D., de Veyriès, de St-Raphaël.

(i) Ailleurs et à la date de 1448, ce Peys ou Peyrolon de St-Martin est qualifié de « mestre d'ostau del tres noble et tres puyssant senhor mossenhor Charles senhor de Labrit, comte de Drux et Gaura et senhor de la bila de Castetgelos. »

(ii) Ce qui vaudrait aujourd'hui 24 fr. environ.

(iii) C'est-à-dire confisquée.

(iv) Amende.

D'un autre côté, figurent aux articles des dépenses municipales, les prédicateurs pour les avents et les carêmes. Le chapitre de Notre Dame fournissait une rente qui s'en allait au régent. Des pestes, ou des sécheresses nécessitant des processions, la ville en payait les frais. Les paroisses de la juridiction fournissaient le bois pour les corps de garde, et nos consuls, la chandelle. Il fallait tenir en bon état les pavés des rues, les murs, les ponts et les tours de la ville. On achetait des arbalêtes de *siège* ou de *passe*, avec leurs traits ; on avait des canons, des coulevrines, dès l'an 1450 (1). Tantôt les fonds communaux se dissipaient en procès pour la défense des franchises de la ville, tantôt en fêtes et réjouissances publiques. Nous avons déjà parlé des dons de bien venue au seigneur, des tailles levées, lors des mariages des princes ou des princesses d'Albret..... D'autres détails de même genre se reproduiront au chapitre suivant; car désormais c'est à l'œuvre que nos lecteurs vont voir la municipalité de Casteljaloux.

---

(1) Dans un inventaires des *causes*, que les consuls sortants laissèrent, en 1450, aux consuls nouvellement élus, on trouve :
« Item, III saques de podre de canon ;
» Item, XXVIII peres de plum de colevrine ;
« Item, deulx colevrines que arriven. »
Et dans les inventaires des années suivantes sont portées réellement ces deux colevrines.

CHAPITRE 6e.

Faits antérieurs aux guerres de religion.

I. A part ce que nous venons de rappeler déjà, sur l'organisation de la commune de Casteljaloux, son histoire ne présente quelque intérêt qu'à partir de nos guerres de religion. Quant à l'époque des guerres contre les Anglais, on sait que les sires d'Albret tinrent longtemps pour les rois d'Angleterre et surent préserver longtemps aussi leurs seigneuries des fléaux de la guerre. Aucun document, du moins, n'établit que notre ville en ait souffert. Seulement, à la suite d'une ordonnance contre le jeu, laquelle porte la date du 20 octobre 1449, on en lit une autre d'une encre différente, mais de la même main, et qui semble respirer le trouble et la crainte de l'approche de quelque parti ennemi. « Plus mandoment é feyt, y est-il dit, assaber à tota maneyra de gens de la bila destabila que saprestin ab lo melhor arnes que agen é que sian tots prest à totas horas que lo senhor cappitaine o lottenent o bayle sian mandats é asso sur la pene de perdre cors é bens. »

D'un autre côté, voici une lettre de la dame d'Albret, comtesse de Dreux, écrite de Nérac, *à ses chers é bien amez les consuls et bonnes gens de Castelgeloux* :

« ..... D'autre part avons aujourd'hui receues vues votres lettres contenant la courrude que les Anglais ont faite par delà, laquelle.... avons déjà envoyée à Monseigneur, en lui suppliant qu'il y veuille donner le remede qu'il lui appartient. Nous vous prions que vous vous donnies bien garde de la ville et du châtel é y facies faire bon gueyt é bonne garde é conforter les bonnes gens de dehors le mieux que vous pourres, car nous ne gardons leure que monseigneur soit ici qui donnera partout bon remède à l'aide de Dieu et de..... amis. »

Cette lettre n'a point de date. Mais nous la croyons d'Anne d'Armagnac, femme de Charles II, sire d'Albret et comte de Dreux, de l'an 1415 à 1471.

Encore une fois, il n'y a là aucun fait positif et nous persistons à penser que notre ville resta étrangère aux guerres de Guienne, durant l'occupation anglaise. Néanmoins, comme les d'Albret coopérèrent puissamment à l'expulsion de ces insulaires, il nous est permis de dire que bon nombre de nos ayeux prirent part à ces succès, rangés qu'ils devaient être sous la bannière de leur baron.

Mais avant de passer aux guerres de religion, où notre ville ne combattit pas sans éclat, nous allons enregistrer quelques faits détachés qui nous sont révélés par les comptes de nos consuls, ou par d'autres vieux documents ; et pour y mettre plus de clarté, nous les classerons sous le nom de chacun des sires d'Albret, au règne duquel ils se réfèrent.

II. *Amanieu IV, premier baron connu de Casteljaloux.* — C'est ce prince qui fit la guerre à l'évêque de Bazas, dans les années 1157, 1158 et 1159. (v. au chap. 2, III), et qui coopéra, plus tard, à l'émancipation de la commune de Casteljaloux. (v. au ch. 3, I). Il fit son testament, dans le château de Casteljaloux, le 2 août 1209.

III. *Amanieu V, 2ᵉ baron.* — Nous avons déjà vu ce prince accorder les dîmes de Casteljaloux et de Lavazan, pour la subsistance de deux chapelains dans la cathédrale de Bazas. (v. au ch. 1, V). Cette concession est de l'an 1251. Amanieu V ne vivait plus en 1255.

IV. *Amanieu VI, 3ᵉ baron.* — Nous n'avons aucun fait à noter ici, au sujet de Casteljaloux. Ce prince fit son testament, le 5 juin 1270.

V. *Bernard Ezi, 4ᵉ baron.* — Nous savons déjà que sa fille Izabeau ou Izabelle, femme de Bernard VI, comte d'Armagnac, vendit, en 1294, les châteaux de Nérac et de Casteljaloux, à Gaston et Roger d'Armagnac, ses beaux-frères. (v. ch. 1. VII). Mais il y avait là une simulation, et, l'année suivante, les deux frères cédèrent à Bernard VII leur nouvelle propriété. Izabelle avait reçu ces deux châteaux de Mathe, sa sœur, avec les autres biens d'Albret. Izabelle étant morte, en 1298, Amanieu VII se mit en possession de sa succession, nonobstant toutes ces simulations.

Au surplus, Mathe d'Albret ayant succédé à Bernard Ezi, son père ; comme Izabelle, comtesse d'Armagnac, à Mathe, sa sœur, l'Art de vérifier les dates les compte toutes les deux au nombre des sires d'Albret, à la différence du père Anselme, qui passe de Bernard Ezi à Amanieu VII.

VI. *Amanieu VII, 5ᵉ baron.* — Il ne survint rien d'important à Casteljaloux, sous ce prince mort en 1324.

VII. *Bernard Ezi, 2ᵉ du nom et 6ᵉ baron.* — Notre ville doit à ce prince la fondation, en 1342, du souchet ou octroi, et sans doute aussi ses premières fortifications. (v. ch. 5. III). Il mourut en 1353. Bérard, son quatrième fils, seigneur de Ste-Bazeilhe, est qualifié de capitaine de Lavardac, de Durance et de Feugarolles, dans des lettres de Louis de France, données à Toulouse, le 1ᵉʳ mai 1369. Ce Bérard d'Albret se distingua par sa valeur. Si nous en parlons ici, c'est pour rappeler que Jeanne de Roucy, femme de son fils, François d'Albret, institua pour ses héritiers les frères mineurs et les augustins de Casteljaloux et de Nérac.

(v. ch. 6). — Raymond de Lebret, chevalier, présumé fils de Bernard Ezi, fit montre (1) à Casteljaloux, le 27 mars 1368, avec sa compagnie de trente hommes d'armes (11).

VIII. *Arnaud Amanieu, grand chambellan et 7e baron de Casteljaloux.* — Son avènement est de 1358 ; sa mort, de 1401.

C'est sous son règne et sans doute d'après ses ordres, qu'en 1372, les consuls de Casteljaloux firent construire une barbacanne, en avant de la porte de St-Raphaël. (v. ch. 1. VII).

Marguerite de Bourbon, femme de ce prince, ayant voulu introduire du vin forain dans notre ville, Ramon de St-Gini et Johan de Laporte, consuls, lui furent députés, *per requerir que nos tengos nostres franquiessas.* (compte de 1372-1373).

IX. *Charles Ier, connétable de France et 8e baron de Casteljaloux.* — On trouve aux archives de notre ville la charte fort endommagée de la prise de possession par ce prince, de la baronie de Casteljaloux. Elle est datée du 8 juin 1401. Dans l'église de Notre Dame, en présence de tout le peuple assemblé, de Galhard de Rimbèz, de Ramon de Les....., de Ramon de Balenton et de Guilhem Dordrerie, consuls, assistés de toute la jurade, ainsi que de Guilhem Arnaud de Lopiac, seigneur de Moncassin en sa partie et bourgeois de Casteljaloux, d'Amanieu de Lana, et de Johan de Jusix, donsets, le très noble et puissant seigneur Monseigneur Charles, seigneur de Labrit et de Castelgeloux, chevalier, fils héritier universel du noble et puissant seigneur Monseigneur Arnaud Amanieu, seigneur de Labrit et dudit lieu de Castelgeloux et fils de la très noble dame Madame Marguerite de Bourbon ; présents, comme témoins, les nobles Louis d'Albret, frère de Charles, François de Labrit, chevalier et seigneur de Ste-

---

(1) C'est-à-dire fut passé en revue.
(11) Faisant environ 150 cavaliers.

Bazeilho, son cousin germain, Jehan vicomte d'Orte, Trobant seigneur de Budos, Beurtin de Lafont (1), Berard de Labrit seigneur d'Amos, Ramon de Labrit, Piphard d'Embolh, Augerot deu Poy, Amanieu de Tretalh, donsets, frère Bernard Dilon, de l'ordre de St-François, Fanguet de Monpoy, seigneur du Sendat et autres gentilshommes; en face du maître autel et la main posée sur le livre des évangiles, comme sur la charte des coutumes de notre ville, Charles d'Albret, disons-nous, prenant à témoins la croix, les saintes reliques que possédait notre ville, la Mère du Seigneur et son cher et divin Fils, Jésus-Christ, promit aux quatre consuls, aux jurats et aux bourgeois et habitants de sa baronie, de leur être bon et loyal seigneur et de maintenir leurs franchises de tout son pouvoir. Ce ne fut qu'après avoir reçu ce serment de ce baron puissant, qui fut créé connétable de France, l'année d'après, qu'à leur tour, ces habitants, bourgeois, jurats et consuls s'engagèrent, sur la croix et les évangiles, de lui être bons, loyaux et fidèles sujets et de lui obéir en toutes choses dues et légitimes, (*degudes et legudes*, dit la charte du 8 juin 1401.)

Charles d'Albret, 1er du nom, fut tué, le 25 octobre 1415, à la bataille d'Azincourt, où il menait l'avant-garde de l'armée française.

X. *Charles 2, 2e du nom, 9e baron de Casteljaloux.* — Nos lecteurs connaissent déjà la charte de confirmation du souchet accordée par ce prince à notre ville. Ils savent aussi que le produit en dut être appliqué à nos fortifications (v. ch. 5, III). Par lettres du 13 novembre 1425, Charles VII, roi de France, ordonna aux receveurs généraux de Languedoc et de Guienne de payer à son cher cousin sire de Lebret, comte de Dreux, pour la garde de ses châteaux et forteresses situées en Guienne, 12,000 livres par

---

(1) Un Amanieu de Lafon était capitaine de Casteljaloux en 1405.

an, de la même manière que feu son père les recevait. La place de Casteljaloux faisait évidemment partie de ces châteaux et forteresses.

Charles II eut d'Anne d'Armagnac un grand nombre d'enfants nés sans doute à Nérac ou à Casteljaloux, car c'étaient les deux principales résidences de la maison d'Albret. Nous citerons Jean d'Albret, vicomte de Tartas, grand capitaine et que Favin place au nombre des maréchaux de France; Louis d'Albret, cardinal... Il eut, en outre, deux filles, savoir : Marie d'Albret, mariée, en 1456, à Charles de Bourgogne, comte de Mons et de Rethel, et Jeanne d'Albret, seconde femme d'Artus, 3ᵉ du nom, duc de Bretagne. C'est sans doute de cette dernière princesse qu'il est question au compte consulaire de 1451-1452, où se trouve mentionnée *la donation du mariage de Madamiselle*.

Quant au vicomte de Tartas, le compte de 1466-1467 portant en dépense *les honneurs* qui lui furent faits, il est permis de penser qu'il fut enseveli dans notre ville et dans l'église des frères mineurs, où sa famille avait son tombeau.

On trouve aussi sur le compte consulaire de 1463-1464, la mention d'une *donation feyte à Mossenhor le bastard*, lequel ne peut être que Giles, fils naturel de Charles II et seigneur de Meillan, qui épousa Marguerite, dame d'Usa, sœur de Jean de Lur.

Nous devons à Charles II la fondation ou, du moins, l'affranchissement de la foire de St-Guiraud, qui se tient à Casteljaloux, les 13 et 14 octobre de chaque année. Il y eut opposition de la part de la ville de Nérac, et pour la faire lever, il fallut que Ramon de Pontac, l'un de nos consuls, et Jehan de Lerm, roi des merciers, se transportassent à Tartas, auprès du sire d'Albret, qui s'y trouvait alors. Au moyen d'un traité conclu par le corps de ville avec les *peatgiers* et les *soquiers*, cette foire fut affranchie du péage et du souchet ; Peyrot de Montarras et Arnauton de Lamota, consuls, furent envoyés avec le roi des merciers, à Condom, à Lectoure et autres villes voisines, où ils firent proclamer cet établissement à son de trompe. Notons ici que partis, le premier jour, de Casteljaloux, ils n'allèrent coucher qu'à Lausseignan et n'atteignirent Nérac que le lendemain. (v. les comptes consulaires de 1459-1460 et de 1460-1461).

Charles mort en 1471, ayant survécu à Jean, vicomte de Tartas, son fils, ce fut Alain, issu du mariage de ce dernier avec Catherine de Rohan, qui succéda à son aïeul.

XI. *Alain, sire d'Albret et 10ᵉ baron de Casteljaloux*. — Alain d'Albret, que ses qualités, comme sa haute fortune, firent surnommer le Grand, prit pour femme Françoise de Blois, dite de Bretagne. Il la perdit à Nérac, en décembre 1480, et le corps de cette princesse fut apporté et enseveli à Casteljaloux, dans l'église des frères mineurs. (Comptes consulaires de cette année, où l'on voit que 48 *caperans* (prêtres) se trouvèrent à cette cérémonie). L'article suivant, extrait du compte antérieur, porterait à croire que Françoise de Blois mourut par suite de couches :

« Quant M. de Bajaumont portet nouelles que Madame abe agut ung beu filh, que fon far los fucs per la ville et lendouma les processions. »

C'est dans l'année 1485-1486, que Charles d'Armagnac, frère de Jean V, comte d'Armagnac, traîtreusement tué à Lectoure, obtint sa liberté. Rappelons ici que la garde de ce prince avait été donnée, *pour cause d'imbécillité et de mauvaise conduite*, au sire Alain d'Albret, son cousin, qui le fit renfermer d'abord, dans le château de Tournon, et, puis, dans le château de Casteljaloux. L'élargissement de Charles d'Armagnac, obtenu du roi Charles VIII, a donné lieu aux articles suivants du compte de nos consuls de 1485-1486 :

« Item, per lo doble deus mandaments que furent apportats deu Rey et de Monsenhor, toquant la delievrance de Mosenhor de Maignac, dont Mossenhor D..... emportet ung instrument grossat per lad. causa.

. . . .

« per la collation. »

Et puis, en marge de ce dernier article :

« Per Mossenhor d'Armanhac. »

Postérieurement, le seigneur du Sendat se disant chargé par Alain de mener un corps d'arbalêtriers à Meilhan et de les prendre où il lui conviendrait, les consuls de Casteljaloux s'opposèrent à cette levée dans leur ville, vu le petit nombre de gens qui étaient pour la garder et défendre, ce qui n'empêcha pas M. du Sendat de tirer des compagnons (1) de Casteljaloux, au nombre de 24 à 30. Peu de jours après, on vit revenir cette troupe avec des bestiaux qu'elle avait enlevés dans la prévôté de La Réole et qu'elle voulait introduire dans Casteljaloux. Mais il y eut opposition de la part des consuls, qui se fondaient sur un message du prévôt de L'Ombrière, assurant qu'il n'était pas dans l'intention du sire d'Albret de permettre ces courses sur les terres et sujets du Roi. Peu s'en fallut que les deux partis n'en vinssent aux mains et que la scène ne fut ensanglantée. Puis, on reçut des lettres des consuls de Marmande, qui réclamaient la restitution de ces bestiaux; et comme les arbalètriers de M. du Sendat alléguaient des ordres positifs de leur seigneur, il fallut en référer à celui-ci. L'ordonnance qui suit semble indiquer qu'on ne s'était pas borné à l'enlèvement des bestiaux, et qu'on avait soumis, en même temps, au seigneur, une question de finances :

« Le sire d'Albret,

« Nous avons vu le contenu ez articles ci-dessus écrits, et en tant que touche les deniers du Roy, entendons et voulons qu'ils soient payés par nos sujets ; et du surplus que le tout soit mis en

_____

(1) Soldats de compagnie, soldats à cheval.

surséance jusques à ce que par nous autrement y soit pourvu.

« Fait à Fleurance, le 12ᵉ jour de juin, l'an 1487.

« ALAIN. »

Dans l'année 1503, ce prince fit apposer ses armoiries sculptées en pierre, aux diverses portes de la ville de Casteljaloux. (v. le compte de cette année).

Nous avons rapporté ailleurs le traité qu'il fit, en 1507, avec nos consuls, au sujet de la justice, ainsi que le grave procès qu'eut à subir Vidal Lamistous, sous ce même prince. (v. ch. 4. II et V).

En 1512, Alain d'Albret voulut que l'on creusât des fossés autour de notre ville. Mais comme les comptes consulaires antérieurs font souvent mention des ponts de St-Raphaël et de Veyries, (nous ne parlons pas de celui de N. D., à l'égard duquel la question pourrait paraître douteuse), il faut en conclure qu'il existait d'autres fossés de ville, avant ceux qui furent ouverts d'après l'ordre d'Alain d'Albret.

Le compte consulaire de 1516-1517 contient cet article :

« Item, quant mond. seigneur partit, lissot sept ou hoeyt cens paubres et mandet cascun jorn, los dona de son blat tres cartons combertits en pan et sére cuyt au castet et los cosses forniren la busque et duret de davant Sen Nycolau au mes de may de qui a Sent Johan ; fornin per lad. busque tant en cas que en scargues et fagots montant lo tout argent fornit per so que tots los jours cosen lod, forn, monte 5 fr. bord. »

A la suite de cet acte de bienfaisance vint un   te de justice tout empreint des idées de ce siècle que le règne de Louis XI avait assombri. Les consuls de Casteljaloux demandèrent la permission à leur baron, en 1521, de faire élever, dans la rue la plus fréquentée de leur ville et sur un pilier, une *gaby* ou cage, de fer, « pour y mettre dedans les malfaiteurs, est-il expliqué dans cette requête, afin qu'à eux soit punition et aux autres exemple. » Le sire d'Albret s'empressa d'accorder cette demande. Les frais de cette cage figurent au compte de 1521-1522. C'est dans le mois de mars, même année, que le pape Léon accorda la bulle qui instituait un chapitre dans l'église de Notre-Dame de Casteljaloux, à la sollicitation d'Alain le Grand. (I)

Celui-ci se vit précéder dans la tombe par Amanieu d'Albret, son 2ᵉ fils, créé cardinal diacre du titre de St-Nicolas, par le pape Alexandre VI, en 1500, évêque de Pamiers, puis de Lescar en 1513, et mort à Casteljaloux, le 2 septembre 1520. La *Gallia Christiana*, d'accord avec nos comptes consulaires, affirme que ce prince de l'Eglise fut enseveli dans notre ville. La peste ravageait, à cette époque, toute la contrée, et nos consuls tenaient quatre hommes aux portes de la ville, pour les garder, *à cause de la mortalité*. L'un d'eux ayant laissé entrer un homme qui venait d'un quartier infecté, fut jeté en prison, par l'ordre de M. de Cauboue, seigneur de Saintrailles et capitaine du château de Casteljaloux. Alain, lui-même, chassé de Nérac, par la peste, s'étant réfugié à Casteljaloux, les consuls redoublèrent de précautions; ils portèrent à six le nombre des gardes pris parmi des hommes d'apparence, pour écarter de la ville les gens de Nérac et autres. Ces gardes élevèrent une barrière au devant de la porte de N. D.

Alain, le Grand, mourut dans le château de Casteljaloux, après y avoir fait son testament, le 1ᵉʳ octobre 1522. Il fut enseveli dans l'église des frères mineurs de la même ville, laissant un grand nombre d'enfants, les uns légitimes, les autres naturels (II).

(I) Le trésor d'Albret fait mention d'une bulle du pape Clément, qui permet à un sire d'Albret, d'avoir un autel portatif, et d'une autre lui permettant ainsi qu'à sa femme, d'avoir tel confesseur que bon leur semblerait. XVᵉ siècle.

(II) Des lettres d'Antoine Marcel, général des frères mineurs (cordeliers), avaient admis Alain, sire d'Albret, à la participation de toutes les prières, messes, offices, dévotions, prédications, contemplations, instructions, méditations, études, exercices, obédiences, jeûnes, abstinences, rogations, et de

Parmi ces derniers, son testament mentionne Louis, bâtard d'Albret, né d'Anne de Casteljaloux, qui fut légitimé par lettres du Roi, données à Villers Cotterets, au mois d'août 1547, et qui occupa le siège de Lescar, en Béarn, depuis 1556 jusqu'en 1569, époque de sa mort, fort soupçonné de protestantisme. Françoise d'Albret, autre enfant naturel d'Alain, fut mariée avec Jehan de Laruffle, et forma avec lui la souche de cette maison qui subsiste encore. — Alain, le Grand, au surplus, avait fait la guerre en Bretagne et en Espagne, où il dut mener plusieurs de ses vassaux de Casteljaloux.

XII. *Henri d'Albret, roi de Navarre, sire d'Albret et 11° baron de Casteljaloux.* — Jean d'Albret, fils d'Alain et roi de Navarre, du chef de Catherine de Foix, sa femme, étant mort à Moneins, avant son père, le 17 juin 1516, ce fut Henri, fils de Jean, qui succéda, dans la seigneurie d'Albret, à son aïeul.

Notre ville ressentit plus d'un contre-coup des guerres que firent naître et la perte de la Navarre par Jean d'Albret et les efforts tentés pour la recouvrer. Un compte consulaire de 1522-1523 fait mention de l'arrivée à Casteljaloux, le 8 août, d'un sergent royal, chargé d'un ordre du roi de Navarre, transmis par le sénéchal de Bazas, pour faire porter des vivres au camp devant Fontarable.

Ce n'est pas tout ; les craintes d'une invasion des Espagnols, en Gascogne, donnèrent lieu à des préparatifs de défense, constatés au même compte par l'article suivant :

« Item, fut avisé par la jurade que vû les dangers des guerres qui étaient au royaulme et des passages des gens de guerre, de faire faire certaines pièces d'artilherie et certain nombre d'ar-

---

toutes autres offices et œuvres spirituelles, qui se feraient dans l'*orare*, et lui avaient permis, s'il voulait, d'être enterré en habit de cordelier. (Trésor de Pau).

noys, comme est picques, halebardes, arbalestres et autres harnoys, pour la tuition et guarde de ladite ville. Au moyen de quoy lesdits consuls envoyèrent sercher ung maistre artilheur demeurant en la ville de Damazan, en ensuyvant ce qui aurait esté arresté de faire faire trois pièces d'artilherie, à quatre ardits pour liure pour la façon.... auquel maistre arthilleur fut baillé.... (Ce qui suit se trouve déchiré).

« .... Avisé par la jurade de aller à Marmande aux peycolliers (?), qui sont par delà, pour savoir s'ils avaient de la mictraille que fut bonne et servant aud. affaire et menèrent avecques eux Jehan Balenton dit *Le Pintier*, pour connaître si la matière était bonne. »

Balenton ne jugea point cette matière convenable pour faire ladite *artilherie*. De plus, on en demandait 15 fr. le quintal, ce qu'il ne trouva pas raisonnable. — On confectionna 50 piques et 50 hallebardes.

Dans l'année 1524-1525, M. de Duras donna l'ordre aux consuls de Casteljaloux, de recevoir et de loger 50 hommes d'armes, ce qui équivalait à 250 ou 300 cavaliers. Aussitôt, on envoya *devers Monseigneur*, à Nérac, pour savoir sa volonté, et l'un de nos consuls se rendit, en même temps, à Bazas, afin de prier M. de Duras d'attendre l'avis du Roi de Navarre. Mais M. de Duras persistant dans les ordres qu'il avait transmis, l'on envoya *un homme à cheval en poste devers Monseigneur*, ce qui donna lieu à un échange de lettres entre Henri d'Albret et M. de Duras. Il ne paraît pas, en définitive, que notre ville ait subi cette garnison, et, plus loin, on trouve mention, sur les comptes et registres municipaux, de lettres d'exemption de logement de gens de guerre, délivrées à la ville de Casteljaloux, par le roi de France, à la sollicitation du roi de Navarre.

C'est ainsi que nous parvenons à l'année 1525, date de la funeste bataille de Pavie, où François 1er et Henri d'Albret demeurèrent prisonniers. A cette triste nouvelle, il fut fait dans Casteljaloux trois processions, pour demander au ciel leur délivrance. En outre, il fallut songer à la rançon du roi de Navarre fixée à 100,000 écus. Il résulterait d'une lettre qu'écrivit ce prince et datée de Lyon, le 4 janvier 1526, *que quelques-uns de ses soumis avaient refusé de l'aider à payer cette somme*, et il ajoute *qu'il pensait que ses peuples auraient donné pour lui jusques à leurs chemises.* (Trésor de Pau, p. 342, 343 et 347). Mais ces reproches ne peuvent concerner Casteljaloux, car il est prouvé par nos comptes consulaires, que dès l'an 1525, on s'empressa d'y voter une donation pour la rançon du roi de Navarre.

Henri d'Albret s'évada de sa prison de Pavie, *pendant la nuit sainte.* (Ce sont les expressions dont il se sert, dans la lettre d'avis qu'. en écrivit de Lyon, le 27 décembre 1525, à M. Hélies André, conseiller au comté de Périgord). Mais la lettre déjà citée, du 4 janvier suivant, annonce que ce qu'il avait promis à ceux qui venaient de l'aider, dans son évasion, dépassait de beaucoup le montant de sa rançon.

Henri d'Albret ayant épousé Marguerite de Valois, sœur de François 1er, ces deux époux vinrent à Casteljaloux, où ils arrivèrent par le Mas d'Agenais, le 5 janvier 1527. Ils furent reçus, au bruit de l'artillerie, sous un pavillon de damas rouge, pers et blanc, lequel coûta 30 fr. bord., et la ville, pour présent de bien venue, leur donna la somme de 200 fr., 8 barriques de vin, 24 moutons, 24 torches en cire et à bâtons, 24 charges de foin et 24 sacs d'avoine. Le Roi de Navarre prêta son serment de tenir les coutumes de la ville, dans l'église de N. D.; les consuls lui prêtèrent les leurs ensuite, et requirent *instrument* de cette confirmation des privilèges de Casteljaloux. (v. les comptes des consuls).

Sous Henri d'Albret et vers l'an 1529, un *griffon* fut élevé dans la ville de Casteljaloux. Mais l'année d'après, on voit par les comptes consulaires que cette fontaine, dont l'emplacement n'est pas connu, nécessitait déjà des réparations. Le même inconvénient se reproduisit ultérieurement. L'eau notamment se perdait dans les conduits, et, plus tard, le silence absolu gardé sur ce griffon, nous fait penser que la ville n'eut pas longtemps à jouir des avantages qu'elle s'en était promis.

C'est Henri d'Albret qui obtint, le 29 avril 1550, du roi Henri II, l'érection de l'Albret en duché. Les lettres patentes données dans cette occasion créent pour l'administration de la justice dans ce pays, un sénéchal d'Albret, avec un lieutenant général et 4 sièges, et en chacun d'iceux, lieutenants particuliers, garde des sceaux, avocats, procureurs, greffiers, sergents et autres officiers. Casteljaloux obtint l'un de ces sièges dont Bouglon, Samazan, Marcellus, Meillan sur Garonne, la vicomté d'Aillas, Cazenave, Ste-Bazeilhe, les paroisses des Lugues, en Condomois, le balliage de Casteljaloux, le Grezet, la prévôté de Born, la baronie de Castelnau de Cernes et la baronie de Captieux avec ses dépendances, formèrent le ressort.

Dans les premiers temps de cette organisation judiciaire, les consuls de notre ville ne connaissant des causes civiles avec l'assesseur perpétuel créé par le seigneur, qu'en 1re instance, ne souffrirent pas de l'érection d'un siège du sénéchal d'Albret, qui formait pour eux le second degré de juridiction. Il en fut tout autrement, après la publication de l'art. 50 du cahier d'Orléans, de l'art. 24 de l'édit de janvier 1560, et de l'article dernier de l'édit de novembre même année, abolitifs des deux degrés de juridiction, dans la même ville. Mais à cette dernière époque, Henri d'Albret avait cessé de vivre, (sa mort remontant au 25 mai 1555), et c'est par cette atteinte portée aux privilèges de notre ville, que nous allons entreprendre le récit des faits survenus à Casteljaloux, sous le règne de Jeanne d'Albret, fille de Henri.

CHAPITRE 7e.

Faits survenus durant les troubles religieux, jusqu'à l'Edit de Nantes et la mort de Henri IV.

I. *Jeanne d'Albret et Antoine de Bourbon, roi et reine de Navarre, 12e baron et baronne de Casteljaloux* (t). — Nous venons de rappeler les textes législatifs qui abolirent les deux degrés de juridiction dans une même ville. Jeanne d'Albret, devenue déjà notre dame et baronne, au mois de mai 1555, dut opter entre le siège du sénéchal et l'assesseur perpétuel qui avait succédé au *baile* du seigneur. On pense bien que l'assesseur fut sacrifié (u). Avec lui tomba la prérogative de nos consuls de concourir à la justice civile conjointement avec ce magistrat.

Il restait aux consuls de Casteljaloux la justice criminelle et la police. Mais les art. 71 et 72 de l'édit rendu à Moulins, en février 1566, pour la réformation et le règlement de la justice, n'ayant attribué la connaissance des causes criminelles qu'*aux consuls, capitouls et administrateurs des corps de ville qui avaient eu ci-devant et avaient de présent l'exercice des causes civiles, criminelles et de la police*, c'est en vain que nos officiers municipaux résistèrent et multiplièrent leurs démarches et leurs suppliques à ce sujet. Ils succombèrent, dès 1566, devant le lieutenant particulier Bacoue, et, sur l'appel, au parlement de Bordeaux. La police seule leur resta, charge devenue bien lourde,

---

(t) Antoine de Bourbon, mari de Jeanne d'Albret, mourut au siège de Rouen, le 19 novembre 1562.

(u) Mais il dut y avoir quelque retard à ce sujet, car dans des temps postérieurs, il est encore question d'un juge ordinaire.

par suite des troubles religieux survenus durant le règne de Jeanne d'Albret.

1ʳᵉ guerre de religion. — Il est permis de supposer que la ville de Casteljaloux reçut des premières les semences du calvinisme. Quand les troubles éclatèrent, les religionnaires y dominaient déjà.

Le 16 novembre 1561, eut lieu le massacre des protestants, à Cahors. Le 22 du même mois, les protestants tuèrent le seigneur de Fumel. Ce fut le signal des persécutions dirigées contre eux, et, bientôt, de leur prise d'armes.

Le 18 avril 1562, les consuls de Casteljaloux exposèrent au conseil des jurats que tout était en armes autour d'eux, et notamment dans les villes voisines; que cependant Casteljaloux n'avait jusques là subi ni scandales ni meurtres; mais que cette ville se trouvant envahie par les étrangers, il devenait urgent de prendre des mesures pour y entretenir l'union et la paix.

Le conseil ordonna la formation d'une escouade de vingt hommes pour la garde de la ville, sous les ordres des jurats Grignon et Mellet. En outre, douze hommes furent chargés de veiller aux portes, dont les clés furent remises aux chefs de l'escouade, sans que les consuls demeurassent dispensés des mêmes soins; il fut fait *défenses sous peine de la hart de lever les armes contre personne.*

Le 31 mai suivant, on prit la résolution de faire fondre les cloches des paroisses du Bailliage, pour les convertir en canons, et comme on ne trouva pas de *maître artilheur* à Nérac, deux jurats partirent pour en ramener un de Bordeaux et pour acheter dans cette ville du salpêtre avec de la poudre d'arquebuse. Le premier portal de Veyries fut muré, vers le dehors, de même que la porte du moulin du Roi.

Le mal s'aggravant, les ordres se multiplièrent. C'est ainsi que le 8 juin 1562, nos jurats arrêtèrent que les portes seraient fortifiées de gens armés, pour obvier à ce qui pourrait arriver. M. de Mesmi, qui dirigeait les mouvements des réformés, à Agen, envoya même un corps de troupes à Casteljaloux, dans ce même mois, sous les ordres du capitaine Lanson. Les paroisses voisines furent invitées à fournir des manœuvres, pour les réparations qu'exigeaient les murailles de la ville, comme à remettre *leur argenterie,* d'après les ordres de la reine de Navarre (1). Le nombre des étrangers qui cherchaient un asile dans notre ville s'étant augmenté, leur expulsion hors de son enceinte fut décidée, le 31 juillet, à moins qu'ils ne fissent apporter les vivres qui leur étaient nécessaires. On pressa la fonte des canons ; on demanda un chef à M. de Mesmi ; on se munit de poudres pour la défense de Casteljaloux.

Mais survint alors la défaite des religionnaires de Nerac, sur les coteaux du Galaup, non loin du village de Feugarolles et de la ville de Vianne. Monluc (II) dut à cette victoire de dominer tout le pays. Comme nous l'avons dit ailleurs, à la nouvelle de cet échec des réformés, les consuls de Casteljaloux désespérèrent de leur cause. Bientôt, d'ailleurs, apparurent à leurs portes des bandes avides de pillage et de meurtres. Du sommet des tours de St-Raphaël, de Veyries, de N. D. et du château, les habitants virent brûler leurs fermes et massacrer ceux des religionnaires qui n'avaient pas eu le temps de se réfugier dans la place. La terrible réputation de Monluc mettant le comble à ces terreurs, il fallut céder, et c'est par l'entremise du capitaine Sendat (Odet ou Pierre de Montlezun), que l'on obtint une com-

---

(1) C'est de l'argenterie des Églises qu'il est question ici. Dès l'année précédente, Jeanne d'Albret avait ordonné qu'il serait fait un inventaire des meubles, vases sacrés, argenterie, linges et autres effets appartenant aux églises du Béarn. Les mêmes ordres durent avoir lieu pour l'Albret.

(II) Dans l'Histoire de l'Agenais etc., nous avons écrit Montluc, à l'exemple de la plupart des historiens. Mais ce maréchal de France signait Monluc. D'ailleurs le nom de Monluc venait de *bono loco*, ou *bon loc*, en roman ; peut-être de *bono luco*, bonne forêt.

position. A la jurade du 14 août 1562, les consuls donnèrent communication des ordres de Monluc. C'était de reconnaître M. de Saintrailles comme capitaine, de reconnaître également les gardes que ce dernier trouverait à propos de mettre dans la ville, et de rendre les armes. Théodore de Bèze affirme que, dans cette occasion, le ministre de Casteljaloux fut pendu.

Nos jurats acceptèrent, sans hésiter, M. de Saintrailles pour leur gouverneur. Mais quant à remettre leurs armes, ils alléguèrent, dans leur délibération, que la population s'était élevée jusqu'aux portes de la ville et qu'ils massacraient, tuaient et pillaient tous les habitants des lieux circonvoisins. Le même jour, on vota un présent de cinquante écus à M. du Sendat, pour s'être employé auprès de M. de Monluc, aux fins de garantir Casteljaloux de la gendarmerie.

Monluc persista dans ses ordres *de faire rendre les armes*, et l'on retrouve aux archives de notre mairie, l'arrêté que les officiers municipaux et les officiers de justice de Casteljaloux firent publier à cet effet. Il est ainsi conçu :

« De par le Roi et par ordonnance et commandement exprès des seigneurs de Burie et de Monluc, gouverneurs en Guienne, en l'absence du Roi de Navarre (1), est enjoint et commandé à tous les manans et habitants de la présente ville, de quelque condition qu'ils soient et sans aucune exemption que celle qu'ils auront desdits seigneurs, de porter incontinent et sans délai, toutes les armes qu'ils auront invasables ou défensionnères entre les mains des consuls ou à celui qui sera député par eux, au château de la présente ville et au lieu qui sera avisé, pour icelles être déposées et resserrées moyennant l'inventaire qui en sera

---

(1) Le gouvernement de la Guienne avait été accordé aux Rois de Navarre, en dédommagement de la perte de ce dernier royaume. Antoine de Bourbon n'étant mort qu'en novembre 1562, se trouvait gouverneur de notre province lors de la réddition de Casteljaloux, en août 1562.

fait, pour la conservation d'icelles à l'avenir, et ce à peine de désobéissance et rébellion au Roi, notre Sire, et d'en souffrir telle punition que de raison, sauf les épées et les dagues.

« Est inhibé par mêmes autorités et à mêmes peines, de faire aucune sédition ni tumulte, ni insolence, en la dite ville, ni inciter les gens de guerre usant de tels mots *papistes* ni *huguenots;* ains se contenir en toute modestie et honnêteté les uns envers les autres, sans se provoquer aucunement ni de fait ni de parole, à peine du fouet; et est permis tant aux consuls qu'aux jurats de la présente ville, sur lesdits faits et tumultes, de les prendre pour les mettre en prison.

« Publiée a été la présente ordonnance par Gabriel de Laffon, sergent ordinaire, sur le canton et place publique, à son de trompe, lesdits officiers et consuls assistants, le 15° août 1562, présents à ce Jehan Sauvaige et Imbert de St-Marc.

« Aussi ladite publication a été faite par le dessus écrit, ledit jour, sur le canton de Notre Dame, présents Pierre Dupuy et Jehan Duvigneau, barbier.

« D'avantage sur le canton de Veyries, présents à ce maître Arnaud Moignart, maître Jehan Norman et Raymond Rolle.

« Sur le canton de St-Raphaël, présents Aventure Meyloc et Odet de Larcher, habitants. »

Néanmoins, M. de Saintrailles se plaignit de ce que les habitants de Casteljaloux ne s'empressaient pas de remettre leurs armes, et la jurade ordonna qu'il serait fait recherche et punition des récalcitrants. Mais il ne paraît pas que l'on fût obligé de recourir à cette mesure.

Restait la gendarmerie que Monluc avait ordonné de mettre en garnison dans notre ville. Les jurats prièrent M. de Saintrailles de faire le voyage en cour, pour en solliciter l'exemption, ainsi que *le pardon des habitants.* A cet effet, il fut délibéré, le 30 août 1562, « que les émoluments de la ville demeureraient obligés envers les consuls, pour la somme de cent écus sol empruntés à maitre Gabriel Bacouc, lieutenant particulier, à du Sollier, à St-Marc, à Salleverd, à Sauvaige, à Blanchet, à Andrieux, à Gabriel Laban, à Arnaud de Brocas. » M. de Saintrailles, muni de cette somme, partit pour Paris. Mais ce ne fut qu'en janvier suivant, que Monluc fit annoncer par le capitaine Sendat, la restitution des clés de notre ville à nos consuls, pourvu qu'ils répondissent de tenir Casteljaloux sous l'obéissance du Roi et de la Reine de Navarre.

Sur ces entrefaites, et au milieu de tant de calamités, les pauvres s'étaient multipliés dans nos murs. Pour subvenir à leurs besoins, Jeanne d'Albret leur assigna 200 livres, à prendre sur les revenus du couvent des frères mineurs de Casteljaloux (1). Le syndic de ces religieux refusant cette somme, la jurade fit pratiquer une saisie au profit de ce monastère. Sur quoi, appel contre cette mesure au parlement de Bordeaux, que l'on savait mal disposé pour Jeanne d'Albret; ce qui décida nos jurats à faire notifier à ce syndic que faute de paiement, on en référerait à la Reine, pour obtenir d'elle cette somme et même d'autres secours. — Les livres des jurats se taisent sur les suites de cette affaire, qui dut se terminer à l'avantage des tristes victimes de nos troubles religieux.

D'un autre côté, comme les succès de Monluc avaient éloigné du pays, un grand nombre de religionnaires qui s'étaient enfuis en Béarn, ces proscrits reparurent lorsqu'ils apprirent le pardon accordé à leurs compatriotes. Ce fut l'occasion de graves débats. A l'assemblée des jurats, du 14 février, les consuls exposèrent que « la veille et autres jours précédents, il était entré en ville plusieurs personnages qui s'étaient trouvés avec armes en plusieurs lieux et villes, contre l'édit du Roi et punissables aux ter-

---

(1) La Reine de Navarre avait appliqué les revenus des biens ecclésiastiques à différents services, tels que salaires des ministres protestants, aumônes et secours aux indigents, etc.

mes des arrêts des parlements de Bordeaux et de Toulouse ; que Monluc avait défendu l'entrée de ces personnages et que cette infraction à ses ordres pourrait le porter à molester la ville et les magistrats. »

Le conseil des jurats fut d'avis d'ordonner l'expulsion des étrangers ; quant aux habitants rentrés la veille, les jurats Montarrast, du Solier et Lespiault, opinèrent pour qu'on leur permit de demeurer en ville ; Sauvaige, Andrieux, Tiercelin, Faü, Guiraud, jurats, ainsi que le lieutenant et juge ordinaire, voulaient, au contraire, qu'on leur opposât l'arrêt prononcé par la cour de parlement contre tous ayant porté les armes et qui s'étaient rendus étrangers de leurs maisons. « Sur quoi, dit le procès-verbal du 14 février 1562 (v. st.), il y a grands troubles, pour auxquels obvier, la reine de Navarre en sera avertie et cependant se retireront vers lad. dame et ce que incontinent a été déclaré à Georges de Laban, Antoine Castaing et Arnaud de Brocas (1), et aussi sera défendu aux hôtes ne loger aucun étranger plus haut que demain repassants en avertir les magistrats, à peine de cinq livres d'amende. »

Ces discussions nous mènent à l'édit de pacification du 19 mars. Le 12 avril, le juge ordinaire exposa, dans le conseil des jurats, le bon vouloir que la reine de Navarre portait à ceux de la Religion qui avaient été contraints de s'absenter au pays de Béarn ; que son désir était qu'ils pussent vivre en paix, dans ses terres ; que depuis quelques jours, il s'était retiré en notre ville plusieurs de la religion, *de quoi pourrait ensuivre de grands scandales.* — « Sur quoi, ajoute le procès-verbal de cette séance, Castaing a dit être d'avis que lesd. personnages soient ici appelés, pour entendre pourquoi ils sont en cette ville ; et s'ils ne

---

(1) Ce nom nous surprend, un Arnaud de Brocas étant l'un des prêteurs des fonds fournis à M. de Saintrailles, pour aller en cour solliciter le pardon de notre ville.

peuvent s'en retirer et habiter en leurs maisons, qu'ils demeurent en lad. ville. » (ainsi c'était d'étrangers et non d'habitants proscrits qu'il s'agissait). St-Marc, Sauvage, Montarrast, Blanchet et Mellet, de même que Pomeyrol, Capdeporc et Lacorrège disent qu'ils doivent être jetés hors de la ville. Du Soulier, de même. Lespiault, comme Mellet et Castaing. Andrieux dit qu'ils doivent jeter lesd. personnages hors de la ville. Guiraud dit comme Lespiault, Roynaud, de même. Rivet, Fau, Giraud et Tiercelin, consuls, ont dit comme Pomeyrol,.... et en avènement qu'il vint dangiers et scandale en lad. ville, protestent tant contre les assistants que tous autres. » Mais cette délibération resta sans décision, et la ville eut bientôt d'autres préoccupations.

La paix ayant amené le renvoi par Monluc des bandes espagnoles qu'il avait dans son armée, le passage de ces soldats fanatiques répandit la terreur dans le pays. Pour ne pas les admettre dans ses murs, notre ville fit valoir ses privilèges qui l'exemptaient de garnison et d'étape. La délibération est du 16 mai 1563. Le jurat Castandet ayant été dépêché vers ces étrangers, pour leur notifier cette franchise, ils le retinrent prisonnier, pendant plusieurs jours, et lui firent subir les plus graves insultes. Mais ils ne purent forcer nos portes et ils se rejetèrent du contrecoup sur la juridiction de Bouglon, qui souffrit beaucoup de leurs rapines (1).

Aux gens de guerre succéda bientôt la peste, et pour s'en garantir, on la traita comme la guerre, c'est-à-dire que le 5 août 1563, nos jurats mirent sur pied des gardes pour veiller aux

---

(1) Dans le rapport que firent à la chambre des comptes de Nérac, le 20 nov. 1566, Bertrand Seguin, avocat de la Reine de Navarre, et Bertrand Jausselin, contrôleur des parcs de ladite dame, sur les biens des particuliers qui se trouvaient pris pour l'agrandissement des parcs de Durance, opéré sous Antoine de Bourbon, on lit : « ...... Arnaud Dubédat, cinq conquades taillis, confronté aux terres dud. Sanglier et à la terre des hoirs feu Martin de Pinoy, au brosté de Jehan de Rous de Serpout et au grand parc de lad. dame; s'est purgé moyennant serment n'avoir l'instrument, d'autant que les Espagnols passant par le pays lui firent brûler tous ses documents. »

portes. Peu de jours après, il fut décidé que l'une des trois portes principales resterait fermée, un jour alternativement. Puis on *décria* (contremanda) les marchés ; l'on défendit l'entrée des marchands ; enfin, l'on consulta un médecin de Bazas, du nom de M. de Ruppe, sur les meilleures mesures à prendre dans cette grave circonstance, et celui-ci donna le conseil de détourner le cours de l'Avance, ce qui prouve qu'alors existaient déjà des marais, dont l'administration moderne nous a délivrés. Un arrêté des jurats, à la date du 14 février 1563, ordonna, par suite, la clôture de l'eau des fossés. Le même médecin prescrivit d'expulser de la ville les oies et les pourceaux. On avait écrit également à M. Chevalier, médecin de la reine, lequel se trouvait alors à Gontaut. Mais quelles furent ses prescriptions, nous l'ignorons complètement.

Nous ne connaissons pas mieux les faits qui provoquèrent cette lettre, où le caractère de Jeanne d'Albret se dessine avec tant d'énergie :

« Saintrailles, j'ai présentement été avertie que le commandeur de Cours et les capitaines Sendat et Laburnatière (1) ont fait quelques armes et levées d'hommes, pour enlever par voie de fait et de force, les prisonniers qui, de l'ordonnance du vice-sénéchal, sont détenus et arrêtés en ma ville de Castelgeloux, chose qui m'a semblé en telle importance, que pour aller au devant d'un si grand mal, étant mêmement question de l'autorité du Roi et de sa justice et de la conservation de ses édits, et que par ce moyen l'on moyenne recommencer de lui être désobéissants, que pour empêcher une telle violence, vous ne faudrez tout incontinent cette lettre reçue, monter à cheval, pour vous en aller audit Castelgeloux, et là étant arrivé, appeler les magistrats et consuls et autres gens de biens de lad. ville, faire faire guet aux portes, afin que les susdits n'exécutent leur en-

---

(1) Laburnatière était du Mas d'Agenais et catholique.

treprise; et où ils s'en mettraient en devoir, y faire de votre autorité telle résistance que l'autorité en demeure au Roi, à moi et à justice, sous peine de en être responsable des prisonniers et s'en prendre à vous, s'il en vient faute, lesquels à cette cause vous pourrez mettre en mon château, pour mieux vous en assurer et les rendre à justice, comme par justice ils ont été arrêtés. — Priant Dieu, Saintrailles, qu'il vous aie en sa sainte garde. — De Nérac, ce 19ᵉ d'avril 1564. *Jehanne* et au bas *Brodeau*. »

Le gouverneur ayant communiqué ces ordres au conseil des jurats, il fut arrêté par ces derniers « qu'il serait fait bon guet aux portes, pour que M. le vice-sénéchal ne fut pas molesté ni les prisonniers ravis par le capitaine Sendat ou autres, et qu'il y aurait seulement deux portes ouvertes qui seraient gardées par des jurats et autres de la ville.

La reine de Navarre ne se borna pas à cette lettre. Dans ce même mois d'avril, elle se transporta, de sa personne, à Casteljaloux, où sa présence dut achever de déjouer les projets que ses ordres précédents nous laissent quelque peu pénétrer.

Les jurats et les consuls profitèrent de la venue de cette princesse pour lui soumettre une autre affaire. « Il s'était établi, en 1563, des verreries à Beauziac, à Pindères et à Gouts d'Allon. Les habitants de Casteljaloux craignirent de manquer de bois, pour leurs usages journaliers, et les verriers reçurent l'ordre d'éteindre le feu de leurs fourneaux, dans le délai de huitaine, faute de quoi on irait les briser et les démolir. *Noble* Jehan Robert, verrier de Pindères, se soumit. Mais ceux de Beauziac et de Gouts d'Allon ayant refusé d'obéir, le bris des fourneaux fut ordonné. Sur l'opposition que ces derniers intentèrent auprès de la Reine de Navarre, les consuls firent valoir *la ruine du bois et le grand intérêt du commun*. Cependant cette discussion se prolongea jusqu'en 1566, époque où un corps d'habitants de Casteljaloux partit de cette ville et s'en alla détruire les deux verreries. En février 1606, notre jurade craignant que l'exploitation de nombreuses charbonnières n'entraînât *la dépopulation des bois*, demanda également au siège de notre ville que ces charbonnières fussent vidées.

« De nos jours, on a vu s'établir successivement des verreries à Bazas, comme à Casteljaloux et à Nérac. Les fabriques de goudron et d'essence de thérébentine se sont multipliées dans les Landes. Il est difficile d'énumérer les hauts fourneaux que l'on a fondés à Casteljaloux, dans la vallée du Ciron et dans divers autres quartiers des Landes ; nous avons fourni pendant un grand nombre d'années, tous les combustibles aux bateaux à vapeur de la Garonne. Cette rivière coule maintenant entre deux épaisses palissades dont tous les matériaux sortent de nos forêts ; le quai vertical de Bordeaux s'appuie sur les innombrables piquets que nous avons fournis ; toutes nos lignes télégraphiques reposent sur des pins produits par nos contrées; nos bûches de même essence alimentent toutes nos tuileries et celles de la vallée du Lot, jusques à Cahors, ainsi que de la vallée de la Garonne, jusques à Toulouse ; les forges du Quercy nous empruntent du charbon ; la quantité de planches que les Landes ont livrées au commerce, depuis trente ans, déjoue tous les calculs.... et personne ne s'en est ému, tant ont changé, depuis les XVI° et XVII° siècles, nos idées sur les ressources de cette intéressante et inépuisable contrée. »

Cependant l'article 2 de l'édit de pacification, du 19 mars 1562, voulant qu'*en chaque bailliage ou sénéchaussée ressortissant immédiatement ès cours de Parlement, les religionnaires eussent un lieu commode pour l'exercice de leur religion, ès faubourgs et près de quelque ville*, la ville de Casteljaloux fut désignée, à cet effet, pour la sénéchaussée d'Albret, par un règlement donné en conseil, au bois de Vincennes, le 24° jour de juin 1564. Mais lorsque les jurats de Casteljaloux furent invités à désigner le faubourg où devait se tolérer le culte dissident, une grande discussion s'éleva au sein de cette assemblée, les uns, tels que St-Marc, désignant pour cet objet, le faubourg de la Barbacanne, en avant, par conséquent, de la porte St-Raphaël (v. chap. 1er, VII); les autres, le faubourg de Veyries, c'étaient Castaing, Mellet, Norman, Sauvage, Lespiault, du Solier.... Quant à Guiton, Capdeporc et Pomeyrol, ils indiquèrent le faubourg du Bourdieu, qui peut avoir été le hameau de Bordesoule ou autres plus rapprochés de la porte de Notre Dame. Le jurat Holagray émit le vœu que l'on consultât sur cette question *le commun populaire,* et Dulaur se rangea à l'avis de Holagray. Lacorrége prétendit que Casteljaloux n'ayant pas, en réalité, de véritables faubourgs, l'exercice de la religion prétendue réformée ne pouvait être permis dans cette ville. Mais il paraît que l'on tira de cette dernière assertion reconnue exacte, une conséquence toute contraire, car c'est dans l'intérieur de nos murs que cet exercice eut lieu. Nous voyons, en effet, notre jurade ordonner, le 1er avril 1564, au sujet de la Cène qui devait se faire le lendemain, « que les armes des forains seraient baillées entre les mains de leurs hôtes, lesquels s'en assureraient à peine de s'en prendre sur eux. » A la jurade du 8 décembre 1567, le consul Lacorrège ayant exposé qu'il avait reçu l'avis de la venue d'un grand nombre de religionnaires de Tonneins et autres lieux, avec 40 ou 50 enfants, pour les faire baptiser, dans l'église réformée de Casteljaloux, le corps de ville décida également qu'on ne laisserait entrer à la fois que dix à douze enfants, avec leurs conducteurs, et que ces derniers seraient tenus de remettre leurs armes aux portes de la ville.

Il avait fallu aussi faire choix d'un lieu de sépulture pour ceux de la même religion. Les jurats hésitèrent entre la place de l'aubépine des religieux et le jardin de M. Mellet. Ce jardin fut préféré. Mais que nos lecteurs n'exigent pas que nous leur disions quel était l'emplacement soit de ce jardin, soit de cette aubépine.

Lors du voyage de Charles IX et de Catherine de Médicis, dans le midi de la France, cette cour étant descendue en bateau, sur la Garonne, depuis Toulouse jusqu'à Bordeaux, prit ensuite la route de Bayonne, par Bazas et le Mont-de-Marsan, et par ordre du prince de Navarre (depuis Henri IV) qui était de ce voyage, il lui fut envoyé par notre ville, à Captieux, trois kas de blé avec quatre pipes de vin. Le 16 avril 1565, il arriva un trompette à Casteljaloux, pour y annoncer 60 ou 80 chevaux de M. et de Mme de Guise. Toujours jaloux de leurs privilèges, qui les exemptaient du logement des gens de guerre, nos consuls dépêchèrent Castaing, l'un d'eux, au même prince parvenu alors au Mont-de-Marsan. Mais le conseil du jeune Henri ayant été d'avis que l'on devait, dans cette circonstance, se relâcher de la règle, les chevaux de M. et de Mme de Guise furent logés, partie dans les paroisses de Figués, Bachac, St-Martin, Labastide de Castelamouroux, et partie dans Casteljaloux même (1).

Au retour de Bayonne, Charles IX passa par Nérac, d'où il gagna Buzet, Tonneins, Verteuil, Lauzun et Bergerac. Notre ville fut frappée, dans cette occasion, c'est-à-dire le 18 juillet 1565, d'une contribution de deux cents charrettées de bois, dont les jurats répartirent le rôle comme suit :

« Sur Jaulan, trente kas; sur Ste-Pompogne, trente; sur Houeillés et Esquieys, cinquante; sur Gouts et Allons, soixante; sur Saumejan, trente. »

2me *guerre de religion*. — La ville de Casteljaloux souffrit peu de cette guerre, grâces à la prudence de sa conduite, au milieu de troubles toujours renaissants. On chercha bien à lui nuire dans l'esprit de Monluc, en dénonçant à celui-ci nos ayeux comme des

---

(1) A cette même époque, le consul Castaing exposa à la jurade « qu'ayant la police en main et voulant faire jeter quelques mendiants hors la ville, d'autant qu'ils venaient de lieux dangereux, sur quoy était survenu le prothonotaire Saintrailles, qui avait fait rebellion.... » Les jurats renvoyèrent cette affaire aux officiers de justice.

ennemis du Roi. Mais notre jurade ayant dépêché devers ce capitaine les consuls Blanchet et Grignon, assistés d'un gentilhomme, du nom de Patris, ces deux députés revinrent porteurs des deux écrits suivants :

1re *pièce*. « Messieurs, je suis été fort aise d'entendre par MM. de Grignon et Blanchet et par votre lettre, que les affaires sont autres en votre ville, qu'on ne m'avait donné à entendre et qu'avez mis en icelle fort bon ordre, lequel continuerez et ne teniez que deux portes ouvertes et pouvez prendre toutes sortes d'armes (1), pour la conservation de votre ville, en laquelle je vous prie vivre tous les sujets du Roi, en paix et amitié; et s'il y a aucun turbulent, le faire chasser, comme le cas le requerra, et ne permettre qu'il soit faict tort à personne, voire à ceux qui se sont absentés, s'ils n'ont pris les armes, auquel cas, s'ils se présentent à vous, les fairez faire prisonniers, pour leur faire rendre raison de leur absence. Aussi je vous permets de faire garde, nuit et jour, et marcher avec quelques hommes et armes, par la ville, pour contenir le peuple, et tant que vous vivrez en paix et amitié en la façon que m'avez écrit, vous pouvez assurer que recevrez de moi tous les plaisirs que je vous pourrai faire qui sera fin, priant Dieu, Messieurs, vous donner saincte, longue et heureuse vie. A Agen, ce 1er d'oct. 1567. MONLUC.

« A Messieurs les magistrats et consuls de Castelgeloux. »

2me *pièce*. — « Blaise de Monluc, chevalier de l'ordre du Roy, capitaine de cinquante hommes d'armes de ses ordonnances et son lieutenant général et gouverneur de Guienne, en l'absence de Monseigneur le prince de Navarre.

« A tous chefs, capitaines et conducteurs de gens de guerre,

---

(1) Dès le 20 août 1565, sur des bruits de guerre, les jurats de Casteljaloux avaient ordonné de nettoyer les armes de la ville, et cette opération avait été confiée au serrurier Yon, d'après ses propres offres.

tant de cheval que de pied, leurs lieutenants, enseignes, maréchals de logis, fourriers et autres, qui ces présentes verront et qu'il appartiendra, salut, savoir vous faisons.

« Les manans et habitants de la ville de Castelgeloux, tant d'une que d'autre religion, nous sont venus remonstrer que combien qu'il y aye plusieurs endroits en ce pays qu'on a pris les armes, si est-ce qu'entre eux ils se sont si bien composés et accordés, que délibérant vivre en bonne paix et amitié les uns avec les autres, sans aucune exaction ni scandale, pour lequel effet et plusieurs autres considérations à ce nous mouvans, nous les avons exemptés par ces présentes, tant ceux de lad. ville que jurisdiction d'icelle, desd. gens de guerre, par quoi nous vous faisons inhibitions et deffenses n'y loger aucun ni souffrir qu'on y loge, ni aussi qu'on leur fasse déplaisir, à peine de nous en prendre à vous. » — Donné à Agen, le 1er jour d'octobre 1567. de Monluc, et plus bas, par mond. s. Bodoy, et scellés de cire jaune et armes dud. seigneur.

En novembre suivant, les ennemis de notre ville revinrent à la charge auprès de Monluc et lui rapportèrent qu'il y avait dans Casteljaloux cinq cents hommes en armes. Mais une lettre des consuls et officiers de justice détruisit de nouveau ces calomnies. A cette époque, il fut publié un règlement arrêté entre M. de Saintrailles, capitaine de la ville, M. de Bacoue, lieutenant du sénéchal d'Albret, et les consuls. On y lit : « on ne faira plus corps de garde sentinelles la nuit. Mais aux fins que l'on ne soit surpris, l'on faira la ronde quatre fois, la nuit, savoir : à huit heures, à dix, à une et à trois heures, la nuit, étant chacune ronde en nombre de quatre personnages, jusques à ce que l'on verra si les choses s'empirent. »

Peu de jours après, nos jurats, en approuvant ce règlement, firent inhibitions et défenses à tous manans et habitants de ladite ville et à tous autres, ne aporter épée ni dague, de nuit ni de jour, ni autres armes défendues par les édits et ordonnances du

Roi, aux peines y contenues, de prison et de punition corporelle; et aussi de n'aller la nuit par la ville vagabonder, sans chandelle, » et en cas qu'ils y seront trouvés, ajoutait cet arrêté, est permis à ceux qui feront la ronde, les saisir au corps et mener en justice. »

C'est aussi dans ces circonstances, que furent adoptées les mesures de prudence déjà signalées plus haut, au sujet des enfants des villes voisines et de ceux qui les menaient au baptême, dans le temple de l'église réformée de Casteljaloux.

Cette sage conduite valut à nos ayeux des éloges que nous trouvons dans une lettre de la reine de Navarre au sieur Bordes, lieutenant du sénéchal d'Albret. Cette illustre princesse y exprime sa satisfaction de ce que ses sujets de Castelgeloux se contiennent en paix, sous l'obéissance du Roi, leur recommandant de persister dans cette prudente réserve. A la lecture de cet écrit, la jurade déclara « que l'on continuerait de suivre les mêmes errements ; que les portes seraient gardées, comme cy-devant ; que l'on ne laisserait entrer personne avec armes à feu, à l'exception de M. de Saintrailles, capitaine de Casteljaloux, et que le semblable serait permis au sieur du Sendat, comme voisin de lad. ville. » Les jurats votèrent un présent à M. de Monluc, de six chevreaux et de quinze paires de ramiers, et comme il s'était élevé une querelle entre le *protonotaire* et un sieur Lille, ils chargèrent M. Bordes et les consuls, pour empêcher que le repos public n'en fut troublé, d'aller devers eux les prier et commander de cesser leurs discussions et de vivre en paix ; qu'autrement ils seraient punis par justice et chassés hors ville, comme perturbateurs.

C'est ainsi que l'on parvint chez nous, sans graves incidents, au 2 mars 1568, date de la paix de Longjumeau.

3me guerre de religion. — Au début de ces nouveaux troubles, l'évasion de Jeanne d'Albret, de la Gascogne, occasionna de grands maux à la ville de Casteljaloux , ainsi que nous allons le rapporter.

Le 18 août 1568 , le consul Capdeporc exposa au conseil des jurats que , la veille , le capitaine Bacoue s'était présenté à lui, comme à ses collègues , et leur avait annoncé « que la Reine de Navarre lui avait mandé de venir en cette ville et d'en garder le château, aux fins que personne ne se elevât et que les habitants vécussent en paix, d'autant qu'elle craignait que l'on ne se saisit de Castelgeloux. » Capdeporc dit de plus que sommés par le capitaine Bacoue de se joindre à lui, les consuls l'avaient accompagné au château ; que là, ce capitaine s'était emparé des clés de ce manoir... Il semble même résulter du même rapport que dès ce moment, Bacoue ravit de force au consul Capdeporc les clés de la porte Notre Dame, laquelle était nécessaire à Jeanne d'Albret, pour parvenir au château de Casteljaloux.

Cet exposé de Capdeporc donna lieu , dans le sein de la jurade, à de vives discussions. Castaing, Montarrast et Lacorrège furent d'avis d'envoyer deux ou trois membres du conseil, devers la Majesté de la Reine , pour lui remontrer ce qui s'était passé , s'informer si elle avait donné cette mission au capitaine Bacoue et lui exposer que la charge des clés de la porte de ville appartenait aux consuls , lesquels les tenaient aussi de M. de Monluc. Les autres jurats , ainsi que MM. Bouffon et Bacoue, le premier avocat de la reine , et le second lieutenant au siège de Casteljaloux, se rallièrent à cette proposition. M. Bacoue, lieutenant, ajouta qu'il convenait d'élire et de députer, à cet effet, deux consuls, l'un de l'une religion , et l'autre, de l'autre, en leur adjoignant M. de Bordes. Ce furent les consuls Sauvaige et Lacorrège qui partirent avec ce magistrat.

Mais voici quelle fut la réponse rapportée par cette députation :

« Chers et bien amez , nous avons entendu par le lieutenant Bordes et les deux consuls que vous avez envoyés, présents porteurs, ce qu'ils nous ont dit et remonstré de vos parts, sur le commandement que nous avons fait au capitaine Bacoue d'entrer en notre château de Castelgeloux, pour y être et demeurer, attendant que nous y arrivions, comme espérons faire en peu de jours et par ce que nous leur aurions au tout répondu et particulièrement fait entendre notre intention, vous l'ouïrez d'eux et les croirez ce qu'ils vous diront, comme voudriez faire nous même qui vous assurons que tant nos moyens et autorité se pourront étendre, nous vous conserverons en paix et en repos indifféremment d'une et d'autre religion, sans jamais permettre qu'il vous soit fait aux uns ni aux autres tort ni injure quelconque, par quoy reposez-vous en sur nous qui vous sommes dame et maîtresse et qui vous aimons de telle affection que le vous ferons toujours paraître, Dieu aidant, que nous prions vous tenir, chers et bien amez, en sa très sainte grace. — De Nérac, ce 19ᵉ jour d'août 1568. *Jehanne*, et plus bas, *Martres*. et au repli : à nos chers et bien amez les consuls et gens du conseil de notre ville de Castelgeloux. »

Les ordres de cette reine se succédèrent. D'abord, ce fut celui de faire nettoyer les armes qui se trouvaient dans le château ; puis, de faire réparer le pont qui était au devant des moulins de lad. dame et de faire en sorte qu'il fut levis. Enfin, Jeanne d'Albret voulut que l'on fit garde aux portes. Décidée à s'enfuir de la Gascogne, où Losse avait ordre de l'enlever, cette princesse ne voyait que Casteljaloux, par où elle put s'évader, pour passer, plus loin, la Garonne et gagner La Rochelle, boulevart et refuge des réformés. Aussi, le 6 septembre 1568, le capitaine Bacoue reçut commandement de la Reine de Navarre, de faire entrer dans nos murs un corps de troupes, et l'on apprit que Montalmat amenait du Béarn à sa maîtresse un régiment d'infanterie. C'est sans doute pour recevoir ce chef calviniste que le même Bacoue demanda au consul Sauvaige, les clés de la porte de St-Raphaël.

Nos ayeux n'étant pas dans le secret de ces dispositions, se recrièrent contre elles. La jurade décida « que l'on prierait Sa Majesté de ne pas permettre qu'on mit dans Casteljaloux des soldats étrangers, mais que l'on en confiât la garde aux consuls ; qu'on lui remontrerait, en outre, la pauvreté de cette ville, la bonne conduite des habitants, durant les derniers troubles, avec prière, pour le cas où elle persisterait à y mettre garnison, de la composer de soldats de nos voisins, ses sujets et de ce ressort, pour éviter qu'il ne fut fait tort, injure et oppression à ceux de la religion romaine et aux prêtres. »

Mais le jour de cette délibération, c'est-à-dire le 6 septembre 1568, Jeanne d'Albret, à l'issue de la Cène qu'elle fit à Nérac, était partie pour Casteljaloux, d'où elle se porta sur Tonneins, pour rallier, dans cette dernière ville, son escorte composée du corps de gens de pied amené par Montalmat et d'une cornette de cavalerie sous les ordres de Fontrailles, sénéchal d'Armagnac et frère de Montalmat (I).

Avant de joindre à Tonneins la princesse fugitive, Montalmat passa par Casteljaloux. Il est à présumer que les habitants s'opposèrent à son entrée et que le capitaine Bacoue lui livra la porte de St-Raphaël (II). Quoi qu'il en soit, il n'est que trop certain que, dans cette occasion, « Montalmat accompagné de grand nombre de gens de guerre de la religion prétendue réformée, surprit et s'empara de cette ville, où il fit et exerça toutes sortes de cruautés envers les habitants catholiques, et même sur les gens d'église, chanoines et moines, et qu'entre autres furent tués maîtres Dupuy, chanoine et syndic du chapitre, Jean Morel et Jean Bernoye, cordeliers; qu'ils saccagèrent les églises de Notre

---

(I) Nous rappelons ici que par *cornette* on entendait aussi bien l'étendard sous lequel se trouvait rangé un escadron que l'escadron lui-même. Il en était de même du mot *enseigne*, au sujet d'une compagnie de gens de pied.

(II) Ici se trouve, dans nos jurades, une lacune, depuis le 6 sept. 1568 jusques au 4 octob. même année, résultant sans doute de l'oppression des étrangers.

Dame, de St-Raphaël et le couvent des cordeliers, icelles églises et couvent mirent *res pièce res terre* (ɪ), ouvrirent et rompirent les tombeaux et sépultures de feu sire d'Albret et de ses enfants, emportèrent tous les trésors des églises, les croix, calices et chapes et autres ornements d'église, brûlèrent et déchirèrent tous les livres, papiers, titres, documents dud. chapitre... (acte de notoriété retenu, le 18 mai 1612, par R^d Dufourc, lieuten. génér. en la sénéchaussée de Condom).

Le 17 septembre 1568, Monluc, furieux de l'évasion de Jeanne d'Albret, fit occuper Casteljaloux par un détachement de ses troupes, c'est-à-dire qu'à des oppresseurs calvinistes succédèrent des oppresseurs catholiques. C'est le capitaine Sendat qui commandait ces derniers soldats, et dès le 4 octobre suivant, on voit le conseil des jurats de notre ville s'adresser à ce gentilhomme, pour obtenir sa protection auprès du terrible lieutenant général du roi, en Guienne. Plus tard, on fit la proposition de se racheter du logement des gens de guerre, par une somme de deniers. Bacoue, lieutenant particulier du sénéchal d'Albret au siège de Casteljaloux, se transporta, de compagnie avec le consul Sauvaige et le syndic Bouin, au château de Moncassin, demeure du capitaine Sendat (ɪɪ), pour offrir à celui-ci la somme de cent écus. Le capitaine Sendat vint, à son tour, à la maison de ville de Casteljaloux et promit de ne laisser dans nos murs que six soldats, avec un capitaine du nom de Portal (ou Duportal), lequel fut remplacé ultérieurement par un autre capitaine nommé Guérin. Ce chef devait tenir les clés du château, comme les consuls celles de la ville, et il en coûta à notre ville la somme de 300 livres qui furent garanties par Du Solier, Fau et Capdeporc. Mais en janvier suivant, Monluc, sur l'avis à lui faussement transmis que

---

(ɪ) Une partie du document que nous copions est exagéré. Il n'y eut de rasé au niveau du sol que l'église de Notre Dame.

(ɪɪ) V. Biographie de l'arrondissement de Nérac, art. Montlezun etc.

l'on venait de recevoir, dans Casteljaloux, des religionnaires ayant porté les armes contre le Roi, menaça d'envoyer loger dans cette ville 4 ou 5 compagnies. Il fallut ouvrir de nouvelles négociations ; le capitaine Sendat, qui avait conservé le gouvernement de notre ville, obtint une seconde exemption, au prix de 750 livr. tourn. faisant mille francs bordelais, qui furent prêtés par Mme du Sendat, femme de ce capitaine; et comme Monluc avait déclaré que si l'on continuait d'ouvrir les portes aux révoltés, il viendrait avec ses compagnies pour les jeter par dessus les murailles et mettre le feu aux quatre quartiers de la ville, notre jurade promit de faire bonne garde aux portes tant de nuit que de jour, et qu'il n'entrerait aucun personnage de ceux qui s'étaient absentés et armés contre le Roi. La garnison de six soldats fut élevée à douze, le 9 février 1569, puis à quinze. En août d'après, Monluc demandant 2000 livr. pour la part de Casteljaloux dans la solde de sa compagnie et ayant retenu prisonniers les jurats Bouin et Lespiault, ces nouveaux fonds furent avancés aussi par Mme du Sendat.

Mais la guerre grondait à nos portes. Montgommery venait de délivrer le Béarn qu'avait envahi le baron de Terride, au préjudice de Jeanne d'Albret, et le sieur de Marchestel, chef calviniste, manœuvrant dans nos contrées pour se frayer un passage vers Montgommery, Monluc ouvrit une campagne contre Marchestel, pour déjouer cette entreprise.

C'est dans ces circonstances que Monluc reçut deux messages successifs des consuls de Casteljaloux. Ce lieutenant général se trouvait, en ce moment, à Damazan, où il venait de faire sa jonction avec les capitaines Dupleix et Pomiés. Les avis mandés de Casteljaloux étaient graves et pressants. Calonges, chef calviniste, s'était présenté aux portes de cette ville, et sur la sommation qu'il leur en avait faite, les consuls s'étaient vus dans la nécessité de lui promettre la remise des clés, s'ils n'obtenaient aucune nouvelle de Monluc, et pourvu toutefois qu'il n'entrât dans Casteljaloux que le capitaine, les habitants demeurant admis à se racheter, à prix d'argent, du fardeau d'une garnison.

Aussitôt, Monluc fait partir, à l'entrée de la nuit, M. de Noë, avec *cinq salades* (1) et les capitaines Dupleix et Pomiés qui menaient leurs arquebusiers à cheval (11). Ce premier corps guidé par l'un des deux messagers de nos consuls, devait pousser droit à Casteljaloux et y entrer, s'il pouvait y devancer l'ennemi, sinon se replier sur un second corps parti un peu plus tard, sous les ordres des capitaines Bengue et Lauga, et composé de 24 salades. Enfin, Monluc lui-même conduisant 80 arquebusiers, outre un gros de gentilshommes, devait rallier les deux premiers corps si M. de Noë éprouvait de la résistance.

Arrivé vers une heure après minuit, devant Casteljaloux, M. de Noë n'y entra point de prime abord. Il y eut même un grand tumulte à la porte de Notre Dame, les uns voulant l'introduire, les autres s'y opposant.... Le jour venait.... On savait les troupes de Marchestel dans le voisinage.... Quelques moments encore et c'en était fait de cette entreprise des catholiques.... Mais ceux de la même religion qui habitaient Casteljaloux, n'avaient pas oublié les excès commis chez eux par Montalmat, en septembre précédent. Pour éviter que ces excès ne se renouvelassent, ils se portèrent en force à la porte de Notre Dame, et s'en étant rendus maîtres, ils la livrèrent à M. de Noë. Celui-ci s'empressa de donner avis de ce succès au capitaine Bengue, qui rejoignit M. de Monluc avec le capitaine Lauga, et ces deux derniers corps réunis reprirent le chemin de Damazan.

Au point du jour, Marchestel qui n'était campé qu'à un quart

---

(1) La salade était le casque de l'homme d'armes. On disait alors cinq salades, comme on dit aujourd'hui cinq sabres, vingt sabres, pour désigner un détachement de cavalerie, et dix mille, vingt mille baïonnettes, pour désigner un corps d'infanterie.

(11) Dès le temps de la ligue, les arquebusiers à cheval se nommaient aussi dragons. (v. la *satire Ménippée*.)

de lieue, sur les rives de l'Avance, en aval de Casteljaloux, envoya deux religionnaires, enfants de notre ville, pour savoir si les cousnls étaient en disposition de se rendre. On les laissa s'approcher ; on échangea même quelques paroles avec eux, du haut des murs, pour les amuser, et tout à coup il sortit quatre cavaliers qui firent l'un de ces émissaires prisonniers. Mais l'autre gagna du pied et s'en alla donner l'éveil à Marchestel, qui décampa vers le Mas, sachant Casteljaloux occupé par des gens d'armes qui portaient casaques jaunes. On sait que les religionnaires avaient des écharpes blanches. — Du reste, le chef calviniste réussit dans son projet de passer en Béarn.

C'est ainsi que Monluc parvint à soustraire aux réformés la ville de Casteljaloux, *en se levant plus matin que Marchestel*, (pour nous servir des expressions du maréchal gascon). Il ajoute dans ses commentaires, pour rehausser ce fait, « que cette ville apportait grandissime profit aux catholiques, tant en Bordelais qu'en Bazadais. Aussi, nous le voyons se radoucir, à cette époque, envers les religionnaires qui s'étaient enfuis de Casteljaloux, et, contre les suggestions de Robert Imbert, lieutenant particulier au siège de Condom, donner l'ordre à nos consuls de recevoir ces proscrits dans leur ville. Mme de Monluc joignit sa recommandation particulière, au commandement de son mari.

Survinrent, sur la rive droite de la Garonne, l'armée des princes, en retraite depuis la bataille de Moncontour (livrée le 3 octobre 1569), et sur la rive gauche, l'armée du comte de Montgommery, de retour du Béarn, la première vaincue, et la seconde triomphante. Trois cornettes de Réïtres de l'armée des princes, ayant passé de la rive droite sur la rive gauche, au moyen d'un pont de bateaux jeté sur le fleuve, au Port-Ste-Marie, pour se porter au-devant du comte de Montgommery, ces troupes étrangères occupèrent Lavardac et Villefranche du Cayran. Mais Dupleix, à qui Monluc avait donné le commandement de Casteltjaloux, fit reconnaître ceux de ces réïtres qui s'étaient logés à

Villefranche, et la nuit d'après, il alla leur donner une camisade (1) avec 150 hommes d'élite, qui leur tuèrent 120 soldats, et rentrèrent ensuite, sans aucune perte, à Casteljaloux, bien que vivement poursuivis par les réitres de Lavardac, montés à cheval, au premier avis de cette alerte.

Le comte de Montgommery se montra fort sensible à cet échec. Il envoya sommer Dupleix de lui rendre Casteljaloux, avec menace, sur son refus, *d'y amener du canon*. Scipion Dupleix, qui nous a fourni ces détails de la vie de son père, dans son Histoire de France, ajoute que celui-ci fit à cette sommation *une réponse guerrière* D'après Monluc, en ses commentaires, les religionnaires devaient tirer de la grosse artillerie de Navarreins, en Béarn, pour s'emparer successivement de Casteljaloux, de Bazas et de toutes les autres villes jusqu'aux portes de Bordeaux, ainsi que de la ville d'Agen. Dupleix, par sa fermeté, n'aurait pas peu contribué à déjouer ce plan de campagne.

Mais voici quel fut pour nous le revers de cette médaille.

Les capitaines Dupleix, Pomiers et Duportal pesèrent cruellement sur la ville de Casteljaloux. A la jurade du 30 décembre 1569, « tenue, est-il écrit au procès-verbal, pour déterminer des affaires publics concernant le fait de la république, les consuls rapportèrent que ces trois commandants venaient de leur dire qu'ils avaient leurs soldats si pauvres et dénués des accoutrements, qu'il étaient sans chausses ni souliers, et que si les consuls ne trouvaient moyen de leur en donner, ils seraient contraints d'en prendre ; que ce serait cause de la ruine des habitants et qu'il était besoin de livrer 420 livres pour les distribuer aux soldats ; que si cette somme ne leur était baillée, ils voulaient abandonner le pillage à leurs arquebusiers. » Pour satisfaire à cette contribution, il fallut recourir aux habitants les

---

(1) On appelait *camisade*, une attaque nocturne par des soldats, qui avaient leurs chemises par dessus leurs habits pour se reconnaître.

plus aisés, dont un rôle fut immédiatement dressé, et l'on fit, de plus, un emprunt sur les fonds qui appartenaient à l'hôpital (i).

La ville obtint, plus tard, la réduction de cette lourde garnison. Le capitaine Dupleix, d'un autre coté, partit pour joindre Monluc, qui se disposait à envahir le Béarn, mais qui reçut à Rabastens, la cruelle blessure dont il resta défiguré. De retour à Casteljaloux, Dupleix éprouva de la résistance, pour y introduire ses soldats, Monluc ayant réduit la garnison de cette ville à quinze hommes, y compris le chef et le tabourin. Ce rude capitaine se présenta, le 9 août 1570, devant nos jurats, qu'il requit de lui fournit des vivres pour sa compagnie qu'il entendait entretenir à Casteljaloux. Comment résister ? La jurade céda, *vu les menaces*, est-il dit au procès-verbal du 11 du même mois d'août. Le 13, Dupleix déclara qu'il voulait être payé de ses gages, depuis qu'il était parti pour le camp de Béarn; qu'autrement *il tuerait tous les consuls*. Aussitôt il reçut un à-compte de cent livres, *en attendant plus grand moyen de contentement*, et l'on envoya le consul Guérin solliciter auprès de Monluc l'allégement de la garnison. (ii).

(i) L'hôpital de Casteljaloux avait déjà reçu à cette époque la succession que lui laissa Jehan Le Roux. Ultérieurement, Peys Fau, par testament du 7 avril 1573, lui légua des biens considérables qui furent vendus et le prix converti en rentes annuelles et perpétuelles. Un autre bienfaiteur, du nom d'Imbert Guiraud, avait également disposé de toute sa fortune en faveur des pauvres. — Deux des quatre consuls de Casteljaloux étaient commis aux recettes et dépenses concernant cet établissement de charité. Ils recevaient, chacun, 30 liv. de gages. Un autre consul était boursier de la ville. Quant au premier consul, on le nommait d'ordinaire juge de police.

(ii) Notre ville eut beaucoup d'autres sacrifices à subir, vers cette époque. Par exemple, en avril 1569, elle avait compté 150 écus à M. de Montferrand, pour obtenir qu'il ne vînt pas y lever deux compagnies. Le maréchal des logis du capitaine Fabian de Monluc, fils du lieutenant général de Guienne, reçut aussi une pareille somme, pour exemption du logement de sa compagnie. C'est également au moyen d'une somme de deniers que nos jurats se rachetèrent de leur part dans la charge imposée au Bazadais, de fournir des arquebusiers à M. de Monluc. Une délibération du 11 août 1569, élève à

Cependant la paix s'était faite, le 8 du même mois d'août 1570. C'est ce qui explique la communication que fit en jurade, le capitaine Dupleix, disant, le 22 août, qu'il avait commandement de M. de Monluc de combler les tranchées, de défaire les guerites et la cazemate, d'ouvrir la porte de Notre Dame et aussi de prier la ville de lui donner les deux grosses pièces neuves, qu'on avait fait fondre.

Mais la jurade refusa positivement son adhésion à ces diverses mesures. On ordonna la publication d'une lettre du Roi, qui devait être relative à l'édit de pacification ; on publia également des protestations contre Dupleix ; on se plaignit de sa conduite à Monluc, sans pouvoir obtenir la restitution des deux canons que ce capitaine avait emmenés en nous quittant. La Reine de Navarre étant rentrée à Nérac, au commencement de décembre, deux de nos consuls lui furent députés, le 3, pour lui présenter l'honneur et devoirs de la ville, et, sur leurs prières, cette princesse s'adressa, de son côté, au lieutenant général du Roi, en Guienne, demandant que les deux pièces d'artillerie fussent ramenées à Casteljaloux. Les consuls Ducasse et Lespiault firent aussi un voyage auprès de Monluc, dans le même but. Néanmoins, Dupleix différant encore d'opérer cette restitution, il fut arrêté, le dernier jour de décembre, que l'on s'adresserait à la justice, pour l'y forcer. — Nos documents se taisent sur les suites de cette affaire.

Le 21 avril 1572, le corps de ville ayant appris que le prince de Navarre devait passer par Casteljaloux, pour se rendre à Paris, où allait l'attendre sa mère, qui négociait son mariage avec Marguerite de Valois, on dépêcha des messagers aux diverses *bastilles* de la juridiction, pour les contraindre d'apporter les foins et avoines nécessaires à son escorte. Le passage dut

---

9924 liv. 6 s. 6 d. tourn. les frais de garnison des compagnies de M. de Monluc, dont 4441 liv. 7 s. 9. d. pour la ville de Casteljaloux et son ressort.

s'effectuer, en effet (1). C'est le 12 juin que ce prince apprit, à Chaunay, en Poitou, que Jeanne d'Albret avait cessé de vivre.

II. *Henri de Bourbon, roi de Navarre, et puis, roi de France, duc d'Albret et 13ᵉ baron de Casteljaloux.* — Incidemment, *Catherine de Bourbon, dame d'Albret et baronne de Casteljaloux.*

La Saint-Barthélemy. — 4ᵐᵉ *guerre de religion.* — Le 3 juillet 1572, quelques compagnies tentèrent de forcer l'entrée de notre ville, malgré le privilège d'exemption de gens de guerre, accordée aux dépendances de l'Albret, et la jurade, tout en décidant que l'on se pourvoirait en cour, contre ces entreprises, ordonna les mesures les plus vigoureuses pour les réprimer. Des corps de garde furent établis aux portes, commandés, l'un par Andrieux et Du Casse, jurats, l'autre par leurs collègues, Lespiault et Moncaubet, le troisième par Castaing et Lacorrège, autres membres du conseil de la ville, et l'on ne tint ouverte que la porte de Veyries..... C'e*t ce qui fit que notre ville se trou..t, par bonheur, comme en état de siège et libre de soldats étrangers, lorsqu'on y reçut l'horrible nouvelle du massacre de la St-Barthélemy, exécuté à Paris, dans la nuit du 23 au 24 août 1572.

On peut voir aux archives de notre mairie, la délibération qui fut prise, dans cette occasion, par nos jurats. Ce procès-verbal se ressent naturellement de la stupeur dont cette nouvelle frappa tous les esprits. Ce premier moment passé, la jurade se montra, nous le trouvons du moins, admirable de sagesse et de prudence. Il fut dit qu'il fallait solliciter sans retard la confirmation des exemptions de garnison et de passage de gens de guerre.

---

(1) M. Berger de Xivrey, auteur de l'itinéraire de Henri IV, placé à la fin du to. 2 du rec. des lettres missiv. de ce prince, a ignoré ce passage de Henri de Bourbon par Casteljaloux.

C'était, en effet, écarter les massacreurs. On arrêta que la garde se continuerait, sous la direction des consuls, assistés du capitaine Guion et de Maître Antoine Castaing ; le marché fut tenu, le lendemain, en dehors des murs, comme en temps de peste ; enfin, et ceci mérite d'être textuellement rapporté, on lit, dans ce même document :

« Sera mis aux portes deux serrures et deux clefs, desquelles l'une ne pourra ouvrir sans l'autre ; et seront tenues lesd. clés, l'une par un consul de la religion réformée et l'autre par un de la religion romaine. »

Ainsi, à cette époque, le consulat était *mi-parti* à Casteljaloux; mais dès le 30 octobre 1572, on voit Du Casse et Lespiault se démettre de leur charge de consul, pour obéir aux arrêts rendus contre ceux de la religion prétendue réformée.

Le 13 septembre 1572, le lieutenant particulier Bacoue donna lecture au conseil des jurats de ces deux lettres :

1re *lettre*. — « Messieurs, je ay esté adverty par M. de Cazaulx, conseiller du Roy en cette cour, que vous êtes unis ensemble et avez délibéré de vivre soubs l'obéissance de S. M. et suivant ses édits et ordonnances pour la conservation de votre ville, en attendant ma venue; de quoy je me suis infiniment réjoui pour le bien que ce vous sera, et pour vous faire plus amplement entendre la volonté du Roy, je vous envoie l'ordonnance qui a été publiée en cette ville, laquelle vous ferez publier aussi par votre ville en tous vos sièges, afin que nul prétende cause d'ignorance, vous priant tenir la main à ce qu'elle soit observée et entretenue, et pour la prière qui m'a été faite par led. seigneur de Cazaulx, je vous envoye une confirmation de l'exemption que M. l'admirail (1) vous a ci-devant baillée et ce, à la charge

---

(1) Honorat de Savoye, marquis de Villars, maréchal de France, en 1571, et amiral en 1572, après la mort de Coligny, avait succédé, dès 1570, à Blaise de Monluc, dans la lieutenance de Guienne, où il paraît qu'il n'entra qu'en janvier 1571.

que vous vous comporterez suivant le vouloir de S. M., vivant tous en paix et unis, suivant l'intention du Roy, et vous serez toujours solagés et conservés au repos et tranquillité que S. M. désire être entre ses sujets, et sur ce je prierai Dieu vous donner, Messieurs, en santé, longue vie. — A Bordeaux, ce 11e de septembre 1572. — Votre bon amy, *Monpezat* (i).

« Et au repli : à MM. les lieutenants et consuls de Castelgeloux. »

2me lettre. — Messieurs, nous avons eu plaincte présentement que Descombes, vice-sénéchal d'Agenais, a été en votre ville, pour juger Laburnetère, et qu'après il l'a mené à Penne et autres lieux qui ne sont sous la justice souveraine du Roi, chose de telle importance et que vous ne pouvez jurer si elle est advenue, que nous sommes ébahis que je n'en aie advertissement de vous, qu'est la cause que je vous prie incontinent la présente reçue, vous informer diligemment et fidèlement de ce que a passé en cette cause et du lieu où sera led. Descombes et m'en tenir adverti en toutes diligences (ii). Néanmoins faites lire, publier et entretenir l'édit du Roy, que je vous envoye présentement et prenez garde à ce qu'on pourrait au contraire entreprendre non seulement en lad. ville, mais aussi en la campagne, et en assurez diligemment à M. de Monpezat, lieutenant général du Roy, et à moy, pour en advertir la Court, que sera fin à la présente par mes plus affectionnées recommandations, priant Dieu, Messieurs, vous donner en santé longue et heureuse vie. — A Bordeaux, au parquet du Palais, ce 11e septembre 1572. Votre plus

---

(i) Melchior de Prez, seigneur de Montpezat et du Fou, en Poitou, était gendre du marquis de Villars, qu'il suppléa, en diverses circonstances, dans la lieutenance de Guienne.

(ii) Nous n'avons pu pénétrer le secret de cette affaire du vice-sénéchal d'Agenais, dont parle cette lettre, et les livres des jurats ne nous ont fourni aucun renseignement à ce sujet. Il a été question de ce capitaine Laburnetère, dans une lettre de Jeanne d'Albret, déjà citée. Nous parlerons encore de lui dans la suite.

affectionné serviteur et amy, *de Mulet.* » (c'était le procureur général au parlement de Guienne).

Un sieur de Rance ayant obtenu, dans le mois suivant, de Charles IX lui-même, la ratification de l'exemption des gens de guerre, le Roi de Navarre en écrivit en ces termes, le 22 octobre 1572, à M. de Villars :

« Je vous remercie de la faveur que les habitants de ma ville de Nérac trouvent en vous, vous priant, mon cousin, de la leur continuer, et pareillement à ceux de ma ville de Castelgeloux, pour lesquels S. M. a accordé une sauvegarde, de laquelle je vous prie de les faire jouir. » — Aussi, le capitaine Moncassin (un Montlezun, sans doute, peut-être le capitaine Sendat), ayant voulu lever une compagnie à Casteljaloux, on ne manqua pas de lui opposer l'exemption que l'on tenait de M. de Villars.

D'un autre côté, malgré la sauvegarde accordée par le Roi de France, Casteljaloux persista dans des mesures, dont les massacres commis à Bordeaux, à Dax, à Condom, lui faisaient sentir toute la nécessité. Les jurats voulurent que l'on réparât les portes. Il fut interdit aux soldats de la garde de jurer ; on leur recommanda de se montrer soigneux et diligents, avec très expresses défenses de lâcher des arquebuses ou pistolets, de jour ni de nuit, à peine de prison et d'amende, tant on sentait qu'il ne fallait qu'une querelle ou une fausse alerte, pour donner lieu à des malheurs qui pesaient sur les contrées voisines et dont notre ville sût ainsi se préserver.

Le 9 décembre 1572, on apprit l'occupation de Villandraud par les ennemis du Roi et l'on s'empressa d'en faire passer l'avis à l'amiral de Villars, en lui renouvelant l'assurance que l'on tiendrait Casteljaloux et qu'on le garderait de toute surprise. L'amiral répondit qu'il confiait la garde de notre ville à ses habitants, tout en leur recommandant de faire bon guet, comme d'avoir quatre soldats, jour et nuit, dans le château. Plus tard, et vers le 15 décembre 1572, l'amiral ayant donné le commandement de Casteljaloux à M. de Saintrailles, notre jurade refusa de recevoir ce dernier, à ce titre, et Villars n'insista point, pour le moment. Le 3 janvier suivant, Saintrailles se présenta de nouveau, assurant qu'il venait d'être confirmé dans ses états de capitaine du château. Mais on lui ferma la porte, offrant seulement de prendre sa commission pour en délibérer.

Nous trouvons à la date du 15 de ce mois de janvier une délibération dont le texte va faire comprendre l'importance historique :

« Les consuls ont dit que le capitaine Moncassin a déclaré, en présence de aucuns, qu'on avait retiré certains personnages en cette ville, *qui avaient fait le massacre de Bouglon.* De quoy il prétend avertir M. l'amiral et pour y remédier et d'autant que les Lanson, frères, se sont retirés dans lad. ville, ont mis en délibération, s'ils y seront reçus. — Sur quoy délibéré, par la plus grande voix a été arrêté que attendu qu'on n'est averti que les Lanson, frères, étaient audit massacre, qu'il leur sera permis d'habiter en ladite ville, jusqu'à ce que l'amiral y sera (1).

Un mois plus tard, le prieur du Mas obtint de se réfugier à Casteljaloux, et, à cette occasion, il fut dit que nul ne serait reçu et introduit dans cette ville, que sur un avis de la jurade et à la charge de prêter le serment d'être bon et fidèle, comme aussi d'apporter chacun, une arquebuse avec une livre de poudre.

Ainsi nos jurats voyaient toute la contrée applaudir à leurs efforts, pour le maintien du bon ordre, et c'est dans leurs murs que leurs voisins cherchaient un abri contre les troubles des autres pays et contre la gendarmerie huguenote, qui désolait la campagne. Le Roi de Navarre, alors prisonnier à la cour de France, ayant écrit au lieutenant particulier au siège de Castel-

---

(1) Ce massacre de Bouglon dut être commis sur les catholiques. On a déjà vu, page 73, que le capitaine Lanson était calviniste. Le capitaine Moncassin était, au contraire, catholique. De plus, on verra bientôt que la gendarmerie des réformés était maîtresse du pays.

jaloux, en faveur de M. de Saintrailles, qui persistait à vouloir se mettre en possession de sa charge de capitaine du château, on chargea le jurat Lespiault d'aller exposer à ce prince les causes et les moyens qu'on avait, pour ne pas obéir à ses commandements, quant à la ville et au château.

Survint alors l'édit de pacification, du 25 juin 1573, lequel ne fit pas départir notre ville de ses mesures de prudence, à ce point que Monluc lui-même ayant fait annoncer, le 30 décembre d'après, son intention d'y venir, le jurat Castaing fut le premier à opiner pour qu'on lui refusât la porte ; et la jurade adoptant cet avis, donna mission à deux consuls d'aller à la rencontre de ce personnage, *à la part où il serait*, et de le prier, *vu les troubles, de se déporter pour le présent d'entrer à Castelgeloux*. En février suivant, ce même capitaine, qui reçut peu de temps après le bâton de maréchal de France, s'étant de nouveau acheminé vers notre ville, les consuls ne manquèrent pas d'exprimer au conseil des jurats la crainte où ils étaient que Monluc n'eut en sa compagnie des ennemis, qui pourraient opérer quelque surprise, et une nouvelle députation consulaire partit, avec charge de prier cet ancien lieutenant général du Roi, en Guienne, dont le nom les faisait trembler naguère, « de n'entrer en ville, s'il persistait à y passer, qu'avec son train ordinaire, les portes étant refusées à tous autres.

C'est à l'occasion de tant de soins et de missions, que le consul Béraud, ne pouvant vaquer seul aux affaires de la *République*, demanda des coadjuteurs, qui lui furent accordés, vu l'absence de ses collègues. Mais, sur ces entrefaites, la guerre s'était rallumée.

5me *guerre de religion*. — Presque au début de cette guerre, les religionnaires enlevèrent Casteljaloux. C'est, du moins, ce qui paraît résulter de ce passage d'une délibération des jurats d'Agen, à la date du 10 mars 1574, (BB n° 10, fol. 28-v°):

« Les consuls viennent d'apprendre que , lundi dernier, vers six heures du matin, la ville de Castelgeloux fut prise par les ennemis, de telle façon que ceux de la nouvelle opinion qui étaient dans la ville, tuèrent une sentinelle qui était sur les murailles et ouvrirent la porte à l'ennemi, qui entra dans la ville, pilla l'église de St-Raphaël et le couvent. Ils tuèrent aussi le capitaine Lamarque, qui commandait dans la ville pour le Roi. Les ennemis, au nombre de deux cents, étaient conduits par le capitaine La Ramazure, de Tonneins, et le capitaine Vincent, de Bazas, et vivent à discrétion dans ladite ville. » (extr. transmis par M. l'abbé Barrère).

En revanche, Lavalette(1), qui venait d'échouer devant Clairac, prit par capitulation le château de Cours, en septembre suivant, sur le capitaine Brocas qui y commandait, pour le parti de la réforme. Il fut permis à la garnison de se retirer soit à Casteljaloux, soit à Caumont.

A cette époque, Rosan, l'un des Duras, s'empara du commandement de notre ville, où les Duras, calvinistes, voulaient établir Briquet, vieux officier à leur dévotion. Le vicomte de Turenne, au contraire, lieutenant du Roi de Navarre, en Guienne, venait d'obtenir de ce prince le commandement de Casteljaloux pour Denis de Mauléon, seigneur de Savailhan et de Saint Sauby. Mais les religionnaires n'avaient pas un grand respect pour les ordres de Henri de Bourbon, qu'ils ne considéraient pas comme jouissant de sa liberté, à la cour de France. Un jour que Savailhan était sorti de Casteljaloux, on ferma les portes sur lui (ii).

---

(1) En 1573, le gouvernement de la Guienne avait été partagé entre les seigneurs de Lavalette et de Losse. Lavalette commandait dans les pays situés au sud de la Garonne.

(ii) C'est de Rosan qu'il doit être question dans la délibération suivante, du 3 sept. 1575 : « A été proposé qu'il a été avisé et trouvé bon par M. le gouverneur et le conseil, qu'on nomme en jurade trois hommes, desquels ledit sieur gouverneur en eslira un, pour être chef et capitaine des habitants de la ville. »

C'est dans ces circonstances que le vicomte de Turenne, revenant de Clairac, se présenta aux portes de notre ville. Mais on les lui refusa, sans doute d'après les suggestions de Rosan, qui avait affecté néanmoins de quitter Casteljaloux, ce jour-là même, et qui fournit ainsi au sergent-major Lagarenne, le prétexte de répondre aux maréchaux des logis du vicomte de Turenne, qu'il ne pouvait leur ouvrir, sans commandement du gouverneur. Turenne s'étant retiré à Malvirade, manoir des Bacoue, en écrivit aux habitants de Casteljaloux et voici qu'elle fut, à ce sujet, la décision de nos jurats :

« Il sera écrit à M. de Turenne, le suppliant de différer sa venue en cette ville, pour les occasions qui pourront être amenées par la lettre qui sera adressée par MM. les lieutenants et signée par les consuls ; et sera remontré la pauvreté de cette ville, les foules et charges par elle soufferts et le peu de vivres, même de foins et avoines et autres provisions ; et par ce moyen sera supplié d'aller tenir les états, ou expédier les affaires généraux, à Damazan ou autre lieu que par lui sera avisé, afin que cette ville ne soit foulée. Lui sera aussi remontré la défiance d'aucuns de la garnison, d'aucuns de la suite de mondit seigneur, dont est à craindre quelque émeute, et autrement comme sera avisé par les susdits lieutenants, lesquels surtout aviseront de ne écrire rien qui aigrisse mondit seigneur, en aucune façon, avec un cœur de toute douceur et humilité, comme il appartient à ce seigneur, eu égard à la charge qu'il a; et étant ladite lettre faite, avant que de la dépêcher, sera montrée à M. de Rosan, notre gouverneur, suivant ce que l'a mandé à ladite assemblée. »

Telle fut la première cause de la querelle survenue entre Turenne et les Duras, querelle qui troubla ultérieurement la petite cour de Navarre, à Nérac, et se termina par un duel, sur le gravier d'Agen, entre Rosan et le vicomte (1).

---

(1) Savailhan se pourvut en octobre 1574, contre nos consuls, au sujet de

Le 2 février 1576, Henri de Bourbon s'évada de la cour de France, et l'édit qui fut rendu, à la suite du traité de Chastenoy, du 6 mai suivant, rendit pour quelque mois seulement, la paix à notre pays. Ce fut M. de Rosan qui fit publier cet édit, dans notre ville, le lundi 4 juin 1576.

Durant cette paix non moins éphémère que les autres, voici ce que nous offrent les livres des jurats de Casteljaloux : — 8 juin 1576. M. de Roquetaillade, sénéchal d'Albret, fait annoncer sa venue, demandant si la ville l'aura pour agréable. Les jurats répondent que la ville en serait très aise, mais qu'*à cause de leur pauvreté*, ils le prient de retarder sa visite. Il vint en septembre suivant pour prendre possession. — 26 juin 1576. Nos jurats exposent qu'ils n'ont pu obtenir encore la remise des deux quintaux de poudre que le gouverneur prêta aux habitants de Damazan, lors de la prise de cette ville. Les jurats arrêtent que l'on prendra conseil, pour savoir de quelle manière il convient de procéder à ce sujet. — 20 août 1576. Ceux de la religion prétendue réformée ayant annoncé qu'ils avaient l'intention de remettre le temple de St-Raphaël et d'aller faire leur exercice à la maison de St-Nicolas, le chapitre de N. D., dont l'église n'existe plus, veut s'établir à St-Raphaël ; mais M. de Bouffon et autres paroissiens de cette dernière église, exigent des catholiques une déclaration écrite constatant le droit que l'on aura de les expulser quand on voudra.— 30 novembre 1576. La jurade approuve que les catholiques fassent venir un prédicateur pour les avents.

6me *guerre de religion.* — Cette fois, la ville de Casteljaloux ne prit part aux premières hostilités qu'en prêtant au Roi de Navarre, deux *faucons* (petits canons), pour le siège de Mar-

---

son expulsion de Casteljaloux, devant M. de Turenne. Il est question de lui dans les mémoires manuscrits de G. de Vivans, qui qualifie notre ville *la plus importante place de son parti.*

mande. Avant d'entreprendre cette campagne, ce prince passa quelques jours (du 9 au 13 oct. 1576) à Casteljaloux.

Le 22 février 1577, le Roi de Navarre écrivit d'Agen au capitaine Brocas :

« Capitaine Brocas, j'envoye le sieur de La Vachonnière en ma ville de Castelgeloux, pour y commander, lui ayant donné charge de vous faire entendre ma volonté. Ne faictes faulte ce qu'il vous dira et commandera de ma part, et me remettant sur le sieur de La Vachonnière, je ne vous ferai plus longue lettre que pour prier le Créateur vous avoir, capitaine Brocas, en sa saincte et digne garde.

« HENRY. »

Ce gouverneur, *pris par feu d'Andelot pour enseigne colonelle de France, et partant d'un courage bien éprouvé, faisait profession d'une modeste froideur*, a dit D'Aubigné, qui, mécontent de la cour de Navarre, se retira, vers cette époque, à Casteljaloux, où La Vachonnière le choisit pour son lieutenant.

Et maintenant passons aux récits que nous devons à cet historien :

« Ceci nous mène à quelques exploits de guerre, dont cette petite ville a été fertile de tout temps. Vachonnière, sollicité par les compagnons d'aller chercher (à la mode du pays) de quoi faire fumer le pistolet,... monta à cheval avec 38 salades et 40 arquebusiers, prit le chemin de Marmande, comme lieu où les ennemis étaient plus forts et plus aisés à convier, où le devançait son lieutenant (D'Aubigné) avec 15 salades, secondé par le capitaine Dominge avec autant d'arquebusiers ; en même temps que le baron de Mauvezin, qui avait appelé les Meges, de La Réole, les capitaines Massiot et Metaut, l'un d'Aiguillon, l'autre de St-Macaire, et ainsi avait 20 salades bien choisies, outre sa compagnie de gens d'armes, fesait dessein de trier 750 arquebusiers tant de Marmande que d'autour, pour laisser en embuscade au moulin de Labastide et là attirer la garnison de Casteljaloux, par divers échauffements.

« Sur les 10 heures du matin, les coureurs des réformés mirent le nez sur le chantier de la rivière, où ils découvrent tout à coup le rivage qui est à la main gauche de Marmande noirci de gens de guerre, desquels la première battelée de 60 hommes achevait de passer l'eau et arrivait à Valassins. Le coureur crie au capitaine Dominge, qu'il fasse jeter ses soldats à terre et puis donne à tout ce qui était passé, qui furent tués ou noyés, sans que les réformés perdissent qu'un cadet ; et eurent ce bon marché, pour ce qu'il n'y eut que la moitié des autres qui pussent accomoder la mèche.

« Vachonnière ayant reconnu la grande troupe qui était prête à s'embarquer, se voulait contenter, et ayant fait de ses coureurs sa retraite, s'en revenait au pas. Son lieutenant (bien qu'un peu blessé), avant de le suivre, voulut rendre compte de ce que ces gens de guerre devenaient ; puis, ayant reconnu qu'ils s'embarquaient à la foule, et en se laissant dériver à la rivière, venaient mettre pied à terre à un petit village nommé Couture, qui, depuis, a été fortifié par eux, il retourne à son capitaine, le prier de prendre le trot, jusqu'à une petite plaine qu'ils avaient remarquée en venant, et là attendre le combat, préparés et à pied tenu, ne sachant point encore avoir affaire à la cavalerie ; car celle de Mauvezin était encore derrière la ville et quand les trompettes avaient sonné à l'étendard, les uns avaient pris l'autre pour écho de la leur.

« Vachonnière approuva bien le conseil ; mais quelques volontaires le troublèrent, pour le désir qu'ils voulaient montrer de venir aux mains en quelque lieu que ce fut.... Cela fut cause que sur les incertitudes d'attendre, d'aller le pas ou de s'avancer, ceux de la retraite se virent sur les bras deux sergents avec, chacun, 40 arquebusiers, et le capitaine Bourget qui les soutenait avec 60. Ces deux premiers sautèrent des deux mains les terriers qui enfermaient le chemin, et laissent Bourget au milieu ; et tout cela ensemble n'eut pas rechargé deux fois que toute la foule prit le même ordre qu'eux. Voilà donc les terriers et les haies quand et quand garnies par les plus volontaires, qui échappaient du gros sans capitaines qui disposassent de tout cela; mais chacun suivant sa chaleur et prenant les avantages du pays, comme l'occasion l'instruisait.

« Je suis après à vous compter un des plus opiniâtrés combats que j'aie vu, lu ni ouï dire ; mais cela n'est pas le plus grand profit que vous y puissiez faire; c'est d'apprendre en quels lieux et comment les gens de pied peuvent engager la cavalerie, contre le vieux proverbe qui dit leur être défendu de la poursuivre. Ne dédaignez point donc cet affaire, pour ce que les hommes n'y sont pas comptés par milliers ; c'est à la confusion des batailles, où il y a le moins à profiter.

« En l'état que nous avons dit, le capitaine de retraite (qui lors le devait être du tout), voyant que les arquebusiers troublaient leur conseil et prévoyant qu'un homme ou un cheval blessé en engageait trois à l'être, cria à son chef qu'il allât chercher la plaine au trot, sans oublier ses arquebusiers. De même temps sortent du ventre des Marmandois, 18 salades, lesquelles aussitôt vues, aussitôt furent enfoncées dans le milieu de leur gros; cela dit en passant que comme les catholiques tournèrent tête, et quelques-uns en firent un éclat de joye, il fut dit par quelqu'un, *ils auront tantôt leur livé.* Cependant les réformés se démêlèrent très bien de cette première charge; mais voulant regagner leur troupe, ils trouvèrent que par l'importunité des criards, Vachonnière avait fait mettre pied à terre à ses 40 arquebusiers, et que Beauvoisin, avec sa troupe, avait resuivi ceux de Casteljaloux jusques à leurs gens qui étaient à pied. Il fallut donc en tirer une salve et, puis, aller au combat, pour les dégager, ce qui se fit encore heureusement. Mais la même faute faite encore une autre fois, sous la faveur d'un pontereau et contre les colères du chef de retraite, il la fallut payer. Vachonnière quitte sa troupe, se vint joindre à la droite de son lieutenant, en la place d'un bazadais mort, et Bacoue (cause du désordre) gagna par un fossé le premier rang. Adonc, le baron de Mauvezin, assisté de ceux que nous avons nommés, donna avec six de front seulement, pource que le chemin n'en tenait pas davantage, et un septième, qui se jeta dans le fossé, pour entretenir Bacoue. Les sergents de Marmande les plus avancés avaient déjà garni d'arquebusiers les haies des deux côtés. De ceux-là quelques-uns levaient le mendil avant tirer et firent tout le meurtre. Nonobstant, le combat fut tellement opiniâtré que le premier rang fut par trois fois rempli, à l'une de 4, à l'autre de 5, et à la troisième de 4 encore. Tout cela combattait cousû, de façon que les têtes des chevaux allaient jusques aux arçons des ennemis. Vachonnière ayant les reins coupés d'une balle ramée et de plus brûlant de quatre arquebusades, étant entre les jambes de son lieutenant, le pria se sauver ; mais ils furent bientôt compagnons de chute et tous les deux couverts de trois morts des leurs. Ce combat était comme à une barrière sans mouvoir. L'aîné Brocas et un d'Aiguillon se coupèrent la gorge avec des poignards. Bacoue et son homme en firent autant dans le fossé, hormis que le premier fut achevé par quelques hallebardiers qui s'étaient approchés par les deux fossés.

« Comme les réformés quittaient le jeu, Dominge vit le lieutenant laissé pour mort, qui s'étant dépêtré d'un de ses compagnons tombé sur lui, tout couché, le bras droit en haut, jouait de l'épée, un temps garanti par des chevaux qui s'étaient entrepris sur lui, et, puis, par les blessures que reçurent de lui Metaut, Bastanes et le jeune Mege, qui en mourut. Dominge donc rallie le jeune Castaing et deux autres ; ces quatre font quitter le lieutenant, le montent sur le premier cheval, à cent pas de là tournent tête à l'aîné Mège et autres qui les poursuivaient ; là ils croisent encore leurs épées, mais à peu de combat, pource que la foule de Marmande y arrivait, et aussi que le lieutenant était blessé en cinq endroits. Ils reviennent donc à la plaine tant de fois demandée, où les réformés ayant mis leurs blessés dans un chemin, se trouvèrent 8 salades et 28 arquebusiers, tout cela résolu de prêter encore le collet. Mais le baron de Mauvezin, blessé, fit sonner la retraite.

« Là moururent 27 de ceux de Casteljaloux et cinq seulement des autres, horsmis la charge de Valasins.....

« J'ai été assez chiche des augures et prodiges, de la quantité desquels plusieurs historiens fleurissent;.... mais je ne puis me retenir qu'entre plusieurs songes et prédictions de la même journée, je ne me rende pleige d'une que l'alléguerai. C'est que la damoiselle de Bacoue courut après la troupe demander à jointes mains et en pleurant, l'ainé de deux enfants qu'elle y avait, pour avoir songé qu'un prêtre arrachait les yeux à un sien cousin nommé Lacorrège et que le même achevait de tuer son fils dans un fossé, et puis après un réveil se rendormant sur même songe, elle le vit étendu mort sur un coffre plein d'avoine, derrière le portal de Malvirade ; ce qui fut avéré en tous points. »

Il fut grandement question de ce combat, à la cour de Navarre, qui se trouvait pour lors à Agen. L'on y rehaussa surtout le courage déployé par d'Aubigné, et le jeune Bacoue affirmant « l'avoir vu faire entrer la moitié de son pistolet entre la cuirasse et le collet de bufle du capitaine Méteau, avant que tirer, le roi l'appela menteur. » Mais quelque temps après, le capitaine Dominge confirma ce fait, se trouvant dans un jeu de péaume, à Agen, avec ce prince et Lavardin. Ces derniers détails, au surplus, nous sont fournis par les *mémoires* d'Agrippa d'Aubigné, qui ne se montra pas toujours juste envers son maître. Il dit, de plus, « qu'étant au lit, de ses blessures, et même les chirurgiens les tenant, douteuses, il fit écrire sous sa dictée, par le juge ordinaire du lieu, les premières stances de ses Tragiques. » (ouvrage qui parut pour la première fois, en 1616.)

« Après la mort de Vachonnière, ajoutent les mêmes *mémoires*, ceux de Casteljaloux voulurent demander d'Aubigné, pour gouverneur, ce qu'il empêcha bien à propos, voyant la colère de ce prince tellement envenimée contre lui qu'ayant pris par escalade Castelnau de Mesme, avancé vers Bordeaux, la dame du lieu s'étant insinuée en la bonne grace de Lavardin, fit aisément désavouer les preneurs de tout ce qui s'était passé, quoique les sieurs de Méru (Charles de Montmorency) et de Lanoue, au nom du parti, s'opposassent au désaveu. Ceux de Casteljaloux s'opiniâtrèrent à la guerre; la dame de Castelnau sollicita à Bordeaux et fit avancer l'amiral de Villars, avec quatorze pièces, avec promesse du Roi de Navarre qu'il n'y aurait point de secours. Comme l'amiral faisait ses approches, Aubigné entra dedans avec cinquante salades et près de deux cents arquebuses à cheval, qui s'étant jetés à terre et ayant baillé leurs chevaux à ramener, cela fit une telle montre que l'amiral, croyant que ce fut un secours contre la promesse, battit au champ et s'éloigna vers Manciet. Depuis, quelques soldats de la garnison furent subornés par Lavardin, leur montrant qu'en obéissant à leur colonel, on ne les pouvait tenir pour traîtres. Ce commandement était de prêter la main à La Sale du Ciron, du parti contraire, pour reprendre la place. Ces soldats allèrent rapporter tels propos à leur chef, et instruits par lui, il fit aller la garnison à la guerre, et lui étant entré de nuit, reçut les papistes ; à quoi il fut blessé et y demeura quarante-six entrepreneurs. Le Roi de Navarre prit cela à tel contre-cœur qu'il envoya sommer Castelnau, qui tenait pour lui, avec menace de quatre canons; la réponse fut qu'ils en avaient méprisé quatorze. » — Il semble résulter, au surplus, du récit de cette même affaire, dans les Histoires du sieur d'Aubigné, que c'est le capitaine Moncassin qui remplaça La Vachonnière, dans le gouvernement de Casteljaloux, et pour ce qui est de la nomination de ce nouveau gouverneur, les livres de nos jurats semblent contredire sur ce point Agrippa d'Aubigné, puisque l'on y voit que le corps de ville avait député, dans cette occasion, M. de Bordes, auprès du Roi de Navarre, pour demander que le commandement de notre ville fut remis aux consuls (1).

Nous avons préféré, dans la présente *Monographie*, le récit que nous fournissent les *Mémoires* d'Agrippa d'Aubigné sur Castelnau de Mesme, à celui quelque peu différent que l'on trouve dans *ses histoires* et qui nous aurait pris trop d'espace. Mais nous ne devons pas négliger d'extraire de ce dernier ouvrage, les détails qui suivent sur une campagne de nos ayeux, dans les landes, et vers la même époque (1577).

« Ceux de Casteljaloux avaient fait une course vers l'armée de Villars, et pris quelques prisonniers auprès de Sabres ; mais ils n'eurent pas loisir de faire leurs affaires, pource que Pouyanne (ii) ayant lors ensemble une troupe de Gradmont et quarante salades que lui amenait La Haie, eut le vent d'eux, si bien qu'ils se mirent à leurs trousses avec près de cent quarante salades et les arquebusiers à cheval de Lartigue ; et les autres qui n'étaient que quarante salades et trente arquebusiers, prirent parti de retraite, bien leur prenant que ce fût sur le soir. Comme ils passaient par un village, leur chef (d'Aubigné) envoya la troupe, et avec douze des mieux montés, fit allumer des feux dans le village, fit une charge légère aux coureurs, et toutes les contenances qu'il fallait pour persuader que la troupe était logée. La ruse succéda (réussit) ; car Pouyanne se prépara à enfoncer le logis, fit mettre pied à terre, et durant les cérémonies propres pour cela, les autres gagnèrent la maison de Castain, qui faisait la guerre.

« Puis, ayant appris par leurs prisonniers que l'armée se séparait, retournèrent sur leurs pas, pour en avoir quelques pièces;

---

(1) Il existe ici une lacune de 12 ans dans nos livres des jurades, qui ne reprennent qu'en 1589.

(ii) Capitaine du parti catholique.

si bien qu'ayant percé la nuit, ils se trouvèrent à soleil levant dans la grande lande, guères loin de Genquillet, et découvrirent une troupe un peu moindre que la leur.

« Leur façon de courir en un pays si plat veut être considérée; car au lieu que dans les pays couverts, il faut faire la troupe des coureurs gaillarde et leur marcher sur les talons, et de même la nuit, en ces lieux découverts ils poussaient premièrement deux chevaux; à cinq cents pas de là, trois; et en même espace, cinq, et le reste fort éloigné. Même à la vue de ceux qu'ils ne voulaient pas faire fuir, les premiers mettaient pied à terre dans la bruyère, et menaient leurs chevaux par la bride. Ces estradiots usèrent de tous ces stratagêmes, pour approcher la troupe que nous avons dite, laquelle se voyant engagée par les dix premiers, se résolut au combat. Ils jetèrent leurs arquebusiers en un petit bois de sapins et quarante armés se mirent en hâte à la faveur de ce flanc. Les autres, sur l'arrêt de leurs coureurs, se mettent aussi en bataille à cent cinquante pas, envoient leurs arquebusiers dans le bois, pour être quittes du flanc, donnent et passent sur le ventre à la haie que nous avons dite. Il n'y eut rien d'opiniâtré ; car c'étaient vingt chevau-légers du vicomte d'Orte, et le reste hommes ramassés à Bayonne et Dax, pour conduire trois damoiselles condamnées à Bourdeaux d'avoir la tête tranchée, et qu'ils emmenaient pour cet effet.

« Comme la pluspart s'étaient jetés par terre, pour demander la vie et que l'on eût connu de quelle part ils étaient, le chef de la troupe appela à soi tous ceux de Bayonne, cria aux compagnons qu'ils traitassent le reste en mémoire des prisons de Dax (1). Ils mirent donc en pièces vingt-deux de ceux de Dax qui furent empoignés, et firent aux autres reprendre leurs armes et

---

(1) Lors de la St-Barthélemy, les catholiques de Dax avaient massacré une foule d'hommes, de femmes et d'enfants de la religion, qui s'étaient réfugiés dans les prisons de leur ville.

leurs chevaux, firent panser leurs blessés à la Harie, avec charge de dire au vicomte d'Orte, leur gouverneur, qu'ils avaient vu le différent traitement qu'on faisait aux soldats et aux bourreaux. C'était en souvenance de la réponse qu'avait faite ce vicomte au roi, quand il reçut le commandement du massacre (1).

« Quand aux damoiselles condamnées, la troupe les conduisit jusques à Castillon, où elles avaient leurs parents.

« De là à huit jours, vint un trompette de Bayonne à Casteljaloux, qui apporta des écharpes et mouchoirs ouvrés pour toute la compagnie.... et sur cela j'ai encore à dire que les affaires n'étant point bien pacifiées, il prit une gaillarde humeur au Roi de Navarre d'aller, lui septième, dans Bayonne, à un festin qui lui fut préparé, où tout ce peuple environna sa table de danses de différentes façons. La Hillière, leur gouverneur, menait la première (II), cela accompagné de divers présents, et surtout de coques de nacre, de perles bien dorées, et, de plus, ce peuple sachant que le capitaine de Casteljaloux (d'Aubigné) était un des sept, ils lui rendirent des remerciements sans nombre, avec plus de paiement de sa courtoisie, qu'il n'avait mérité. »

La paix fut conclue à Bergerac, le 17 septembre 1577. C'est l'époque où d'Aubigné qui à notre ville, il se réconcilia, peu de temps après, avec son maître.

7ᵐᵉ guerre de religion. — La ville de Casteljaloux ne prit part à cette guerre dite des *Amoureux*, qu'au moyen du service militaire de ceux de ses enfants qui combattaient dans l'armée du Roi de Navarre. Le 15 juin 1580, ce prince passa par notre

---

(1) « Sire, j'ai communiqué le commandement de V. M. à ses fidèles habitants et gens de guerre de la garnison. Je n'y ai trouvé que bons citoyens et braves soldats, mais pas un bourreau.... »

(II) Ce devait être la *panperruque* et des *dabas-dabas*, que l'on dansait à Bayonne, pour faire accueil à d'illustres visiteurs.

ville, pour marcher contre Biron qui commandait les troupes catholiques rassemblées à Marmande. Après avoir couché à Figués, maison des Brocas, il passa, le lendemain, ses troupes en revue, dans la plaine du Lanot, au nord de Casteljaloux, d'où il se porta sur le Mas et Tonneins. Mais cette campagne, si glorieusement commencée par la prise de Cahors, ne fut pas heureuse, et Biron finit par paraître devant Nérac, en l'absence du Roi de Navarre.

« Aubigné se trouva à Nérac, à la bravade que lui fit le maréchal de Biron, et là trouvant une épidémie de peur aux Huguenots de Gascogne, il ramassa quelques vieilles connaissances de Casteljaloux et fit l'honneur de la maison, qui parut plus qu'il ne méritait aux yeux des princesses (Marguerite de Valois et Catherine de Bourbon) et des gens qui n'étaient pas lors en bonne humeur ; puis s'en retournant accompagné de quinze arquebusiers à cheval de Casteljaloux, fut chargé par soixante chevau-légers de La Haye, auprès de Cours. Notre Aubigné choisit si bien ses avantages que l'attaquant laissa trois gentilshommes morts, et, de l'autre part, n'y eut que deux blessés.... » (Mémoires déjà cités).

Pour ce qui est du maréchal de Biron, on sait que le Roi de Navarre, de retour à Nérac, le força de battre en retraite.

La paix fut conclue à Fleix, en Périgord ; l'édit est du 26 novembre 1580 (et non 1581, comme on l'a imprimé par erreur, dans l'*Histoire de l'Agenais* etc.)

Durant cette paix, le Roi de Navarre parut plusieurs fois dans notre ville, et c'est à Casteljaloux, où il se divertissait à la chasse, qu'en 1581, l'historien de Thou le visita. Dans le seul mois de septembre, même année, l'*itinéraire* placé à la fin du tome 2 des *lettres missives de ce prince*, nous le montre dînant à Nérac et couchant à Casteljaloux, le 7 ; dînant à Samazan et couchant à Casteljaloux, le 8, passant le 9, dans nos murs, pour aller dîner à Fargues, le 10 ; dînant à Nérac et couchant à Casteljaloux, le

29. — Le 25 décembre 1581, c'est de Casteljaloux qu'il écrivit à M. de Meslon, gouverneur de Monségur, en Bazadais, pour lui faire part des retards que lui faisait éprouver le maréchal de Matignon, lieutenant général en Guienne, au sujet du bois et de la chandelle que l'on éludait de fournir aux corps de garde des places de sûreté accordées aux protestants par l'édit de pacification. C'est également de Casteljaloux qu'il écrivit, le 5 février 1582, à M. de Scorbiac, maître des requêtes de son hôtel, pour faire réprimer la désobéissance de Varen, en Rouergue. Il honora notre ville de sa présence, depuis le 1er jusqu'au 4 mai 1582, nous ayant quittés le 5, pour se porter sur le Béarn, en passant par St-Justin.

En 1583, les affaires des frères Casse ou Ducasse, de Bazas, religionnaires violents, qui compromettaient sa cause, rappelèrent le Roi de Navarre à Casteljaloux, où il passa la soirée du 2 février et toute la journée du 3, pour gagner, le lendemain, Marions, où il dîna, et Bazas, où il soupa et coucha. Il reparut à Casteljaloux, les 20, 21 et 22 mai, ainsi que les 11 et 12 juillet, cette fois-ci également en marche sur Bazas, d'où il écrivit, le 17 du même mois de juillet 1583, au capitaine Brocas :

« Capitaine Brocas, incontinent la présente reçue, ne faites faute d'assembler le plus grand nombre de soldats qu'il vous sera possible, tant du lieu de Figués que des lieux circonvoisins, d'autant que j'en ai affaire pour chose important mon service, ainsi que j'ai commandé aux capitaines Dominge et Castaing vous faire entendre de ma part, lesquels vous croirez comme moi-même. Vous les tiendrez prêts pour me venir trouver, lorsque je vous manderai. A quoi m'assurant que vous ne ferez faute, je prierai Dieu vous avoir, capitaine Brocas, en sa sainte et digne garde.... HENRY. » (1)

---

(1) Il y eut deux capitaines Brocas, qui étaient frères. Nous avons vu l'aîné périr glorieusement au combat livré entre Marmande et Malvirade. Celui qui

L'extrême bonne foi que mit Henry de Navarre à réprimer les excès de zèle de ses propres partisans, ne le préserva point des embuches des catholiques et du mauvais vouloir du maréchal de Matignon, qui avait commandé en Normandie, non sans emprunter aux habitants de ce pays quelque peu de leur caractère. Il n'entre pas dans notre sujet de parler des tristes procédés qui forcèrent notre prince à reprendre par surprise la ville de Mont-de-Marsan, l'une des places qu'il tenait de sa mère. Nous n'avons aucun détail non plus sur les faits qui le portèrent à écrire au maréchal de Matignon, vers la fin de septembre 1583 : «... Je vous prie dépêcher une exemption de logis, pour mes terres et nommément pour celles de Castelgeloux, où Lapeyre fait tous les désordres du monde. Le capitaine Domeniés (1) saura bien faire valoir votre sauvegarde. »

Mais la lettre qui suit fait présumer quelque chose de plus grave :

« A nos chers et bien amés les consuls de notre ville de Castelgeloux.

« Le Roi de Navarre :

« Chers et bien amés, ayant entendu de bon lieu que ceux de Bazas sont après à exécuter certaine entreprise sur quelque ville de ceux de la religion, et même qu'ils ont fait faire vingt échelles, nous ne pouvons penser que cela ne soit sur notre ville de Castelgeloux, dont nous vous avons voulu avertir par ce porteur exprès, afin que vous fassiez encore meilleure garde qu'à l'accoutumé, et préveniez par ce moyen leur dessein. A quoi donc vous aurez (l'œil) soigneusement, en tant que vous aimiez votre conservation, et de ladite ville ; priant sur ce le Créateur vous

---

reçut la lettre du Roi de Navarre, du mois de juillet 1583, avait pour prénom Colin et commandait au château de Cours.

(1) Il faut peut-être lire ici Dominge, au lieu de Domeniés.

avoir, chers et bien amés, en sa sainte et digne garde. Écrit eu Mont-de-Marsan, ce 7me janvier 1584. HENRY. »

La perte de nos livres municipaux de cette époque, ne nous a point permis d'éclaircir ce fait, sur lequel nous n'avons que la lettre ci-dessus et cette autre lettre qui la suivit de près :

« A nos chers et bien amés les consuls et habitants de notre ville de Castelgeloux.

« Le Roi de Navarre, duc d'Albret :

« Chers et bien amés, Nous sommes bien aise d'entendre le soin que vous apportez à la garde et conservation de notre ville de Castelgeloux. Et afin que ne soyez nullement empêché d'y vaquer avec l'ordre qu'il faut, nous mandons à notre cousin le vidame de Chartres (1), de permettre que vous mettiez dans notre château, tel nombre d'hommes que vous aviserez; lorsque le temps et l'occasion le requerra, vous en donnant un accès libre, tant pour dresser les corps de garde que faire rondes. A quoi nous assurant etc. Du Mont-de-Marsan, ce 12me janvier 1584.

« HENRY. »

Ainsi, c'est le vidame de Chartres qui, en 1584, était gouverneur du château de Casteljaloux, ce que confirme cette troisième lettre du même prince :

« A nos chers et bien amés les consuls et officiers de notre ville de Castelgeloux.

« Le Roi de Navarre, duc d'Albret :

« Chers et bien amés, d'autant que nous espérons nous acheminer bientôt en notre ville de Castelgeloux, et que nous avons

---

(1) « Prégent de la Fin, fils de Jean de la Fin, seigneur de Beauvais la Nocle et de Béraude de Ferrières. Cette dame était la sœur de Jean de Ferrières, vidame de Chartres, mort après 1576, et dont Coligny avait méconnu les utiles conseils, à la veille de la St-Barthélemy. Prégent de la Fin, devenu vidame après son oncle, n'était pas moins considérable dans le parti des protestants. » (Note de M. Berger de Xivrey, rec. des lett. miss. de Henri IV).

écrit à notre cousin M. le vidame de Chartres, nous faire acheter és environs de notre dite ville quarante pièces du vin le meilleur qui se pourra trouver, nous vous avons bien voulu écrire la présente, afin que aucun empêchement ne soit donné au contraire, et cependant vous en avertir, afin que preniez garde que ladite quantité soit mise dedans notre château, et que sous ombre et couleur de ce, il n'en entre d'avantage. En quoi nous assurant etc. A Pau, ce 24ᵐᵉ février 1584.   Henry. »

Mais le Roi de Navarre ne paraît pas avoir effectué ce projet de visiter Casteljaloux.

Ne pouvant surprendre sa vigilance, on tenta de l'assassiner. L'un des assassins dirigés contre lui, ayant été découvert, *Loro*, (c'était son nom) fut arrêté et on le conduisait de Nérac à Casteljaloux, lorsque, échappant à ses gardes, il se jeta du pont de Barbaste dans la Gélise. Mais il fut repêché et renfermé dans une des prisons de notre ville, où il fit des aveux tels que pour n'être pas obligé d'accuser de trop grands personnages, *des princes français peut-être*, dit mytérieusement d'Aubigné, on mit à mort le criminel au fond de son cachot. — L'histoire d'un autre assassin, du nom de Gavarret, est étrangère à la ville de Casteljaloux.

Pour ne pas interrompre le récit de ces divers évènements, nous avons remis à parler ici de l'établissement du temple des réformés, en 1583, dans l'ancienne maison de la confrérie St-Nicolas. La ville de Casteljaloux fut mise en possession de cette maison dans l'année 1565, par M. Hugues de Cazeaux, conseiller au parlement de Bordeaux. L'église de Notre-Dame ayant été détruite par les soldats de Montalmat, le chapitre sollicitait, depuis quelque temps, l'autorisation de s'établir dans l'église de St-Raphaël, que tenaient les protestants. La ville céda la maison de St-Nicolas aux protestants, qui laissèrent St-Raphaël au chapitre de N. D. (v. le commencement de cette affaire, page 105).

8ᵐᵉ *guerre de religion, dite des trois Henri*. — L'ouverture des hostilités remonte aux derniers mois de l'an 1585, et le Roi de Navarre, dans une lettre adressée à la comtesse de Gramont, le 9 décembre même année, raconte, en ces termes, l'un des premiers combats livrés à cette époque :

« Dimanche, se fit, près Monheurt, une jolie charge, qui est certes digne d'être sçue. Le gouverneur, avec trois cuirasses et dix arquebusiers à cheval, rencontra le lieutenant de la Brunetière, gouverneur du Mas d'Agenais, qui en avait douze et autant d'arquebusiers, tous à cheval. Le nôtre se voyant faible et comme perdu, dit à ses compagnons : *Il les faut tuer ou périr !* Il les charge de façon qu'il tue le chef et deux gendarmes, et en prend deux prisonniers, les met à vau-de-route, gagne cinq grands chevaux et tous ceux des arquebusiers et n'eut qu'un blessé des siens. »

En 1586, le duc de Mayenne et le maréchal de Matignon marchant contre le Roi de Navarre, à la tête, chacun, d'une armée, et avec l'espoir hautement avoué, de s'emparer de ses terres, comme de sa personne. Henri jugea que leurs efforts se dirigeraient principalement contre Nérac, Casteljaloux, Clairac et Castets. En conséquence, ce prince fournit deux milliers de poudre aux habitants de la capitale de l'Albret, quinze quintaux à ceux de Casteljaloux, pareille quantité à la ville de Clairac et huit quintaux au château de Castets. Puis, il se posta dans Montauban, prêt à voler au secours du premier point menacé ; et Matignon ayant entrepris le siège de Castets, au mois de février 1586, le Roi de Navarre revenu à l'improviste, dans nos contrées, vint souper et coucher à Figués, le 17 février, chez le capitaine Colin de Brocas, après avoir dîné à Casteljaloux, passa toute la journée du 18, au même lieu de Figués, à donner des ordres et à faire ses dispositions contre les catholiques, et s'étant porté le 19, après dîner, sur Puiguilhem, où il passa la nuit, parut le 20 février devant Castets. Mais Matignon, à son approche, leva le siège de ce château et se réfugia derrière les murailles de Langon. Le Roi de Navarre laissa dans Castets, le comte de Gurson, précédemment gouverneur de Casteljaloux, et il mit dans cette dernière place, le célèbre capitaine Fabas ou Favas (1), lequel céda son château de Castets, à prix d'argent, au duc de Mayenne, le 9 avril 1586.

Si Favas avait laissé des mémoires comme Lanoue, le duc de Bouillon et G. de Vivans, il est hors de doute que nous y aurions trouvé des choses notables en faveur de nos ayeux de Casteljaloux; car c'est nécessairement à leur tête, qu'au dire d'Agrippa d'Aubigné, il *fit des entreprises si merveilleuses que le vulgaire croyait qu'il eut un esprit familier.* Il contribua puissamment à l'échec de Matignon et de Mayenne, qui se retirèrent après avoir conquis seulement le Mas d'Agenais et Damazan, mais sans avoir inquiété Clairac, Casteljaloux ni Nérac.

A la bataille de Coutras, que le Roi de Navarre gagna, le 20 octobre 1587, notre gouverneur se signala, suivi sans doute de quelques volontaires de Casteljaloux, et ce doit être à leur tête aussi que, de retour en Gascogne, *il nétoya ce pays de quelques forts occupés par les catholiques* (d'Aubigné). Ce point résultera d'ailleurs d'une délibération de notre jurade, à la date du 17 juillet 1589, rapportée plus loin.

Pour ce qui est du Roi de Navarre, nous le retrouvons en février 1588, à Casteljaloux, ouvrant contre les catholiques, une petite campagne dont il a fait lui-même le récit dans ses lettres à la comtesse de Gramont. Il reprit Damazan, où il ne perdit qu'un homme. Mais il ne put s'emparer du Mas, l'approche de Matignon et du grand prieur de Toulouse, l'ayant forcé à rentrer

---

(1) Ce nom est écrit *Fabas* ou *Favas* indifféremment, dans une foule de documents, par suite de la prononciation du *b* et du *v* : « Félices, a dit Scaliger, quibus *bibere* est *vivere* ».

dans Nérac, d'où il eut à repousser ces deux chefs catholiques. Le 7 mai 1588, il donna le commandement de ses pays du haut Albret en *Bazadois et Condomois*, au capitaine Favas, et c'est ici le lieu de faire connaître la délibération de nos jurats, du 17 juillet 1589, que nous avons déjà citée, comme renfermant la preuve que c'est avec des volontaires de Casteljaloux que ce capitaine accomplit dans ces mêmes contrées les actions qui l'ont rendu célèbre :

« Par M. de Fabas, notre général, y est-il dit, a été remontré qu'il a ce commandement du Roi de Navarre et de MM. le Maréchal (1) et de Turenne. Il lui convient aller aux champs, pour un mois au plus, avec les troupes, et qu'il est besoin cependant de pourvoir à la garde de la ville, afin qu'elle ne soit surprise, et que pour ce faire il convient soudoyer et entretenir jusques au nombre de soixante soldats, et aussi est besoin de faire un grand fossé, vers les marais, de la largeur de trois cannes (5m 1975) et d'une canne (1m 7325) de profondeur. » (II)

Cette proposition fut aussitôt convertie en arrêté.

Mais le capitaine Favas ne dut partir de notre ville que postérieurement au 23 août, puisque l'on voit, ce même jour, notre gouverneur présider la jurade, et comme c'est en jurade, le 14 décembre 1589, que les consuls de Casteljaloux annoncèrent

---

(1) La réconciliation du Roi de Navarre, avec Henri III, venait de réunir Matignon et Turenne contre les ligueurs. Dès cette époque, le lieutenant général du Roi de France en Guienne mit une franchise incontestable dans ses relations avec notre prince, qui devenu roi de France lui-même, lui confirma le gouvernement de cette province, que Henri III lui avait déjà conféré avant de mourir.

(II) Le 24 du même mois de juillet, le corps de ville « alloua au sieur de Favas 300 écus pour les frais par lui faits au voyage de La Rochelle; plus 180 écus sol pour les frais faits au même voyage, par M. de Locques, délégué aux états de La Rochelle; (ce de Locques était un ministre protestant sorti de l'École de Nérac) plus les frais de M. le lieutenant Bacoue, montant la somme de 60 écus sol; plus 14 écus sol, pour l'achapt des chevaux, pour donner ausd. sieurs de Locques et Bacoue, pour faire ledit voyage ausd. états.... »

qu'ils avaient reçu l'avis de la blessure de ce capitaine, c'est dans l'espace de temps écoulé entre le 23 août et le 14 décembre 1489, qu'il faut placer la prise de Vic-Fezensac et de Nogaro, par le capitaine Favas, à l'aide des troupes sorties avec lui de nos murs. Il fut blessé devant Jégun. Nos jurats s'empressèrent de lui dépêcher un messager, avec une lettre contenant des offres de services de la part de la ville. Quelques jours après, on lui fit présent de deux barriques de vin clairet, et de deux barriques de vin blanc. Il est à présumer que ce capitaine s'était fait transporter à Casteljaloux, ou qu'il ne tarda pas à le faire, car on voit dans une délibération du 18 janvier 1590, que *l'on envoya un lit au château pour M. de Fabas* (1).

Sur ces entrefaites, c'est-à-dire le 2 août 1589, la mort de Henri III avait appelé au trône de France, le Roi de Navarre devenu Henri IV. Ce dernier prince ne reparut plus en Gascogne.

Cependant la blessure du capitaine Favas ne l'avait pas retenu longtemps dans le lit que notre jurade lui avait envoyé, car dès le 17 mars 1590, il écrivit de son camp devant Marmande, demandant à nos consuls des manœuvres, « pour travailler à faire des forts devant cette ville et assiéger icelle. »

C'est qu'à cette époque Marmande tenait encore pour la ligue, sous les ordres du baron de Castelnau. Le 16 avril suivant, les jurats de Casteljaloux firent le règlement des frais du soldat du maréchal de Matignon, qui conduisit les manœuvres et pionniers aux forts de Marmande.

Ainsi ce siège, dont personne n'avait parlé avant nous, que nous sachions, ne peut être mis en doute. Mais il n'est pas moins certain que la ville de Marmande ne succomba point. Ce qui le

---

(1) Dans l'Histoire de l'Agenais, nous avions adopté, d'après d'Aubigné, l'époque de 1587 à 1588, comme étant celle de la campagne opérée par Favas, dans l'Armagnac. Mais les actes de nos jurats la réfèrent à l'année 1589.

prouve, c'est la défense faite dans Casteljaloux, le 27 août d'après, par notre gouverneur, d'y laisser entrer *aucun de Marmande ni d'autres lieux estant de la Ligue*. En août 1591, le marquis de Villars, l'un des chefs des ligueurs dans nos contrées, fit sommer la ville de Casteljaloux de contribuer aux frais d'entretien de la garnison de Marmande, et sur le refus manifesté par nos jurats de subir cette contribution, cette garnison fit des courses jusqu'aux portes de Casteljaloux, enlevant des bestiaux et ramenant des prisonniers. Les habitants de Casteljaloux usèrent de représailles. Ce petite guerre se continua même dans les années suivantes. En août 1593, nos consuls ouvrirent des négociations avec ceux de Marmande, pour mettre un terme à ces hostilités qui ruinaient le pays, et le baron de Castelnau ayant fourni des saufconduits à MM. de Lagos, consul, et de Lacorrège, jurat, de même qu'à MM. de Malvirade et du Sendat, ces quatre députés de Casteljaloux se rendirent à Marmande, pour y traiter d'une trêve. Mais le baron de Castelnau s'y refusa, tant qu'on ne satisferait pas à ses contributions.

Il y avait dans le voisinage un capitaine Lapierre, qui ne craignait pas de braver les batteurs d'estrade, pour visiter de fois à autre la jeune Constantin, de Casteljaloux, sa fiancée. Mais le procureur Dama, originaire de Marmande, bien qu'habitant de notre ville, forma le projet d'en écrire au gouverneur Castelnau, et de l'inviter à faire enlever le capitaine Lapierre en chemin. Par bonheur, Dama confia son dessein au capitaine Castaing, qui, dénonçant le dénonciateur, communiqua le fait à nos jurats, si bien que ces derniers donnèrent l'ordre à ce procureur jaloux, de s'absenter de la ville jusqu'au retour de M. de Favas.

A cette époque, outre les dangers provenant du voisinage des ligueurs de Marmande, il faut noter aussi l'éloignement de nos meilleurs défenseurs, qui, fatigués de se tenir renfermés dans notre ville, guerroyaient dans les champs, sans tenir compte des arrêtés de la jurade, laquelle, le 13 septembre 1590, notamment, « considérant qu'il y avait beaucoup d'habitants qui se dispensaient de la garde de la ville et s'en allaient aux compagnies de gens de guerre, où bon leur semblait, et que par ce moyen, ils fesaient et fesaient faire beaucoup de ravages et ruiner les terres de Castelgeloux (1), déclara qu'ils seraient admonestés de se contenir en cette ville, pour servir à la garde d'icelle, sinon qu'ils seraient jetés dehors, ensemble leurs femmes et familles, sans espérance d'y pouvoir plus habiter et que néanmoins des maux qu'eux ou d'autres feraient en la juridiction, il en serait informé pour les faire punir par justice. »

D'un autre côté, on vient de voir que Favas se trouvait absent de notre ville, à l'époque de l'expulsion du procureur Dama. Ce vaillant et habile capitaine suivit souvent Henri IV sur les champs de bataille. De même qu'il s'était signalé à Coutras, il fit, le 14 mars 1590, à Ivry, le service d'aide-de-camp auprès du Roi, avec de Vic, de Biron et de Suresne. Comme nous l'avons déjà dit, dès le 7 mai 1588, son maître lui avait donné le gouvernement du haut Albret, c'est-à-dire de la partie de ce duché située en Condomois et Bazadais, et, devenu roi de France, il confirma Favas dans cette charge, par lettres du 15 juillet 1590. Mais on verra plus loin que ce capitaine conserva néanmoins le commandement particulier de la ville et château de Casteljaloux. Favas annonça son départ pour Condom, aux jurats de Casteljaloux, le 22 avril 1591, ajoutant « qu'ayant eu charge et gouvernement de leur ville et ayant été averti que les

---

(1) Le 3 septembre 1590, la juridiction de Villefranche du Cayran demanda et obtint de nos jurats une réduction dans une contribution pour le recurement des fossés de Casteljaloux, « Attendu, dit le procès-verbal, que puis six à sept jours en ça, a été ruinée par les gens de guerre. » Il résulte de ce même document, qu'en 1590, la porte de St-Raphaël était murée depuis cinq ans et que les habitants de ce quartier demandaient qu'elle fût ouverte et protégée par des fortifications qu'ils offraient d'élever à leurs frais. La barbecanne n'y existait plus sans doute. Vers cette époque, on vota des fonds destinés à la construction de petites murailles, sorte d'ouvrages avancés, pour empêcher les approches de la place.

ennemis avaient le projet de la surprendre, » il voulait leur indiquer le moyen de la conserver au Roi. C'est dans ces circonstances que, sur sa proposition, la jurade ordonna les dispositions suivantes :

« Premièrement, les portals et ponts de la ville, qui ne sont guères en bon état, seront racoustrés et réparés ;

« Item, il sera fait cinq rateaux de bois aux portes, qui serviront à porte et guichet et seront faits ainsi que le sr de Fabas a montré.

« Toutes les piques non ferrées seront ferrées, pour servir quand quelque occasion se présentera.

« Pour parvenir à faire les frais de ce que les choses susdites coûteront, le sr Augier (jurat), baillera aux consuls cent écus de la somme de mille francs bordelais qu'il a en mains, destinés pour la construction des petites murailles aux environs des éperons de lad. ville, lesquels consuls s'obligeront en leurs privés noms de le faire rendre quitte et indemne (1), et quant aux 600 fr. restants des 1000 fr. (II), commenceront d'être employés à la construction des petites murailles, à la plus grande diligence que faire se pourra et que le bétail aratoire aura pris vigueur par la pousse de l'herbe qui vient, pour faire les charrois à ce requis.

« En outre, seront les guerites, murailles et parapets d'icelles racoustrés, comme iceux consuls ont déjà avisé.

« Finalement, tous les habitants de la ville auront des armes tant à feu que autres pour la garde d'icelle ville, à laquelle garde

---

(1) L'office de consul exposait celui qui en était revêtu, à des poursuites non seulement sur ses biens, mais aussi contre sa personne. Dans l'acte de jurade du 18 janvier 1590, on voit que les consuls ayant été emprisonnés pour non paiement d'une somme de 336 livres, on décida « qu'il serait fait opposition à cette capture et mention au procès-verbal du sergent qui l'avait opérée. »

(II). Les cent écus ou 300 livres tournois valaient 400 fr. bordelais. Il ne devait donc rester que 600 fr. après ce prélèvement de cent écus.

ils s'emploieront indistinctement, comme est contenu par les ordonnances et règlements ci-devant sur ces faits, à peine d'être mulctés, suivant la rigueur de lad. ordonnance, et demain, bon matin, avant l'ouverture de la porte, ils, étant armés, feront monstre et revue par la ville. »

C'est également au capitaine Favas que l'on dut cet autre règlement :

« Premièrement, les bourgeois et habitants de cette ville entreront en garde (1), comme ils ont accoutumé de faire, savoir est : les sentinelles, de quatre en quatre jours, et ceux qui font les rondes, de huit en huit ; et pour leur commander, sera suivi l'ancien ordre, qui est que chaque consul sera de garde un des quatre jours, tant la nuit que le jour.

« Et pour commander à ceux de la garde, sera choisi quatre bourgeois fidèles au service du Roi et bien de la ville, lesquels seront sous lesdits consuls, pour commander en leurs gardes, tant la nuit que le jour.

« Le consul qui entrera en garde, sera tenu de départir ses hommes en trois, et les départira par sort, savoir est : l'une partie pour être en garde à la porte de Veyries, qui posera ses sentinelles, puis lad. porte jusques à...... L'autre partie sera mise à la porte N. D. et posera ses sentinelles depuis lad. porte jusques......

« Outre ce, envoyera au château les sentinelles habitant la ville, comme ils ont accoutumé de faire.

_____

(1) Il y avait vers cette époque, à Casteljaloux, une garnison de soldats et une garde bourgeoise, comme le prouve une jurade du 20 mai 1591, où se trouve l'exposé d'une altercation entre les soldats de la garnison de la ville et la garde bourgeoise, sur le partage du bois pour les corps de garde. Il fut arrêté que ce bois serait tenu en magasin, sans que les soldats ou gardes en pussent prendre. C'est un capitaine Cazade qui se trouvait alors sergent-major à Casteljaloux. Il mourut en 1593 et Favas ayant proposé, pour le remplacer, le capitaine Sango, éprouva un refus de la part de nos jurats, cette charge étant supprimée. Plus tard et le 27 mai 1595, on voit néanmoins le gouverneur exiger la somme de 50 livres par mois, pour les gages du sergent-major.

« Et à cette fin que cette garde soit bien faite et observée, lesdits bourgeois et habitants qui seront de garde, seront tenus de porter leurs armes, comme arquebuses et autres, et s'ils sont malades, ou qu'ils soient empêchés pour quelques grandes affaires, ou à cause de l'âge, telles personnes seront tenues d'y envoyer des hommes qui ayent armes et qui s'en puissent aider.

« Pareillement, ceux qui doivent faire les sentinelles, seront postés sur la muraille, auparavant que la porte ne soit fermée, et celui qui commande sous le consul, aura cette charge, comme de faire pourvoir le corps de garde de ce qu'ils auront besoin, tant bois que chandelle.

« Chaque consul sera tenu, lors de sa garde, de faire fournir le corps de garde de soldats pour faire la ronde.

« Et d'autant qu'il pourrait advenir que aucunes des sentinelles de la ville seront malades, ou qu'ils pourront mourir, ou que leurs femmes, pour être pauvres, ne pourraient satisfaire à leur garde, pour cette considération, on fera venir, chaque soir, vingt sentinelles des paroisses que nous avons ci-devant arrêté, et pour cet effet, en sera fait le dénombrement et en avertir lesdites paroisses, six jours plus tôt (I).

« Et d'autant que toutes personnes ne sont volontaires de s'acquitter de leur charge et de obéir, si la rigueur et contrainte ne leur y fait venir, pour cette raison, les bourgeois qui défaudront de se trouver à leur garde, lorsqu'ils en seront, et qui n'apporteront leurs armes, comme dit est (II), le consul qui sera de garde donnera les défaillants par écrit et signé de sa main, au sergent et caporal des compagnies, lesquels, avec le tambour et

---

(I) Nous n'avons pas trouvé ce dénombrement et la liste de ces paroisses, lesquelles ne pouvaient être que celles voisines de notre ville.

(II) Un arrêté du corps de ville, du 14 août 1589, avait chargé les consuls de « visiter ceux qui avaient des arquebuses, et de contraindre ceux qui auraient moyen, d'en acheter, pour la tuition et garde de la ville.

valet des consuls, s'en iront à la maison du défaillant et le gaigeront (1) pour la première fois, duquel gaige ils tireront la somme de quinze sols tournois, qui seront employés au profit des autres soldats qui auront fait la garde. — La seconde fois payeront les défaillants pareille somme. — La troisième fois payeront aussi pareille somme et seront mis en prison pour huit jours.

« Les sentinelles défaillantes, tant de la ville que des champs, payeront cinq sols, chaque fois qu'elles défauldront, lesquels défauts seront donnés au profit de celui qui commande sous le consul, lequel pareillement, pour l'affectionner à son devoir, sera exempt de toutes impositions pour le temps qu'il aura cette charge.

« Les capitaines entreront en garde de trois en trois nuits, et mettront leurs soldats, par sort, aux ravelin, moulin et château.

« Et pour mieux s'acquitter de leur charge qu'ils n'ont fait, il y aura un capitaine ou membre de garde, lequel sera tenu de faire trois rondes, savoir est : l'une à dix heures, l'autre à une heure, et l'autre une heure avant le jour ; et pour savoir s'il aura fait son devoir, donnera au corps de Veyries un billet chaque fois qu'il fera sa ronde, et, s'ils défaillent, payeront pour la première, seconde et troisième fois, un écu chaque fois, et seront exécutés par le consul, avec le chaperon sur le col.

« Si le soldat deffault à la garde, ou qu'il n'en aye quelqu'un à sa place, sera mis en prison et pour la première fois y demeurera trois jours ; pour la seconde fois, huit ; pour la troisième fois, dégradé des armes et chassé de la ville.

« Aussi ne sera permis à aucun soldat de la compagnie de coucher la nuit hors de la ville, sans congé de son capitaine, et où il le ferait, sera mis pour la première fois en prison pour huit jours ; pour la seconde fois, dégradé des armes et chassé.

---

(1) *gaiger* signifiait *condamner à une amende.*

« S'il y a aucun soldat qui fréquente des ennemis du Roi, ni qui parle à eux, sera chassé de la ville.

« Et où il adviendrait une alarme, le capitaine Castaing et sa compagnie courra à cette alarme, à la porte de Veyries et au château, et de là il garnira les murs, depuis lad. porte de Veyries jusqu'à la porte de Notre-Dame, mettant son lieutenant à une porte et lui à l'autre.

« Le capitaine Léglise, à lad. alarme, courra à St-Raphaël, avec sa compagnie, et armera les murs, depuis lad. porte jusques à Maguebeuf et à la maison d'Andieulx, mettra son lieutenant à un lieu et lui demeurera à lad. porte.

« Les consuls assembleront à la ville tous les bourgeois et habitants, et deux desdits consuls, avec leurs escadres, iront aux portes, savoir est : un à Veyries et l'autre à St-Raphaël, et l'autre à Notre-Dame, avec son escadre. Le quatrième demeurera à la halle et fera faire les barricades aux lieux où le consul le montrera.

« Lorsque lad. alarme adviendra, toutes les fenêtres seront garnies de lumières, et la maison qui ne l'aura fait sera notée et le maître ou la maîtresse d'icelle condamné à deux écus sol d'amende.

« Seront montrés les lieux où les barricades doivent être faites et disputées. » (1)

Bien qu'investi du gouvernement du haut Albret, Favas garda le commandement particulier de la ville de Casteljaloux, ainsi que l'observation en a été faite déjà, et il y reparut, pour peu de temps à la vérité, vers la fin de 1591, ou dans les premiers jours de l'année suivante, car dès le dernier jour de février 1592, il convoqua au château les consuls et les jurats,

---

(1) Ce dernier règlement se trouve revêtu des signatures de Fabas, des consuls Lagos, Léglise, Labadie et Tiercelin, de Bordes, lieutenant (du sénéchal), et des jurats Moncaubet, Lussac, P. Bérauld, du Solier, Sauvage, Margeon, Augier, Lactorrège, Ducastaing, autre Ducastaing et Cazaulx.

ainsi que MM. de Bacoue et de Bordes, lieutenants du sénéchal, pour leur annoncer « qu'il allait de nouveau s'absenter pendant deux ou trois mois, le service du Roi l'exigeant ; qu'il avait l'intention d'amener les gens d'armes et partie des arquebusiers de la ville, ce qui allait affaiblir la garnison d'icelle. » Afin d'y rémédier, la jurade arrêta que « les habitants des paroisses circonvoisines et taillables au rôle de la ville, seraient appelés pour venir faire la garde. » A cette même époque, le château ayant été reconnu *trop faible et en danger d'être surpris*, Madame, sœur du Roi et gouvernante de ses seigneuries méridionales, ordonna qu'il serait réparé et fortifié, accordant à cet effet, un mandement de la somme de cent écus sur M. de Lavay, son trésorier. A cette première somme, nos jurats en ajoutèrent une pareille, prise sur l'argent des petites murailles.

M. de Favas n'avait pas encore quitté Casteljaloux, le 8 mars 1592; mais ce même jour, il *pressait son départ* et il était question *de lui avancer de l'argent* pour son expédition. Le capitaine Brocas, de son côté, fit à la ville un prêt dont nous ignorons le chiffre.

Ce départ du capitaine Fabas coïncide avec ce passage de la chronique Pérès :

« Levèze fut assiégé par M. de Fabas, où commandait le capitaine Santo, le 10 avril 1592, assisté des régiments de Laroche, Panjas et Manciet et deux compagnies de Clairac, avec ceux de Nérac, qui faisaient trois compagnies. Mais ledit sieur fut contraint de lever le siège, tant à cause des grandes pluyes qu'il fit pendant led. siège que du secours qui arriva audit Santo et suivirent led. sieur de Fabas jusqu'à Barbaste, où ils prirent 30 ou 35 chevaux d'attelage. C'étaient Lau, Montespan, Monluc (1) et Réaup, ennemis ligueurs.

---

(1) Il s'agit ici de Charles de Monluc, petit-fils du maréchal de Monluc, et qui, postérieurement à cette expédition de Levèze, ne tarda guère à se dé-

Le 24 juin 1592, on retrouve le capitaine Favas exposant à notre jurade « qu'il était urgent de fortifier le château, pour obvier que l'ennemi ne pût y entrer ; que le mieux serait d'ouvrir un grand fossé tout à l'entour, dépense évaluée à la somme de 1000 à 1200 écus sol ; et que cette mesure remédierait au grand dommage et ruine du pays ; que toutefois et pour épargner de si grands frais, il était d'avis de construire une palissade à l'entour du château. » C'est à ce dernier parti que l'on s'arrêta. La palissade fut ordonnée et il fut dit que les juridictions de Bouglon, de Labastide, de Villefranche et de Fargues y contribueraient, avec celle de Casteljaloux. A cette époque, une peste s'était manifestée dans le Bazadais et des enfants ainsi que des domestiques étant morts *au bourdieu* du capitaine Castaing, les consuls annoncèrent, ce même jour 24 juin 1592, qu'ils venaient d'envoyer quérir un chirurgien de Caumont, pour vérifier si ces diverses personnes avaient péri par suite de cette contagion.

M. de Favas dut repartir de Casteljaloux quelque temps après, car il se trouvait absent de notre ville lors d'une querelle qui troubla fort la jurade, en septembre suivant. Le capitaine Castaing faisant sa charge de commander la garde, en exécution du règlement de Favas, le bourgeois Brostaret refusa de la monter, et le sieur Arnaud de Brocas, intervenant dans cette querelle, dit au capitaine Castaing, *qu'il n'était point de sa puissance de l'y contraindre*. Il est à présumer que ce capitaine répondit à ces paroles avec quelque violence. Les choses en vinrent au point qu'Arnaud de Brocas l'appela en duel. Mais Castaing prétendit ultérieurement s'être rendu *sur le pré* et y avoir attendu vainement son adversaire, pendant deux heures, tandis que celui-ci

---

clarer pour le Roi, qui le fit sénéchal d'Agenais. Charles de Monluc fut tué, le 16 mai 1596, au siège d'Ardres, en Picardie, d'un coup d'arquebuse, *regardant d'en haut, le corps tout découvert*. Il fut inhumé dans l'église des Cordeliers d'Agen, où l'on a pris souvent son tombeau, pour celui du maréchal, son aïeul. Il avait épousé Marguerite de Balagnier, dame de Montsalèz, de laquelle il n'eut qu'une fille.

reprochait, au contraire, au capitaine Castaing, d'avoir manqué à ce rendez-vous. Nos jurats prirent le parti de Castaing et décidèrent que Brocas garderait prison jusques au retour de M. de Favas. Cet arrêté est du 18 septembre 1592. Nous avons tout lieu de croire que le capitaine Favas réussit ultérieurement à les réconcilier.

C'est durant ce même mois de septembre 1592, que le maréchal de Matignon, qui venait d'enlever Villandraud aux ligueurs, passa par Casteljaloux avec son armée, comme il l'avait déjà fait en mars 1591 (1). Tous ces mouvements de troupes étaient nécessités par les désordres du Condomois et de l'Armagnac, où la Ligue dominait. D'un autre côté, nous savons déjà les courses et les brigandages des ligueurs de Marmande, le baron de Castelnau qui les commandait, ayant refusé de signer une *trêve de labourage* (II); vers la même époque, M. de Pussac, l'un de nos

---

(1) Les actes des jurats de Casteljaloux renferment quelques particularités à ce sujet :

Jurade du 26 mars 1591. Avis que M. le maréchal doit passer avec ses troupes, cejourd'hui en cette ville. M. de Fabas a écrit aux consuls d'apprêter un tonneau de vin et 1100 pains pour leur donner collation, « afin qu'elles n'arrêtent ici ni aux paroisses de cette juridiction, et ce fesant éviter le dommage et ruine que lesd. troupes y apporteraient en y séjournant. » La jurade adopte cette proposition.

Autre jurade, du même jour. « Les consuls remontrent que M. le Maréchal étant parti de cette ville et un peu loin d'icelle, en chemin, leur a mandé par le capitaine Lafontainerie, sans aucune lettre, lui envoyer les onze paires de bœufs de l'attelage du canon qui fut laissé en lad. ville, et sans assurance du payement de la dépense. » Décidé que l'on prendra l'avis de M. de Fabas, dont la réponse, arrivée le 1er avril, fut qu'il ne fallait pas délivrer les bœufs sans payement ou assurance de la dépense (*).

13 avril 1591. Les consuls exposent que le 12 au soir, le canon du maréchal, en arrivant en ville, avait roulé et cassé la jambe à un pauvre homme de Nérac, que l'on avait mis à l'hôpital. Ils ajoutent que M. de Matignon étant à Condom, avait accordé au capitaine Sauvaige le paiement de la dépense des bœufs de l'attelage du canon.

(*) Dans cette même assemblée, du 1er avril 1591, on apprit que M. du Sendat avait obtenu l'installation d'un marché, en sa terre du Sendat, le jeudi de chaque semaine, ce qui, au sentiment des consuls, était fort préjudiciable à la ville. Le conseil des jurats décida que cette affaire serait consultée. Mais ultérieurement, on n'en parle plus.

(II) L'excès des maux de cette triste époque et la nécessité d'avoir des vi-

jurats, refusa de se charger d'une mission, pour Bazas, *à cause des voleurs;* enfin, la peste, se joignant aux bandits et aux gens de guerre, désolait le pays, et dès le 24 octobre 1592, nos jurats se virent également dans la nécessité de prendre des mesures contre la *famine qui s'apprêtait presque* (textuel). Dans ces temps désastreux, le marché de Casteljaloux se tenait au lieu appelé *le Sabla*, où l'on avait construit des cabanes pour les marchands (1).

Les mêmes calamités pesant sur toute la Gascogne, on reçut à Casteljaloux, le 24 décembre 1593, une lettre de M. de Fontenille, gouverneur de Lectoure, annonçant qu'il devait se faire, dans cette dernière ville, une assemblée pour prolonger et consolider une trêve qui venait de se conclure entre les deux partis et pour aviser au grand soulagement du pauvre peuple. Mais notre jurade, avant de prendre une décision à cet égard, déclara qu'il faudrait s'informer si le gouverneur de Marmande consentait à intervenir dans ces négociations, et il paraît que le baron de Castelnau s'obstina dans ses refus. Néanmoins, M. de Mazelières, député des villes de Nérac et de Casteljaloux, assista à la trêve qui fut conclue, le 5 février 1594, à Lavit en Lomagne, entre diverses communautés et dont les principales dispositions regardent le labourage et l'agriculture. On peut prendre connaissance de ce document plein d'intérêt, à la mairie de Casteljaloux. C'est sans doute la seule copie qui s'en soit conservée.

Le 22 mars d'après, Henri IV fit son entrée dans Paris, le ca-

---

vres, forcèrent souvent les deux partis à contracter ces trêves « pour le labourage et la récolte, ainsi que pour le bétail gros et menu, sans y comprendre les gens de guerre et les commerçants. » (Hist. génér. de Languedoc, to. v, *passim.*)

(1) Jurade du 9 novembre 1592. Jean Priù ayant annoncé l'intention de rompre et d'abbattre les cabanes faites par les marchands, *au Sabla*, où se tient le marché, il est ordonné que l'on continuera de tenir le marché audit lieu, que s'il résiste, il sera menacé de montrer son titre ; et que s'il rompt les cabanes, il sera mis en prison.

pitaine Favas ayant été chargé par Saint-Luc, de la garde de la Porte-Neuve; que leur livra Brissac; et il nous est permis de penser que le gouverneur de Casteljaloux, ne se tint pas à ce poste, sans quelques-uns de ces gens d'armes et de ces arquebusiers qu'il tirait de nos murs et qui le suivaient dans toutes ses expéditions. Mais nos contrées n'obtinrent pas un grand soulagement de ce beau succès, non plus que de la trêve de Lavit. Le parlement de Bordeaux fut obligé, en juin 1594, de rendre un arrêt *contre les voleurs et exacteurs qui pillaient les bestiaux et enlevaient des prisonniers.* Les communautés d'habitants reçurent l'autorisation *de leur courir sus et de les tailler en pièces.* En conséquence, une assemblée nouvelle ayant été convoquée, à Nérac, puis à Mézin, plus tard à Condom, et de rechef à Nérac, *pour aviser à la tyrannie que les perturbateurs du repos de ce pays exerçaient en tous lieux,* les députés des différentes communes de la Gascogne arrêtèrent, dans cette dernière ville, en juillet 1594, qu'il serait levé par elles 3,600 hommes de pied avec un corps de cavalerie, *pour reffrener les pilleries et exactions faites par les ennemis du Roi et les rebelles à ses édits et ordonnances.* — M. de Lacorrège représenta notre ville dans cette assemblée.

Outre ces désordres généraux, la ville de Casteljaloux eut bien d'autres soins à prendre en son particulier. Au premier rang de ses préoccupations, figure celle de la conservation de ses franchises, notamment de l'exemption du logement des gens de guerre, et des impositions extraordinaires. Le 21 novembre 1590, on voit le consul Béraud, remettre, en jurade, les titres de la ville, qui avaient été confiés à feu Jehan Quissarme, allant en cour, pour obtenir la continuation de ces exemptions et privilèges ; le procès-verbal constate également que le même magistrat exhiba la dépêche obtenue du Roi et contenant cette confirmation. Mais les gens de guerre n'en tenant nul compte, le corps de ville en référa à Catherine de Bourbon, sœur unique du Roi et qui le représentait dans nos contrées. Madame fit une réponse favorable, que dédaignèrent le maréchal de Matignon, Borrau, sénéchal de Bazas, et Roquetaillé, sénéchal d'Albret. Alors la jurade décida, le 6 mars 1592, qu'on s'en plaindrait de nouveau à cette régente et qu'on lui enverrait un exprès, pour lui annoncer le peu de cas que l'on avait fait de ses lettres. Il est à présumer que la princesse donna de nouveaux ordres, car, à la jurade du 29 du même mois, nos consuls annoncèrent « qu'ils avaient envoyé le paquet de Madame au Maréchal, que celui-ci n'avait voulu rendre aucune réponse, et que même il avait menacé le messager de coups de bâton ; » à raison de quoi, il fut ordonné que l'on transmettrait à Nérac l'avis de ce refus et de cette violence. Puis, nos jurats ayant appris, le 18 octobre 1592, que Catherine de Bourbon venait de quitter le Béarn, il fut ordonné que les consuls iraient au devant de cette princesse, afin de lui présenter *leurs hommages et protestation de l'affection des habitants à son service ;* « et comme le pays éprouve des impositions et des pertes notables, ajoute le procès-verbal, on convoquera les bastilles, afin d'envoyer au roi une députation pour lui remontrer tout ce dessus et avoir confirmation de nos privilèges.... »

Dans les mémoires qui furent dressés, à cette occasion, c'est principalement des empiétements du sénéchal de Bazadais, en Albret, au sujet de la justice, que se plaignaient les consuls et officiers de Casteljaloux, tout en reprochant à Roquetaillade, sénéchal d'Albret, une coupable négligence à ce sujet. Henri IV accorda la confirmation des droits et privilèges du duché d'Albret, par lettres signées à Folembrai, le 23 janvier 1593, et enregistrées au parlement de Bordeaux, le 5 avril suivant. On y lit que le Roi avait fait naguère le délaissement de ce duché, à sa sœur unique, Catherine de Bourbon. Cette princesse se dit même duchesse d'Albret et comtesse d'Armagnac, dans la lettre qu'elle écrivit, le 28 novembre précédent, aux consuls et officiers de Casteljaloux et de Castelmoron, pour leur annoncer que cette confirmation ne tarderait pas à être rendue. Plus tard, lorsque l'Albret fut réuni à la Couronne, ceux de Bazas essayèrent de faire rentrer Casteljaloux et Castelmoron dans leur juridiction. Mais les deux sièges furent conservés, comme sièges royaux.

Nous allons poursuivre l'exposé des soins particuliers qu'eurent à prendre, vers la même époque, nos administrateurs.

Au mois d'août 1594, il fut construit un moulin à poudre, sous la direction du capitaine Béraud. — La paroisse de Poussignac refusant de payer le bois des corps de garde, le consul Dulaur fit arrêter prisonniers, pour les y contraindre, Peys, Dulaur et Vincent de Lamarque, consuls de Poussignac.

En décembre 1594, la ville eut un procès à soutenir contre M. du Sendat, touchant le bâtiment de la citadelle fait sur la porte de Veyries. Il ne faut pas oublier que M. du Sendat possédait dès cette époque la maison de Rimbez, attenant à cette porte. (v. chap. 1er, p. 12). Pour ne pas interrompre le récit d'évènements plus graves, nous n'avons pas parlé en son lieu, d'un autre procès entre notre ville et M. du Sendat, touchant la *dixme* de Cantiran et de St-Martin de Guerguil. « On tâchera, dit la jurade du 7 août 1589, d'avoir l'argent de la taxe des dépens de Bordeaux, s'il est possible, et led. sieur du Sendat quittera les 200 écus par lui demandés à la maison de St-Nicolas.... »

En avril 1595, la disette fut telle que, d'après un acte de jurade du 27 de ce mois, *le pauvre peuple était en danger de périr de faim.* — Le 3 mai suivant, le corps de ville chargea des députés d'acheter du blé à M. de Buzet.

Vers la fin de mai 1596, une inondation terrible, qui provenait d'une pluie diluvienne, occasionna plus de mal à nos fossés de ville et à nos murailles que n'en eut pu faire l'ennemi. M. de Matignon passant par Bazas, le 11 juin d'après, on lui dépêcha M. du Solier, consul, lequel accompagna M. de Favas, auprès du gouverneur de Guienne, pour lui exposer cet état de choses. Sur le rapport qu'ils firent de ce voyage et de l'avis de Matignon, les jurats arrêtèrent que pour réparer ce désastre, il serait fait un emprunt de 500 écus sol ; et comme il fallait aussi se mettre en mesure d'opérer la restitution de cette somme, on convoqua, dans Casteljaloux, les bastilles et paroisses de la juridiction, au 16 du même mois de juin. Antagnac s'y fit représenter par Jehandot de Latapy et Etienne Depau ; Ruffiac, par Destenave ; St-Martin, par Peys de Bugadet et Pechon Barrère ; Le Tren, par Jacmet Lagüe ; Feülies (Heulies), par Bertrend Yon et Jehan de Lapeyre ; Pindères, par Jehan de Cazemaiou ; Allons, par Peys de Laurenci ; St-Gervais, par Jehandot de Lespiault...... Quant à Poussignac, Bolloc, Couthures, Beauziac, Foueilhés (Honeillés), Jautan, Ste-Pompogne, Saumejan, Gouts, Lubans et Arriet, nul ne se présenta pour ces diverses paroisses, et les autres députés se bornèrent, d'ailleurs, à dire qu'ils communiqueraient la proposition à leurs commettants et rendraient réponse, le vendredi d'après. Cette réponse ne se retrouve pas dans nos registres municipaux. On voit seulement que, le 23 du même mois de juin, Berthomieu de Labadie, consul de Labastide, et les consuls de Villefranche, refusèrent leur contribution, (Villefranche et Labastide formaient, chacune, une juridiction séparée). Notre ville voulait aliéner, dans cette occasion, les dîmes de St-Martin de Guerguil et de St-Jehan de Cantiran. Mais on vient de voir qu'on était en procès, à leur sujet, avec le baron du Sendat. Il fallut renoncer à cet expédient..... Quant à l'emprunt, on prit, le 26 juillet 1596, d'un sieur Dulong de Herbecourte, une somme de 300 écus sol, qu'il prêta aux consuls du Solier et Pomeyrol, à l'intérêt de dix pour cent, *(lequel il retint devers soi, montant la somme de 30 écus);* et, soudain, l'on traita de ces réparations avec Guinot Pradey, maçon de Clairac, à raison de trente sols par jour, pour le maître, et de quinze sols pour les autres, *vivant à leurs dépens.* Des bourgeois furent commis à la direction de ces travaux.

En avril 1597, on recommanda, de plus fort, de veiller à la

garde de la ville, *pour obvier à l'incursion des Espagnols et autres ennemis ;* et comme la garde bourgeoise paraissait insuffisante, on *gagea* un certain nombre de soldats. Ces appréhensions s'aggravèrent, le 28 du même mois, sur le rapport d'un nommé Dubreuil, habitant de Casteljaloux, et qui revenant de La Réole, déclara y avoir reçu l'assurance que les ennemis du Roi avaient projeté une entreprise sur notre ville. A cette nouvelle, nos jurats décidèrent « qu'il n'y aurait qu'une porte d'ouverte, à laquelle se tiendraient les soldats gagés ; qu'on placerait à la seconde porte, un corps de garde composé de six bourgeois, sous les ordres d'un consul, en attendant le retour de M. de Favas, et qu'il n'entrerait aucune charrette chargée de bois ni de charbon.» De son côté, M. de Favas écrivit à nos consuls, le 1ᵉʳ mai suivant (1597), « qu'il était averti que ceux de Marmande conspiraient contre eux et qu'il leur recommandait surtout d'aviser de près à l'entrée des charrettes. » C'est qu'au moyen d'une charrette conduite par des soldats déguisés en paysans, Porto Carrero venait de surprendre la ville d'Amiens, le 10 mars précédent. Aussi le nommé Galebrun ayant été vu sur les murailles, au fort de ces terreurs, il fut décidé qu'on lui ferait son procès, pour cause de trahison, et l'on défendit aux habitants, sous peine de la vie, de monter sur les remparts de jour comme de nuit.

Bientôt une nouvelle bien plus terrible, mais heureusement démentie presque aussitôt, vint mettre le comble à ces troubles. Le capitaine Favas écrivit, le 28 août, que le Roi avait péri devant Amiens. *En attendant la certitude ou incertitude de cet avis*, la jurade redoubla de surveillance. Mais au lieu d'être tué devant Amiens, Henri IV reprit cette place sur les Espagnols, le 25 septembre suivant.

Enfin, nos lecteurs vont reconnaître dans la jurade du 14 octobre 1597, combien se trouvaient peu efficaces, les ligues des communautés et les arrêts du parlement, contre les brigandages des gens de guerre.

« Remontré que le capitaine Rognac marche avec sa compagnie par les paroisses circonvoisines, ruinant le pays, et que pour le faire bouger hors icelles, ils lui ont écrit une lettre à laquelle il n'a point fait réponse. Il a été aussi rapporté trois billets écrits par ledit capitaine, ou son lieutenant, aux paroisses de Allons, Goutz, Lubans et autres lieux, pour les aller trouver; autrement mandent qu'ils les iront trouver pour y loger....

« Arrêté que MM. les consuls accompagneront tous les habitants de cette ville aptes à porter les armes, pour y aller avec eux et porteront la commission jadis obtenue de feu M. le Maréchal. D'avantage avertiront toutes les paroisses circonvoisines de la juridiction, se trouver à Pindères, demain bon matin, et que la troupe de cette ville les ira trouver audit lieu, avec deux grosses pièces de la ville et munitions, pour le forcer et à leurs barricades aussi, et les ayant pris, les conduiront en cette ville, et leur feront faire le procès, et puis après les conduire en la cour de parlement de Bordeaux. »

Comme nos jurades se taisent sur les particularités ainsi que sur les résultats de cette expédition, et qu'il n'y est plus question du capitaine Rognac, tout porte à croire qu'on réussit à le prendre ou à le chasser du bailliage de Casteljaloux.

Le 21 novembre 1597, le consul Lagos annonça aux jurats de notre ville que M. de Labat, premier consul de Condom, lui avait donné avis « qu'ils étaient en volonté de faire confédération avec toutes les villes circonvoisines, afin de soi garantir de l'incursion et pillerie qui se faisaient par les compagnies qui s'assemblaient par le pays. » Le corps de notre ville s'empressa d'adhérer à cette proposition. Mais, enfin! le 6 juillet 1598, on reçut à Casteljaloux une lettre de M. de Favas, annonçant la conclusion de la paix.

ÉDIT DE NANTES. — La paix et l'édit accordé par le Roi aux religionnaires, ses anciens compagnons d'armes, ne mirent pas un terme immédiat aux malheurs de nos contrées. La peste y continua ses ravages durant quelque temps encore, et quant aux brigandages des gens de guerre, il fallut toute la rigueur des édits de Henri IV, pour en délivrer le pays.

Sur ces entrefaites, une vieille querelle s'était ravivée au sein du conseil des jurats de Casteljaloux, au sujet des élections consulaires.

En décembre 1590, trois membres de cette assemblée ayant cessé de vivre, il fut question de les remplacer. Les catholiques firent observer que se trouvant les moins nombreux, il convenait de nommer deux jurats de leur religion, et le troisième de l'église réformée, pour rétablir l'équilibre. Ils alléguaient, de plus, qu'il était d'usage d'élire, annuellement, deux consuls catholiques et deux protestants. Les autres répondaient que les jurats décédés se trouvaient de leur religion, et le premier consul déclara que l'élection se ferait à la pluralité des voix. En ce qui concerne les consuls, il fut prétendu, le 31 décembre même année, que suivant la coutume ancienne, il devait y avoir trois consuls de l'église réformée et un seul catholique; ce qui semble contrarié par ce qui se passa, dans notre ville, à la nouvelle de la St-Barthélemy, époque où Casteljaloux avait deux consuls catholiques et deux de la religion prétendue réformée. Du reste, les religionnaires, qui avaient la majorité dans l'assemblée, ne manquaient pas de se renfermer dans l'ancien principe, qui voulait que les élections, soit de jurats, soit de consuls, eussent lieu à la pluralité des voix, en telle sorte que la nomination d'un seul consul catholique paraissait être une concession de leur part.

En 1597, les consuls revinrent à la charge, et l'assemblée ayant persisté à faire les élections consulaires, à la pluralité des suffrages, et sans acception de religion, il y eut appel de cette décision. Le 3 juin 1598, MM. de Léglise, Labadie et Roy, consuls protestants, exposèrent aux conseils des jurats, que « le syndic des catholiques avait assemblé tout le commun peuple catholique en l'église de St-Raphaël, pour aviser à ce procès ; la jurade, de son côté, se mit en mesure de se défendre, et elle eut soin de faire recommander sa cause par M. de Favas, qui se trouvait, à cette époque, à Paris.

Ce procès durait encore au grand conseil, lors des élections de 1599 et de 1600; nous en ignorons même l'issue. Mais le consulat resta mi-parti, à l'instar des chambres de justice créées par l'Édit de Nantes.

C'est au mois de février 1604, que mourut Catherine de Bourbon, sœur unique du Roi, duchesse de Bar et d'Albret et baronne de Casteljaloux. Son frère, comme la France ne le sait que trop, périt, le 14 mai 1610, sous le couteau de Ravaillac. Nous avons donné, en son temps, la délibération que prirent nos jurats à la réception de la nouvelle de la St-Barthélemy. Celle qu'ils arrêtèrent, en apprenant la mort de Henri IV, n'indique pas moins de trouble et même de terreur.

« Du 19 mai 1610...... Par lesd. sieurs consuls, y est-il dit, a esté proposé la triste et déplorable nouvelle qui court et qui nous a esté mandée par le seigneur de Fabas, notre gouverneur, de l'assassinat et meurtre de nostre Roy, *par un Espaignol;* sur quoi lecture faicte de la lettre dud. sieur de Fabas, a esté arresté qu'on fortifiera et augmentera la garnison au chasteau et qu'on mettra gens aux rebelins.

Ainsi, la France ne put croire, au premier moment, que ce crime à jamais exécrable fut l'œuvre d'un français, et, d'autre part, nos aïeux sentirent bien qu'avec leur bon roi, la paix allait aussi disparaître !... Le règne suivant justifia ces appréhensions.

CHAPITRE 8ᵉ.

Faits divers survenus sous les règnes de Louis XIII et de Louis XIV, jusqu'à la fin des guerres civiles.

I. *Louis XIII, roi de France, duc d'Albret et 14ᵉ baron de Casteljaloux.* — PREMIERS TROUBLES.

Nous venons de faire connaître, dans les dernières lignes du chapitre précédent, les craintes que la nouvelle de la mort du dernier roi avait fait naître dans Casteljaloux. Il en fut de même à Nérac et à peu près en tous lieux. Partout, aussi, l'on arma les murailles et l'on ferma les portes des villes. Ceux de la religion prétendue réformée, principalement, bien que mécontents de Henri IV, qu'ils avaient accusé d'ingratitude, sentirent cruellement sa perte. Ils s'agitèrent, firent des assemblées, et nous ne doutons pas que ce ne soit à cette cause que l'on dut celle qui nous est révélée par la lettre suivante adressée aux consuls de Casteljaloux et dont l'autographe s'est conservée dans nos archives :

« Messieurs, vous sçavez que nous avons l'assemblée en votre ville au 18ᵉ de ce moys, laquelle sera grande ; et partant il est besoing de pourvoir à leur logement et traitement, et pour cest effet, je vous prie de comander aux hostes de faire provision de vivres, afin que ces messieurs soient bien traités, qu'ils fassent accomoder leurs chambres, le mieux qu'ils pourront. Il faudra dispercer les hosteleries par colloques, scelon que vous jugerés estre le plus à propos, et en pourrés conférer avec M. Duluc ; par ce moien vous esviterés le désordre qui se trouve par les autres villes ; et outre cela il faudra faire ung rôle de tous les logis de la ville, pour loger les principaux de l'assemblée et autres qui ne pourraient estre accomodés aux hosteleries, lequel rôle pour suivre la coustume, sera donné audit sieur Duluc, parce que c'est une assemblée ecclésiastique ; ou bien ung de vous en prendra la charge. — Cependant je demeure,

« Messieurs,
« Votre serviteur bien affectionné.
« S. Fabas, — 10 oct. 1610. »

Cet écrit est-il du capitaine Favas, ou de son fils?.... Voici d'où proviennent nos doutes :

Le 7 octobre 1610, trois jours par conséquent avant la lettre que nous venons de transcrire, Jean de Favas, gentilhomme ordinaire de la chambre du Roi, capitaine de 50 hommes d'armes de ses ordonnances et maréchal des camps et armées de Sa Majesté, étant dans son château de Castets, en Dorte, résigna, par acte notarié, l'état de gouverneur de la ville et château de Casteljaloux et du duché d'Albret, en faveur de Jean de Favas, son fils, seigneur de Camyran. Mais le brevet restreint au gouvernement de la ville et château de Casteljaloux, ne fut accordé à celui-ci, par Louis XIII, la reine régente, sa mère, présente, que le dernier jour de décembre 1610. — D'autres lettres patentes, à la date du dernier jour d'avril 1611, confirmèrent le père dans le gouvernement du haut Albret. Ce vaillant capitaine mourut entre le 25 août et le 4 décembre 1614, digne des regrets de ses compagnons d'armes et de ses co-religionnaires.

Jean de Favas, son fils, n'a pas laissé une réputation aussi honorable, ayant mérité, au contraire, par ses actes pour le moins passionnés, que le duc de Bouillon le traitât de *maître fou* et que le sage Mornay l'accusât de *jouer la comédie*. Il ne tint pas à ce gouverneur que la ville de Casteljaloux ne se mit en rébellion ouverte. C'est à ses menées qu'il faut attribuer une convocation de ceux de la religion, dans nos murs, pour le 1er janvier 1614, assemblée que le Roi et la chambre de l'édit, établie à Nérac, déclarèrent *illicite*, et que nos consuls reçurent l'ordre d'empêcher. Lors des troubles qu'excita, soit à Bordeaux, soit dans notre voisinage, le mariage de Louis XIII avec l'infante d'Espagne, Jean de Favas, alors vicomte de Castets, se montra le plus ardent à provoquer une prise d'armes, dans son parti, et on lui reproche même d'avoir réuni, dans Casteljaloux, un grand nombre de partisans, avec lesquels il comptait se porter sur la route de Bayonne à Bordeaux, pour enlever la nouvelle reine de France. Mais Anne d'Autriche, partie de Bayonne, le 12 novembre 1615, voyageait sous l'escorte du duc de Guise, qui menait, pour défendre cette princesse, 1,500 chevaux, 4,000 hommes de pied et 4 canons.... Favas n'osa se montrer.

Trois ans plus tard, c'est-à-dire en 1618, par suite des troubles qu'avait excités en Béarn l'édit de 1617, ordonnant le rétablissement, dans ce pays, de la religion catholique et le remplacement en biens domaniaux, des biens ecclésiastiques restitués à leurs anciens possesseurs, les Etats assemblés à Pau, provoquèrent pour le 1er mai, à Casteljaloux, une réunion des députés des trois provinces voisines du Béarn : c'étaient le haut et le bas Languedoc, ainsi que la basse Guienne. Mais le Roi, en ayant été averti, fit défenses à nos consuls de souffrir qu'il se tînt, dans leurs murs, une assemblée quelconque, sans son autorisation. En même temps, le parlement de Bordeaux et la chambre de l'édit établie à Nérac, reçurent l'ordre d'informer contre ceux qui prendraient part à cet attroupement. Aussi, lorsque les députés des églises des trois provinces parvinrent à Casteljaloux, nos consuls leur en fermèrent les portes, et la ville de Tonneins, où ces députés se présentèrent ensuite, imita l'exemple de Casteljaloux. *(Polydavant, t6. 3, p. 166. Mirasson, p. 30).* Néanmoins, Louis XIII ayant donné des lettres de jussion pour faire enregistrer son édit de 1617 au conseil souverain de Pau, le consistoire de notre ville fut du nombre de ceux qui envoyèrent des députés, pour s'opposer aux volontés du Roi.

9me *guerre de religion*. — Les troubles du Béarn produisirent une guerre de deux années, laquelle ensanglanta notamment Nérac, Caumont, Clairac, Montauban, Monheurt et Tonneins.
Favas avait promis à l'assemblée de La Rochelle (véritable comité du gouvernement des religionnaires), de retenir pendant deux mois, l'armée catholique devant Castets, pourvu qu'on lui payât sa part des indemnités votées à ceux dont les châteaux auraient souffert pour la cause des églises réformées. Grandes furent donc la suprise et l'indignation de son parti, lorsque l'on apprit la soumission, sans coup férir, non seulement du château de Castets, mais aussi de la ville de Casteljaloux, où Favas avait mis son fils, jeune homme de beaucoup d'espérance ! Néanmoins, des documents positifs, dont nous devons la communication bienveillante à feu M. Botet de Lacaze, justifient la mémoire de Favas de cette trahison. Il résulte des pièces d'un procès intenté, en 1635, par les cordeliers de Casteljaloux à quelques habitants de cette ville, que le fils et le gendre de Favas (ce dernier nommé Vicose ou Viciose), firent tous leurs efforts, en 1621, pour faire déclarer nos aïeux contre le Roi. Après avoir introduit, dans la place, un certain nombre de soldats venus de Langon et d'autres contrées voisines, M. de Vicose, en l'absence du vicomte de Castets, son beau-frère, qui s'était jeté dans Nérac, avec le baron de Monpouillan, fils du marquis de Laforce, convoqua un conseil de guerre, dans notre ville, et y fit prendre des mesures hostiles. On s'y mit en devoir de relever les fortifications ; prenant le *moulin des frères* comme ouvrage avancé, on y pratiqua des meurtrières ; l'on détruisit en partie le *moulin batant*, situé tout proche et qui ne pouvait être occupé ; on forma des terrasses en terre et gazon ; on coupa un grand nombre d'arbres qui gênaient

le système de défense ; et le tout en pure perte, car la majorité des habitants resta fidèle, et le duc de Mayenne n'eut qu'à s'approcher, pour voir venir à lui des députés chargés par nos aïeux de lui promettre obéissance. (Mercure Galant, 1621).

Le château de Caumont ayant été repris par le duc de Mayenne, sur les réformés, le 27 juin 1621, le baron d'Eymet, autre fils de Laforce, commandant dans cette place, opéra sa retraite sur Casteljaloux, sans être poursuivi. Mais on n'admit dans cette ville, que le chef et 200 des siens, armés seulement de leurs épées, sage précaution dont s'indigna le baron d'Eymet, car l'histoire l'accuse d'avoir essayé d'introduire le reste de ses troupes dans nos murs, pour en mettre les habitants à rançon. Puis, s'appercevant aux soins pris sous ses yeux, que son projet était éventé, il regagna la rive droite de la Garonne, à l'aide des renforts qu'il reçut de son père. — Nérac capitula, le 7 juillet 1621.

Le 5 août, Louis XIII, en personne, s'empara de Clairac; mais le 2 novembre d'après, il fut obligé de lever le siège de Montauban, où fut tué le duc de Mayenne. Le Roi se consola de cet affront, en forçant et inondant de sang la petite ville de Monheurt, le 12 décembre 1621.

Durant ce dernier siège, et dès le vendredi 19 novembre précédent, Bassompierre, qui y commandait, avait logé dans notre ville, les gendarmes de Luynes (mort peu de jours après au château de Longueville), « Je fus le mercredi, 24, fort pressé, dit-il, dans ses mémoires, par M. le maréchal de Roquelaure, de faire déloger la compagnie de M. le connétable, de Casteljaloux, et vis que le lieutenant nommé M. de Mesmont le désirait aussi, porté par les prières du jeune Vaillac qui en était guidon ; ou peut-être parce que ceux de Casteljaloux leur avaient promis quelque présent pour les faire déloger. Je dis à M. le Maréchal qu'il était le maître pour me commander absolument ; que pour les envoyer delà l'eau, j'y contredirais toujours, pour le péril que j'y voyais, si ce n'était qu'on les accompagnât d'infanterie, pour les y garder...." Plus tard, Bassompierre, malade par suite de l'explosion d'une pièce dont il fut renversé, se fit porter en bateau à La Réole, pour s'y faire panser. Comme il passait devant Tonneins, il vit les gendarmes de Luynes en marche pour Gontaut, leur nouveau cantonnement, d'où ils furent chassés, le soir même, par les réformés de Ste-Foy, non sans perte de quelques hommes et de tout leur bagage. Il faut lire dans les mémoires de Bassompierre les détails de cette aventure dont il reçut quelques éclaboussures, s'étant arrêté à Marmande pour y passer la nuit.

Au retour de Monheurt, Louis XIII logea dans Casteljaloux, d'où il regagna Paris, le 28 janvier 1622.

Mais la guerre n'en fut pas discontinuée ; seulement les hostilités s'éloignèrent de nous, et ce ne fut qu'au mois d'avril que le duc d'Elbeuf mena l'armée catholique devant Tonneins, qui se rendit le 4 mai. Là moururent, à deux jours de distance l'un de l'autre, le baron de Monpouillan et le vicomte de Castets, son frère d'armes, par suite des blessures qu'ils avaient reçues à la défense de cette place.

Sur ces entrefaites, Louis XIII avait reparu en Guienne, où il reprit Rohan. Son approche fit rentrer dans le devoir, la ville de Clairac qui s'était révoltée de nouveau. On démantela par l'ordre du Roi la ville de Layrac. Le fort de Sauveterre fut rasé. Nérac, Moncrabeau, Casteljaloux, Caumont perdirent leurs fortifications. En repassant devant Tonneins, avec son maître, le 30 mai 1622, Bassompierre vit cette ville *ruinée rez pied rez terre*, comme Monheurt. — La paix se fit, le 10 octobre 1622.

Si la ville de Casteljaloux sût, au surplus, résister aux imprudents qui avaient tenté de l'entraîner dans la révolte, elle ne demeura pas néanmoins exempte de désordres, et nous avons à parler maintenant d'un meurtre qui venait de s'y commettre, lors de la signature de la paix.

C'était le 18 mai 1622. Le capitaine du Soulier, qui était de la religion prétendue réformée, se trouvait sur le pont de Notre-Dame, lorsque M. de Montesquiou, baron du Sendat et co-seigneur de Montcussin, vint à passer, suivi de Guilhem dit le Basque, son valet. Ici les détails nous manquent et rien n'indique si M. du Soulier se permit par signes ou par paroles, quelque provocation envers ce gentilhomme catholique. Seulement, la tradition que semble confirmer l'arrêt rendu tant contre le maître que contre le valet, prête à celui-ci ce propos : « M. le Baron, voilà M. du Soulier qui vous fait la grimace ! » Sur quoi M. de Montesquiou aurait brûlé la cervelle au capitaine protestant. La provocation n'est pas établie, mais le meurtre n'est que trop réel. Le baron du Sendat condamné à mort par contumace, avec Guilhem le Basque, se réfugia dans le château d'Allons, où il soutint un siège contre la compagnie des gardes du gouverneur de la province de Guienne, si nous en croyons la même tradition. Néanmoins, il obtint sa grâce de Louis XIII. Mais les frais du procès criminel qu'il venait de supporter, les sommes prodiguées à ses adhérents et les indemnités qu'il lui fallut payer à la damoiselle Anne de Roussanes, veuve du capitaine du Soulier, ainsi qu'à Jean du Soulier, leur fils, joints au désordre antérieur de ses affaires, le forcèrent à se dépouiller de la plus grande partie de ses biens, et, depuis cette époque, c'est la maison de Morin que l'on trouve en possession de la baronie du Sendat (1).

---

(1) A la jurade du 15 février 1628, le sieur de Saubat, 1er consul, représenta une lettre de M. de Morin, conseiller en la chambre de l'Edit de Guienne, se plaignant de quelques troubles apportés *dans la jouissance du poids qu'il prenait dans la ville de Casteljaloux.* « Il sera fait réponse audit sieur de Morin, dit le procès-verbal, que ce corps n'a point intention de le buter en aulcune façon, et que puisqu'il doit venir, dans peu de jours, en sa maison du Sendat, on le verra pour lui assurer de vive voix de la bonne volonté de la ville. » C'est donc entre les années 1622 et 1628, que M. de Morin devint

Ces pertes ne rendirent pas M. de Montesquiou plus sage. Une autre tradition, fort accréditée, au temps de notre jeunesse, l'accusait du rapt d'une jeune bourgeoise de Casteljaloux, sur le seuil même de l'église des Cordeliers et à l'issue de la messe. On le vit aussi, dans la matinée du 12 avril 1626, se précipiter, avec un sieur Delaur et M. de Montlezun-Moncassin, seigneur de Houeillés, dans le temple de l'église réformée, le pistolet au poing, pour appuyer Bernard Descuraing, substitut du procureur du Roi, dans une querelle que celui-ci faisait à son supérieur, sur la préséance. M. du Sendat se répandit, dans cette occasion, en invectives et en menaces contre le corps de ville. Mais cette affaire fut accomodée par les soins de MM. de Madiran et de Peyrelongue (1).

10e et 11e *guerres de religion*. — Si nous avons cru devoir noter ici ces deux dernières guerres, dont la première eut lieu, de l'an 1625 à l'an 1626, et la seconde de l'an 1627 à l'an 1629, ce n'est pas que la ville de Casteljaloux y ait pris part. Les hostilités n'atteignirent que le Languedoc et les environs de La

---

propriétaire de la baronie du Sendat, d'où dépendait le fief de Rimbez, et, par suite, le poids établi au manoir de ce fief. (v. page 13).

(1) Dans l'intervalle de paix que l'on vient de parcourir, il fut procédé à l'arpentement général et au département au pied de la taille de ce que chaque paroisse devait porter, « qui est, savoir, est-il écrit dans le rapport fait en jurade, le 10 juin 1624, par Poumeyrol, consul, la présente ville, la somme de 5 liv. de simple. Belloc, pour 662 journaulx, 22 souls 8 den. pitte de pied de taille, et ce à raison de 30 liv. par journal qu'il estime valoir. Notre Dame contient 845 journ. qu'ils estiment valoir pareille somme de 30 liv. et devoir porter de simple 27 souls 6 d. St-Raphaël contient 531 journ. qu'ils estiment valoir 50 liv. et devoir porter 22 souls 1 den. obolle de pied de tailhe. Luppiac contient 664 journ. qu'ils estiment valoir 55 liv. et doit porter 34 souls 7 den. de simple. Bairac contient 817 journ. qu'ils estiment valoir 50 liv. chescun et devoir porter 34 souls 6 den. obolle de simple. Gassac, 1250 journ., 800 desquels ils estiment valoir 30 liv. et devoir porter 27 souls, et les 450 restants l'estiment valoir 30 liv. et devoir porter 4 souls 2 den. pitte de simple. Cothures contient 2,847 journ., qu'ils estiment valoir 10 liv. chescun et devoir porter de simple 26 souls 4 den. obolle. »

Rochelle, qui succomba, le 28 octobre 1628. Seulement, le marquis de Lusignan ayant combattu, non sans succès, le maréchal de Thémines, à la Crouzette, en juillet 1625, la chambre de l'édit le condamna par contumace à perdre la tête, et le duc d'Epernon, gouverneur de la province de Guienne, fit raser ses maisons, couper ses bois et arracher ses vignes, en Agenais, comme il venait de l'ordonner pour les environs de Montauban. C'est ce qu'on appelait *faire le dégât*, pour réduire ou punir les religionnaires. La ville de Casteljaloux fut obligée de fournir des manœuvres qui coopérèrent à ces tristes mesures.

En mars 1628, le duc d'Epernon ayant ordonné d'établir un magasin à Bazas et de fournir des gens de guerre, pour le service du Roi, la quote part imposée aux terres d'Albret, situées en Bazadais, dans cette contribution, fut fixée à douze quintaux de poudre, sept quintaux de plomb, six quintaux de mèches et soixante hommes armés et soudoyés pour deux mois. Afin de procéder à la répartition du tout, les députés des diverses bastilles et communautés du ressort du siège de Casteljaloux, se réunirent dans cette ville, le 3 avril 1628. On voit dans le travail qu'ils arrêtèrent à cet effet, que le quintal de poudre valait, à cette époque, 70 livres; le quintal de plomb, 12 livres; le quintal de mèches, 24 livres; un mousquet avec sa bandoulière et sa fourchette, 10 livres; et une pique, 40 sous. L'entretien d'un soldat fut porté à 6 sous par jour.

L'année d'après, nos registres municipaux nous signalent, dans Casteljaloux, un nombre effrayant de pauvres. En février 1629, on les évaluait à 365 et plus; mais, le 28 mars d'après, un recensement exact les porta à 750, et il ne faut pas croire que ce fléau nous fut particulier. Toute la Guienne souffrant de cette suite déplorable des guerres civiles, le parlement de Bordeaux s'en préoccupa. En conséquence, un arrêt rendu le 7 avril même année, prescrivit de sages mesures pour le soulagement des pauvres et convia les ecclésiastiques, les officiers de justice, les consuls et les jurats, à cette œuvre de charité. Dans notre juridiction, on prohiba, de plus, l'exportation du blé (1).

En même temps, notre jurade eut à se préserver d'une maladie pestilentielle qui ravagea notamment la ville d'Agen, en 1629, et força la chambre de l'édit de se réfugier à Bazas. Cette maladie ayant atteint également Bordeaux, les jurats de Casteljaloux établirent des gardes aux portes de la ville, pour en interdire l'entrée aux provenances des lieux infectés. La porte de St-Raphaël fut même fermée. On défendit aux hôteliers d'ouvrir leurs maisons aux étrangers ou de fournir des vivres à ces derniers, sans la permission de l'un des consuls. Les cabarets *extrà muros* furent interdits pour un mois. Chaque consul, dans son tour de surveillance, demeura autorisé à juger, avec l'assistance de quatre jurats au moins, tous les cas de police qui viendraient à se présenter (II).

En juin 1632, on fit acheter des médicaments à Toulouse. Vers cette époque, la contagion avait envahi successivement Antagnac, Bouchet et jusques à une maison que M. de Noailhan possédait *sur les sables* de Lirac. — Les villes de Nérac et de Sos se trouvaient désolées, en mai 1632.

C'est pourtant durant ces calamités que la reine, Anne d'Autriche, passa par notre ville, de retour du Languedoc, où elle avait suivi Louis XIII. M. Verneilh Puiraseau (Hist. d'Aquitaine, to. 3, p. 436) rapporte que cette princesse s'embarqua sur la Garonne, à Toulouse, avec le cardinal de Richelieu, et qu'elle descendit ainsi jusques à Cadillac, puis à Bordeaux. Nos

---

(1) A la date du 11 mai 1632, notre municipalité fournit 10 maçons et 40 manœuvres, par ordre du duc d'Epernon, *pour la démolition de Lavardac*. (v. au surplus la Monographie historique du canton de Lavardac, par M. Truant, p. 43.)

(II) En octobre 1629, il fut question de l'établissement, à Casteljaloux, d'un *griffon*, où l'on devait amener les eaux de la fontaine de *Laburedeyre (?)*. Mais ce projet ne reçut pas d'exécution.

livres de jurades prouvent que c'est là une erreur. On y voit que le 5 novembre 1632, nos consuls ayant annoncé l'arrivée prochaine de la Reine de France, le corps de ville chargea le sieur de Gueyrin, d'aller s'enquérir à Nérac, « de l'ordre qu'il fallait tenir pour la réception de cette princesse, comme aussi de voir le maréchal-de-logis, afin de savoir de lui de quelle façon il entendait faire les logements. » Il fut arrêté, dans la même séance, « qu'il serait baillé un poële de la plus belle étoffe de soye qu'il se pourrait trouver en ville et enrichi de *tabelle* (?) ou galon d'or ou d'argent, le tout suivant l'ordre que le sieur procureur du Roi mettrait, lequel la compagnie pria d'en prendre le soin. » Le 10 du même mois, les consuls de Casteljaloux exposèrent à la même compagnie « qu'ils avaient fait de grands frais à l'entrée et arrivée de la Reine en cette ville, tant à cause du logement de la Cour dans la ville, que des gens de guerre dans la juridiction, » et il fut décidé que l'on demanderait au Roi la permission de lever à cet effet un impôt au principal de 1,000 livres. Enfin, le 9 août 1633, le corps de ville alloua la somme de 21 livres au sieur Sauvage, jurat, pour le coût des flambeaux qu'il avait fournis, lors du passage de la Reine (1).

Notre ville si longtemps livrée, avec tout le pays, aux maux divers qu'entraînent la guerre, la famine et la peste, se promettait déjà de meilleurs jours, lorsque de nouveaux troubles éclatèrent. Le 14 mai 1635, le duc d'Epernon, âgé de 81 ans, eut à

---

(1) C'est dans la même année 1633, que les cordeliers de Casteljaloux firent édifier l'église qui sert aujourd'hui de chapelle à l'hôpital de notre ville et qui dut remplacer celle qu'avaient souillée les protestants de Montalinat. A cette époque, ces religieux étaient en procès avec les consuls et divers habitants, à raison des dévastations commises, en 1621, dans leur couvent, leur moulin à blé et leur moulin à draps, par les protestants qui voulaient suivre l'exemple des réformés de Nérac. Par transaction du 13 novembre 1635, ce couvent reçut une somme de 1,121 liv. en principal, qui fut employée à lambrisser la nouvelle église et à réparer ou terminer le réfectoire ainsi que le dortoir. Les cordeliers obtinrent, le 23 mai 1633, la permission de nos jurats d'étendre cette église sur une partie du fossé de ville ; ce qui ferait croire que l'église moderne est plus grande que ne le fut l'ancienne.

réprimer, l'épée à la main, une sédition occasionnée dans Bordeaux, par un impôt jeté sur le vin et d'autres denrées. Agen suivit l'exemple de Bordeaux et le contre-coup de ces deux émeutes s'étant fait ressentir dans notre ville, les consuls en convoquèrent tous les habitants au son de la cloche. M. de Brocas, lieutenant général du sénéchal, les ayant exhortés à s'abstenir de tout désordre, ils promirent, sous serment réitéré par deux fois, de se maintenir dans le service du Roi, sous l'autorité du duc d'Epernon, et de vivre en p... et concorde.... De leur côté, les officiers de justice, les con... t les jurats s'engagèrent à tenir la main à ce que rien ne s... au préjudice du peuple, soit dans la ville, soit dans la juridiction ; et, pour plus de sûreté, ils obtinrent la permission de relever les murailles de la ville, à la hauteur de deux cannes et demi (4 m. 33 c.) (1).

Mais alors survint la guerre étrangère.

Guerre contre l'Espagne. Querelle de la ville de Casteljaloux avec les Lugues. — C'est le 9 juillet 1635, que l'on publia, dans Bordeaux, à son de trompe, la déclaration de guerre contre l'Espagne. Au début des hostilités, les Espagnols passant la Bidassoa, s'emparèrent de Hendaye, et poussèrent jusqu'à St-Jean-de-Luz, qu'ils occupèrent ainsi que Cibourre et le Socoa. A cette nouvelle, la terreur fut en Guienne. Pour rassurer les peuples de son gouvernement, d'Epernon écrivit, de Nérac, en tous lieux, qu'il allait ramasser des forces et marcher à l'ennemi. Mais, on l'a

---

(1) C'est néanmoins à cette époque (juillet 1635) que remontent les premiers ordres du roi pour la démolition du château de Casteljaloux, mesure dont le duc d'Epernon trouva à propos d'ajourner l'exécution. Cette démolition fut opérée l'année d'après, d'une manière incomplète. Il résulte d'un procès-verbal de visite de l'évêque de Bazas dans notre église de St-Raphaël, du 5 novembre 1635, que S. M. avait fait don au chapitre établi par Alain d'Albret (v. p. 66) des matériaux qui proviendraient de cette démolition, pour être employés à la réédification de l'église collégiale de Notre Dame, détruite par les protestants en 1568.

déjà dit, ce duc était plus qu'octogénaire et son fils, duc de La Valette, lui fut adjoint dans sa charge, dont il obtint même dors et déjà la survivance. Après avoir réprimé une sédition en Périgord, le duc de La Valette se porta sur Espelette, au pays de Labourd.

Cette époque fut l'une des plus désastreuses pour nous. Les levées d'hommes et d'argent se succédèrent sans discontinuer. Un magasin ayant été formé au Mont-de-Marsan, pour la subsistance de l'armée française, il fallut l'approvisionner. A toute heure, nos consuls se voyaient menacés de la prison, s'ils ne satisfaisaient point, quand même, à toutes les réquisitions. En même temps, des gens de guerre insolents et cruels infestaient toutes les routes, envahissaient toutes les villes et faisaient souffrir mille avanies à tous les citoyens. A chaque mois, à chaque semaine, à chaque jour, si nous voulions être complet, nous rattacherions une vexation subie par nos consuls et par leurs administrés. Le duc de La Valette ne cessait de demander des renforts, des vivres, des munitions de guerre, de l'argent ! Denis de Noailhan, sieur de Villeneuve, lui mena, dans le mois d'avril 1637, trois compagnies de recrues. Le régiment de Guienne, l'un des corps commandés par le duc, se recrutait aussi dans la province et par suite dans notre sénéchaussée.

Les Espagnols ayant repassé la frontière, le prince de Condé, père de l'illustre duc d'Enguiem, conduisit à son tour une armée française en Espagne, où il s'empara d'Irun, du Passage, du fort du Figuier, et mit le siège devant Fontarabie. Mais ces premiers succès, suivis d'ailleurs d'un grand désastre, ne mirent point de terme à nos souffrances, qui ne firent, au contraire, que s'accroître, les besoins de l'armée devenant plus impérieux, à mesure que s'épuisaient les ressources du pays.

Et ce qui mit en particulier, dans notre ville, le comble à tant de maux, c'est la vieille querelle des *Lugues* avec le chef-lieu de la baroüie, querelle qui se ravivait à chaque demande d'argent.

Nos lecteurs savent déjà que ce nom collectif de *Lugues* désigne les paroisses des Landes comprises dans la seigneurie de Casteljaloux, mais appartenant au diocèse de Condom. Nous en avons fait l'observation ailleurs, ces paroisses se trouvaient, à cette époque, et relativement bien entendu, plus prospères qu'elles ne le sont aujourd'hui. Nous en avons indiqué pour preuve la beauté et l'ampleur de leurs églises, ainsi que la quote part qu'elles avaient à supporter dans les contributions de guerre, en proportion de la taille, sauf la disproportion qui pouvait résulter de la nobilité de certaines terres. Par exemple, prenons la somme de 994 liv. 8 s. qui fut imposée sur la sénéchaussée de Casteljaloux, en mars 1637, à raison de l'étape fournie aux régiments de Tonnerre et d'Estenan, logés à Belloc, Gassac, Moleyres, Loupiac et Beyrac. Voici dans quelle proportion la payèrent les paroisses ou juridictions qui appartiennent aujourd'hui aux deux cantons de Casteljaloux et de Houeillés. Nous n'avons pas à nous enquérir des autres.

Paroisses ou juridictions qui appartiennent aujourd'hui au canton de Casteljoloux.				Paroisses qui appartiennent aujourd'hui au canton de Houeillés.			
Casteljaloux (1)	76	8	6	Gouts	29		
Villefranche	67	12	4	Allon	29		
Bouchet	5	7	7	Sammejan	17	0	8
Le Treu	9	6	11	Fouilhés	29		
St-Gerbasi	7	19	6	Riet (ou Ariet)	3	12	6
St-Martin	28	4	2	Pindères	29		
Feulies	8	8	5	Ste-Pompogne	29		
Bauziac	1	7	11	Jautan	14	10	
Total	204	15	4	Total	181	3	2

(1) La juridiction de Casteljaloux ne contenait pas la baronie du Sendat.

Pour compléter notre démonstration, passons à l'appréciation des populations.

Le prince de Condé, par lettres datées de son camp devant Fontarabie, le 17 juillet 1638, ordonna la levée des communes et la convocation de la noblesse de Guienne, pour servir dans son armée. La sénéchaussée de Casteljaloux ayant été taxée à 300 hommes, par l'évêque d'Aire, que le Roi avait chargé de ce travail, M. de Brocas, lieutenant général, en fit la répartition, et nous y prenons ce qui suit :

Paroisses ou juridictions qui appartiennent aujourd'hui au canton de Casteljaloux.		Paroisses qui appartiennent aujourd'hui au canton de Houeilles.	
Casteljaloux	23 soldats 1|2	Gouts	9 sold. 1|4
Villefranche	21 sold. 3|4	Allon	9 sold. 1|4
Bouchet	1 sold. 2|3	Saumejan	5 sold. 1|3
Lo Treu	2 sold. 3|4	Foucilhés	9 sold. 1|4
St-Gerbasi	2 sold. 1|2	Riet	1 sold. 1|4
St-Martin	9 sold.	Pindères	9 sold. 3|4
Feulies	2 sold. 3|4	Ste-Pompogne	9 sold. 1|4
Bauziac	» 1|2	Jautan	4 sold. 1|2
Total	64 sold. 5|12	Total	57 sold. 10|12

Mais on verra plus loin qu'il manquait aussi dans les Lugues les paroisses de Durance, de Boussés et de Tillet.

La juridiction de Villefranche comprenait les paroisses de Villefranche, St-Savin, St-Pé de Cabadés, Anzex, Corbian, St-Etienne de Crespian ou le Peyré, Lussac, les Bourres, Notre Dame de St-Martin ou des Prés, Leyrits et Razimet. Ce sont, de nos jours, les communes de Villefranche, d'Anzex, de Razimet et de Leyrits-Moncassin, moins la section de Moncassin, qui formait une seigneurie particulière.

Les paroisses de St-Martin et de Feulies, qui forment maintenant la commune de St-Martin, participent de la nature des Landes. Aussi nous paraissent-elles également déchues de leur prospérité relative.

La baronie de Durance n'appartenant pas à la sénéchaussée de Cas-

De nos jours, le produit d'un centime imposé sur les 4 contributions directes, donne les chiffres qui suivent, extraits de la carte de notre département, (dressée par M. de Sevin).

Casteljaloux (et St-Gervais)	187	Allons (Gouts et Lubans)	42
Anzex	65	Pindères	36
Leyrits-Moncassin	78	Houeillés (Arriet et Jautan)	48
Bauziac, (le Tren, Bouchet)	31	Pompogne	37
St-Martin (et Heulies)	53	Saumejan	15
Villefranche	73	Total	178
Total	487		

Et quant à la population, la voici telle que nous l'indique aussi la même carte :

	h.		h.
Casteljaloux (St-Gervais)	2,852	Allons (Gouts et Lubans)	919
Villefranche	852	Pindères	659
Beauziac (Bouchet, le Tren)	448	Houeillés (Ariet, Jautan)	922
St-Martin (et Heulies)	869	Pompogne	482
Anzex	615	Saumejan	361
Leyrits-Moncassin	642	Total	3,343
Total	6,278		

Plus prospères et par conséquent plus puissantes, les Lugues ne subirent jamais sans une extrême impatience la suzeraineté

---

teljaloux, n'a pas figuré dans cette répartition. Elle se composait de quatre paroisses : de Durance, de Boussés, de Tiflet et de Pompiey. Les trois premières, aujourd'hui communes de Durance et de Boussés, sont entrées dans le canton de Houeillés; la dernière dans le canton de Lavardac. Dès cette époque on ne parlait plus de Lubans, qui avait été réunie sans doute à Allon ou à Gouts.

de la ville de Casteljaloux ; et nous irons jusqu'à dire que l'esprit d'hostilité qui ne manqua pas d'en résulter, ne s'était pas complètement éteint au commencement du XIXe siècle. Il nous souvient en effet qu'à cette époque, les habitants de notre ville et ceux des Landes se donnaient fréquemment des rendez-vous pour se combattre, dans les fêtes votives, notamment à la foire de Pindères, et comme les Landais, par leur contact avec les Basques, avaient appris à manier le bâton, rien n'était plus ordinaire que de voir nos jeunes gens revenir de ces rencontres, les uns portant leur bras en écharpe et les autres traînant la jambe, ou ayant la tête contusionnée. Au XVIIe siècle, on doit bien penser que les troubles religieux n'avaient pas modéré cet antagonisme, poussé, au contraire, à tous les excès. Il serait trop long d'énumérer ici tous les sujets de querelle qui vinrent l'alimenter. Il nous suffira de rappeler les principaux.

Nos lecteurs n'ont pas oublié sans doute que Denis de Mauléon, seigneur de Savailhan, avait intenté un procès contre notre ville, dont il était gouverneur et dont il fut expulsé, en 1574. Lui mort, son fils, Jacques de Mauléon, continua les poursuites et obtint en justice des dommages et intérêts, pour lesquels notre ville fut autorisée à lever un impôt de 8,000 livres. Mais lorsqu'il fut question de satisfaire à cette charge, les Lugues refusèrent leur quote part, disant qu'appartenant au Condomois, elles n'étaient pas contribuables de la ville de Casteljaloux, située en Bazadais ; de là des saisies, des prises de corps, des oppositions et des procédures, avec tout le luxe d'actes et des longs délais que comportaient les formes judiciaires d'alors. Néanmoins, il y eut transaction sur ces discussions, le 27 janvier 1615, entre le sieur Ducasso, syndic de la ville de Casteljaloux, et Jehan de Servière, syndic et procureur des Lugues, à Bordeaux, par les conseils et médiation de MM. de Favas et de St-Vincent. Les Lugues payèrent, *sans tirer à conséquence*, et sous des promesses équivoques ou mal définies, d'où naquirent les discussions ultérieures.

Survinrent, depuis, et les gens de guerre, et les contributions de toutes sortes, que les Lugues ne voulurent pas subir. En outre, au mois de décembre 1634, les consuls de Casteljaloux ayant obtenu, à la cour des Aides, un arrêt qui ne permettait aux hôteliers de la baronie, que la vente du vin des vignes bourgeoises, ce fut une nouvelle cause d'irritation pour les Landais. Parmi les plus récalcitrants, l'on signala le nommé Lanouelle, qui cumulait, à Houeillés, la charge de consul avec l'état de cabaretier. Notre ville obtint un décret de prise de corps contre lui ; mais il réussit à se dérober aux poursuites. Guillaume de St-Vincent, sieur de La Tourneuve, dans la paroisse d'Allon, se fit nommer syndic des Lugues, bien qu'il eut exercé les fonctions de consul de Casteljaloux, en 1627, et qu'il figurât encore sur la liste de nos jurats. C'est sous la direction de ce dernier, que les Lugues se pourvurent au parlement de Bordeaux, et les deux partis manœuvrant en quelque sorte parallèlement, l'un à la cour des Aides, et l'autre à la cour de Parlement, obtinrent respectivement des décrets d'ajournement personnel et de prise de corps, contre les consuls et habitants des deux contrées. C'est ainsi que Jehan de Sallen, sergent royal de Casteljaloux, s'étant rendu dans les Landes, pour y notifier des assignations, Guillaume de St-Vincent le fit enlever et renfermer dans le château de la Tourneuve, d'où ce prisonnier fut dirigé sur Bordeaux. Mais le parlement le fit élargir, à la suite d'un premier interrogatoire. Menacés d'une pareille avanie, les habitants de Casteljaloux n'osaient plus s'écarter de leur ville.

De son côté, notre jurade fit capturer et conduire dans la tour de Magnebeuf, quelques habitants des Landes, lesquels n'obtinrent leur liberté que moyennant finances. En outre, par délibération du 11 mai 1635, Guillaume de St-Vincent, sieur de la

Tourneuve, fut exclu, comme indigne, du conseil de nos jurats et son nom biffé du livre de la ville.

Pour sortir de ce conflit, ou, pour mieux dire, de cet *imbroglio* de procédures, M. de Morin, conseiller à la chambre de l'Édit de Guienne, émit l'avis d'un pourvoi au conseil privé, et grâce à l'appui comme aux avances de ce magistrat, nos consuls obtinrent un premier arrêt... Mais les procès se trouvaient à cette époque plus vivaces que de notre temps, et les *compétences* des cours restaient si peu précisées, que la chicane y puisait de nombreuses évasions. Aussi, cette affaire des hôteliers des Lugues durait encore, lorsque la compagnie des gendarmes du duc d'Epernon ayant été logée à Casteljaloux, en octobre 1636, il fallut pourvoir au paiement de la somme de 2,742 liv. 7 s. 11 d. que coûta cette garnison, durant onze jours seulement. Sur quoi, nouveau refus, de la part des Lugues, de payer leur quote part, et, le 4 novembre 1636, Jehan de Sallen, sergent royal, partit de Casteljaloux, pour les contraindre à ce paiement, comme aussi pour leur faire sommation de tenir prêts les miliciens qu'ils étaient obligés de fournir à l'armée.

Parvenu au quartier d'Escaudon, dans la paroisse de Pindères, Jehan de Sallen avait entamé la saisie exécution d'une paire de bœufs, au préjudice du nommé Labé, lorsque survinrent 40 ou 50 landais armés de fusils, d'épées, de dagues, de volants et de demi-piques, lesquels lui arrachèrent les animaux saisis et obligèrent ce sergent et ses recors, à force de coups, de se réfugier dans la ville.

Sur le rapport qu'il fit de cette rebellion à ses commettants, les consuls Margeon et Ducasse le ramenèrent au quartier d'Escaudon, suivis de dix à douze amis. Mais au silence qui régnait autour d'eux, ils connurent qu'il s'était formé quelque part un grand rassemblement. Néanmoins, Sallen, sur l'ordre des consuls, opéra la saisie, sur la tête du même Labé, de quelques sacs de blé seigle, que l'on plaça sur un *ka* ou char, et que l'on se mit en mesure de faire voiturer à Casteljaloux. C'est alors qu'au coin d'un bois et tout proche de la maison du nommé Vidau de Bordes, se montrèrent plus de 200 landais, qu'avait ameutés le nommé Bizac, leur syndic ; (il n'était plus question du sieur de Latourneuve). Nos consuls essayèrent en vain de haranguer cette troupe, pour la rappeler à son devoir. Ces furieux ne leur en laissèrent pas le temps ; ils se ruèrent sur les nôtres à coups de fusils, d'épées, de dagues, de demi-piques et de volants, tuèrent sur place le sieur Ducasse, fils du capitaine du même nom, ainsi que le sieur Jehan de Léglize, et *blessèrent à mort* le sieur Ducasse, consul, Jehan Bachère, sergent royal, autre Jehan Bachère, charpentier, Jehan Laborde, maître apothicaire, Jehan Lassarrade et le nommé Raflin. Quant au consul Margeon, il fut amené prisonnier au château de Castelnau de Mesmes, avec M. d'Estenanve, prêtre et prébendier de Casteljaloux, que les révoltés rencontrèrent s'en revenant de la paroisse d'Allon. Ces deux derniers avaient reçu également de graves blessures.

Tel fut, sinon dans les mêmes termes, du moins dans sa substance, le récit que fit de cette affaire, en jurade, M. de Noailhan, sieur de Villeneuve, premier consul. Nous n'avons pas la version des habitants des Lugues, et nous ignorons si les nôtres se défendirent. Sur une troupe de 12 à 15 personnes, deux ayant été tués et sept blessés, que purent faire les autres ? (1)

---

(1) 14 ans après, c'est-à-dire le 8 décembre 1650, la jurade de Casteljaloux ordonna le paiement d'une épée que les paysans avaient enlevée, le 4 novembre 1636, à un garçon nommé Capblanc, que M. Boutet avait amené avec lui, dans cette expédition. Le 19 mai 1665, M. de Boutet exposa aussi « que lors de l'action des Lugues, où le feu sieur de Léglise, son beau-père, fut tué, celui-ci perdit diverses choses, comme pistolets, épée, manteau, chapeau; » que, de plus, sa belle-mère intenta un procès à raison de ce meurtre et y fit une dépense de 20 écus et d'avantage; en conséquence, M. de Boutet demanda que la communauté indemnisât Mme de Léglize de toutes ces pertes. Le corps de ville ne dénia pas cette obligation ; mais attendu qu'il s'était écoulé près de 30 ans, depuis cette affaire, on pria M. de Boutet de se désister de sa demande ; à quoi M. de Boutet acquiesça.

Quoi qu'il en soit, les deux partis provoquèrent des informations sur cette rencontre et l'on ne tarda pas à s'apercevoir que les Lugues avaient de puissants protecteurs. Nous citerons notamment le comte de Vailhac, qui devait être, à cette époque, le possesseur du château de Castelnau. Quelques jours après l'évèvement, un courrier de ce seigneur fut arrêté et fortement battu, dans le voisinage de notre ville, et l'on ne manqua pas d'en faire retomber la responsabilité sur elle. C'est en vain que nos consuls députèrent M. de Villeneuve et M. du Laur, deux gentilshommes, auprès de la comtesse de Vailhac, à Castelnau, pour protester de l'innocence des habitants de Casteljaloux à ce sujet. L'accusation porta ses fruits.

Sur la plainte adressée de part et d'autre au duc d'Epernon, celui-ci renvoya la connaissance de cette affaire à M. de Vertamont, conseiller d'État, maître des requêtes et intendant de la justice et police en Guienne, lequel ordonna par provision la restitution des objets saisis sur les Lugues, ainsi que de ce qu'elles avaient payé, *mit les deux partis sous la protection et sauvegarde du Roi et leur défendit de se mesfaire ni médire.* Puis, les délais se multiplièrent. Au mois de septembre 1637, on parla d'accommoder cette affaire et il paraît que c'est du consentement des uns et des autres que M. de Vertamont les mit hors de cour et de procès. — Quant aux discussions civiles, le silence postérieur des livres de nos jurats, nous porte à croire qu'elles furent également assoupies. Antérieurement, d'ailleurs, M. de Monlezun, à la sollicitation de M. de Morin, avait obtenu la défection des habitants de Houeillés.

Chassé de son camp devant Fontarabie, le 7 septembre 1638, par l'*Almirante* de Castille, le prince de Condé repassa la Bidassoa. L'on accusa de ce revers le duc de Lavalette, qui, pour sauver sa tête, s'enfuit en Angleterre, et le vieux duc d'Epernon, son père, s'en alla mourir dans l'exil.

De la frontière d'Espagne, Henri de Bourbon passa dans le

comté de Roussillon, où, d'après ses ordres, MM. de Lamothe, de Beausiac, et Beauleigne lui menèrent, en avril 1639, deux cents hommes fournis par la sénéchaussée de Casteljaloux. En octobre d'après, c'est M. de Brocas, fils aîné du lieutenant général à ce siège, qui conduisit à l'armée de Roussillon, 52 hommes des mêmes milices. Notre sénéchaussée eut encore à fournir, pour le siège de Salces, que Condé prit, cette même année, des pionniers-charpentiers, des pionniers-maçons et un grand nombre de manœuvres.

Par suite de tant de contributions et de procès, la ville de Casteljaloux devait encore, le 5 décembre 1639 :

1° A M. de Brocas, lieutenant général,	1,300 liv.
2° A M. de Brocas du Bach,	600
3° A Madamoiselle de Marcons,	300
4° A Madamoiselle de Corbian,	600
Total	2,800 liv.

Et une ordonnance du prince de Condé, sous la même date, lui permit d'imposer et lever cette somme sur les habitants, *au feur de la taille*.

Un mot de plus, et nous en aurons fini avec le règne de Louis XIII, qui mourut le 14 mai 1643.

C'est le 2 mai 1641 que le duché d'Albret fut adjugé, à titre d'engagement, au prince de Condé, par les commissaires du Roi. Plus tard, c'est-à-dire le 30 juin 1645, Louis XIV régnant déjà, Raymond de Lupiac de Monlezun, comte de Montcassin, donna à ce nouveau duc d'Albret, la baronie de Durance, en échange de la vicomté de Boulogne, Ste-Maure et quarte partie de Torrebren, ainsi que de la terre noble de Lauvergne. Enfin, le dernier jour de février 1655, le comte de Montcassin céd a cette terre noble de Lauvergne à M. de Montesquiou, ancien baron du Sendat, lequel se désista de ses droits à la co-seigneurie de

Montcassin ; et Lauvergne passa dans la maison de Béraud, par le mariage de N. de Béraud avec Marie-Louise de Montesquiou.

Cela dit, nous allons reprendre le récit des faits qui rentrent plus spécialement dans le plan de notre Monographie.

II. *Louis XIV, roi de France.* — *Henri de Bourbon, prince de Condé, duc d'Albret et 15ᵉ baron de Casteljaloux, et, dès le 26 décembre 1646, Louis de Bourbon, prince de Condé, duc d'Albret et 16ᵉ baron de Casteljaloux.* — Avant de passer au récit des troubles civils qui affligèrent notre pays, durant la minorité de Louis XIV, nous sommes obligé, malgré notre répugnance, de rappeler des faits caractéristiques d'une époque où les passions qui venaient d'ensanglanter cinq règnes successifs, n'avaient pu encore s'appaiser.

Nous avons parlé des ravages et pilleries des religionnaires de Montalmat, à Casteljaloux, en 1568. Comme ils arrivaient du Béarn, l'église de St-Christophe d'Allon subit leur première fureur ; ils la démolirent, après l'avoir outragée.... De meilleurs jours étant survenus pour les catholiques, le seigneur de Capchicot releva cette église et y obtint ou la concession ou la confirmation *du titre de sépulture et de banc joignant le balustre du maître autel du côté de l'épître.* Mais ce privilège lui fut contesté par André de Saugresse, seigneur de Cugnos et d'Allon, de qui le gendre, nommé Trajan de Piis, poussa cette contestation jusqu'au meurtre, car, dans le mois d'avril 1646, Jacques de Lavaissière, seigneur de Capchicot, François de Lavaissière, son fils, conseiller du Roi au siège présidial de Guienne, et les nommés Laforet et Sausset, leurs valets, tombèrent sous les coups de Trajan de Piis et de ses complices, partie dans le cimetière et partie dans l'église. L'évêque de Condom jeta l'interdit sur le théâtre de ce crime. Il fut défendu d'y célébrer le service divin ; on cessa d'y ensevelir les morts.

Quant aux auteurs de ce crime, dont les détails restés inconnus serviraient peut-être à les justifier, ils furent tous frappés d'une condamnation capitale, dont l'exécution devait se faire à Casteljaloux. Mais cet arrêt, à la date du 28 juin 1647, était par contumace, aucun huissier n'ayant osé les *appréhender ;* durant l'instruction, plusieurs de ces meurtriers s'étant montrés même sur le *canton* de notre ville, et les consuls ayant donné l'ordre aux sergents de les saisir, Bacoue de Tauranat, l'un des accusés, appuya et lacha son pistolet sur la poitrine du consul Castaing. Par bonheur, l'arme ne partit point. Mais l'arrestation ne put être opérée.

Postérieurement à leur condamnation, Trajan de Piis et ses amis se retranchèrent dans le château d'Allon, où l'on assure qu'à l'exemple de Charles de Montesquiou, baron du Sendat, ils soutinrent un siège contre les soldats qu'à la poursuite de la dame du Castaing, veuve de Lavaissière, on envoya pour les prendre. Aussi retrouve-t-on, durant les guerres de la Fronde, Trajan de Piis combattant dans l'armée de Condé, d'où la conviction pour nous, qu'il dût, ainsi que ses complices, obtenir sa grâce ou la réformation de l'arrêt du 28 juin 1647.

Le 18 février 1649, la sénéchaussée de Casteljaloux chargea MM. de Brocas, lieutenant général au siège de cette ville, de Bacoue, procureur du Roi, et de Merlet, premier consul, de se trouver à Nérac, pour y concourir à l'élection des députés aux États généraux convoqués par le Roi, à Orléans. Le choix du Tiers État tomba sur M. Josias du Roy, lieutenant général au siège de Nérac. M. de Brocas lui remit le cahier des plaintes de la sénéchaussée de Casteljaloux. C'est un triste tableau des abus dont le peuple implorait la répression. Il est resté transcrit dans nos registres municipaux, pour nous faire bénir à jamais le régime sous lequel nous avons le bonheur de vivre. Ce mémoire se trouve revêtu des signatures de MM. de Merlet, consul, Lagleyre, consul, Fortenier, consul, de Lafont, député de Bouglon, Béteilhe, député de Bouglon, Sauteyron, député de Captieux, de Mongie, député de la communauté de Casencuve, Moreau, député de Ste-Bazeilhe, de Barberet de La Rue, député d'Aillas et Labescaut, et Bourq, député de Meilhan. — M. Josias du Roy fut réélu député du Tiers aux États généraux convoqués à Tours, en septembre 1650, et les deux sénéchaussées de Nérac et de Casteljaloux concoururent également à cette élection.

TROUBLES PUREMENT CIVILS. — Nous voici parvenus aux guerres de la Fronde, c'est-à-dire, pour ce qui nous concerne, à la querelle du prince de Condé avec la cour. Nous allons dire les faits qui, dans notre ville, en furent les précurseurs.

A la séance du corps des jurats, du 23 août 1649, M. de Brocas fit lecture de l'ordonnance qui suit :

« Le duc d'Epernon....... (1)

« Estant nécessaire pour le service du Roy, le bien et le repos de la province et le chastiment des rebelles de Bourdeaux, d'augmenter les troupes de S. M., que nous commandons, de quelque nombre d'hommes de guerre à pied, françois, et ayant commis le premier consul de Casteljaloux, pour procéder à la levée d'une compagnie de cinquante sur la ville et sénéchaussée de Castelgeloux, commandés par un capitaine, un lieutenant et deux sergents, nous ordonnons au lieutenant général de Castelgeloux, de procéder au régalement de la subsistance nécessaire desd. cinquante hommes et leurs officiers, ensemble des frais nécessaires pour la levée et armement sur toute la sénéchaussée de Castelgeloux au fur de la taille et en desduction des deniers de lad. taille, savoir à raison d'un escu par capitaine par jour,

---

(1) A l'avènement de Louis XIV, ce duc, revenu d'Angleterre, avait obtenu sa réhabilitation, ainsi que le gouvernement de Guienne, dont la survivance lui fut accordée, lors de la déclaration de guerre à l'Espagne. Il ne tarda pas à se mettre en guerre ouverte avec les Bordelais.

trente solz pour lieutenant, dix solz pour chaque sergent et six solz pour chaque soldat aussy par jour....»

A la suite de cette communication, nos jurats durent procéder au règlement qu'elle nécessitait, et nous lisons dans le procès-verbal qui en fut dressé :

« Plus, avons trouvé qu'il devait estre desparty en conséquence de ladite commission, les frais nécessaires pour l'armement de lad. compagnie, lesquels frais avons réglés à l'achapt de 32 mosquetz et bandoulières, à raison de 10 liv. pour mosquet et bandoulière, et à l'achapt de 17 picques et une caisse, à raison de 40 souls pour picque et 12 liv. pour la caisse, ensemble à l'achapt de 50 espées et autant de baudriers, à raison de 3 liv. 10 souls pour espée et baudrier, lesquelles sommes reviennent en tout à 541 livres. »

De son côté, l'héroïque prince de Condé, qui avait recueilli, le 26 décembre 1646, dans la succession de Henri de Bourbon, son père, le duché d'Albret, crut devoir prendre des mesures, pour que ce pays ne devint pas la victime des troubles qui l'avoisinaient, et voici la lettre que nos jurats reçurent, le 27 septembre 1649 :

« Le chevalier de Rivière, conseiller ordinaire du Roy en tous ses conseils, premier gentilhomme de la chambre de Monseigneur le Prince, et gouverneur pour Son Altesse du duché d'Albret. (1)

« Ayant jugé à propos de pourvoir à la sûreté du chasteau de Castelgeloux, veu les troubles qui sont à présent en Guyenne, nous ordonnons au sieur de Merlet, premier consul de la ville de Castelgeloux, de se rendre maistre du chasteau d'icelle appartenant à Monseigneur, ainsin qu'il avait faict au commence-

---

(1) La nomination du chevalier de Rivière, au gouvernement du duché d'Albret, remonte au 21 mars 1647.

ment des troubles de cette province, pour iceluy garder et conserver à mond. seigneur, et ne le rendre que par son ordre signé de sa main, contre-signé par l'un de ses secrétaires et cacheté de ses armes, ou par un des miens partant de la part de S. A., en vertu du pouvoir dont elle m'a honnoré sur toute la duché, et pour cest effect led. sieur de Merlet se faira fournir à la ville une douzaine de soldats attendans nouvel ordre et est enjoint au sieur Bacoue, procureur du Roy au siège de Castelgeloux, de délivrer au sieur Merlet le chasteau, ensemble ce qu'il y a d'armes et munitions de guerre appartenant à Monseigneur. Fait à Castelmoron, ce 16 de septembre 1649. — Signé le chevalier de RIVIÈRE.

Et au dos est écrit : « A Monsieur, Monsieur de Merlet, premier consul de la ville de Castelgeloux :

« Monsieur, l'ordre que je vous envoye vous servira de règle à ce que vous avez à faire. Vous fairez poser la barrière que le sieur Bacoue dit avoir fait faire et que je lui ay desjà fait payer sur le domaine de S. Alt. et faites gardes à la porte tout le jour et la nuit au donjon et chasteau; mais surtout vous ne le rendrez à qui que ce soit, ni pour quel prétexte que ce soit, que par ordre de Monseigneur le Prince, comme une maison qui lui appartient en son propre.....

« A Castelmoron, ce 16 septembre 1649. »

Le corps de ville arrêta que « la communauté était si pauvre, qu'elle ne saurait fournir aux frais et entretien de douze soldats; mais que pour satisfaire aux ordres reçus, M. de Merlet prendrait tous les jours, par tour, 12 habitants pour faire garde bourgeoise pendant les troubles, jusqu'à ce qu'autrement il y fut pourvu. »

Le 5 octobre 1649, il fut proposé au conseil des jurats de fermer les brèches qui existaient au mur de ville. Mais comme cette proposition intéressait tous les bourgeois, une assemblée générale fut ordonnée, pour en délibérer, et le 14 novembre d'après, les bourgeois, les consuls, les jurats et les officiers de justice, réunis, arrêtèrent « qu'il serait fait une petite muraille pour clore la ville partout où elle se trouvait ouverte. »

Le 10 octobre, M. de Lamothe-Brocas fit connaître la commission que le Roi lui avait donnée *de faire une compagnie de gens de pied au régiment du duc de Candalle.*

Le 22 du même mois, le Prince de Condé écrivit à M. de Villeneuve :

« Monsieur,

« Ayant appris du sieur chevalier de Rivière le soin que vous voulez prendre de la garde de mon chasteau de Castelgeloux, je vous fais cette lettre pour vous dire que je vous en donne le commandement, pour y agir et faire tout ce que vous jugerez nécessaire pour mon service, soubs les ordres dudit chevalier de Rivière, et que mon intention est que vous y soyez obéy et recognu en lad. qualité par les habitants de Castelgeloux ; à l'effet de quoy la présente vous servira de pouvoir et d'assurance que je suis,

« Monsieur,   Votre très affectionné à
           vous servir.
        « Louis de Bourbon. »

Le 18 novembre 1649, on décida que « tous les habitants s'assembleraient avec armes sous la halle et qu'il serait fait garde par six escouades, aux ordres des consuls ou autres qu'ils choisiraient. » De plus, on plaça des sentinelles hors de la ville.

Telles furent les précautions à l'aide desquelles on put arriver sans accident jusqu'au 23 décembre 1649, date de la paix qui fut accordée aux Bordelais, à la sollicitation du grand Condé.

GUERRES DE LA FRONDE. — Le prince de Condé ayant été arrêté, le 18 janvier 1650, avec le prince de Conti et le duc de Longueville et conduit d'abord à Vincennes, puis à Marcoussi et, enfin, au Havre de Grace, la princesse de Condé, qui était une Maillé-Brezé, se réfugia avec le jeune duc d'Enghien, leur fils, dans la ville de Bordeaux, dont le parlement les mit sous la sauvegarde de la justice, par arrêt du 1er juin 1550.

Le 7 du même mois, cette princesse écrivit à M. de Brocas, lieutenant général au siège de Casteljaloux :

« Monsieur,

« La précipitation avec laquelle vous avés appris que j'ay esté contrainte de me rendre en cette ville avec mon fils, pour esviter la persécution dont nous estions menacés, m'ayant empêché d'y venir, sinon desnuée de toutes choses, je suis obligée de vous prier, comme je fais très instamment par ces lignes, d'employer votre crédit envers ceux qui sont de vostre ressort, pour les engager à me faire l'advance de deux années restantes, outre la présente desjà commencée, du don gratuit accordé à M. mon mari (1), en desduisant l'intérêt à proportion de l'advance, et tenir la main à me faire présentement payer les arrérages qui en sont escheus, à l'effet de quoy vous assemblerez les bastilles le plutôt que faire se pourra, vous ne debvez pas douter que Monsieur mon mari ne vous sache un jour très bon gré de l'assistance que vous m'aurez rendue en ceste occasion et qu'en mon particulier je ne vous en tesmoigne mon ressentiment en toutes rencontres, vous assurant cependant que je suis,

« Monsieur, Votre affectionnée amye à vous servir.

« CLAIRE CLÉMENCE DE MAILLÉ,
« Princesse de Condé. »

---

(1) Le Roi ayant exposé en vente le duché d'Albret, les habitans de ce pays, pour décider le prince de Condé à l'acquérir, lui firent l'offre d'une somme de cent mille livres ; ce fut là l'origine du don gratuit qui lui fut accordé par la suite. Le prince de Condé, devenu duc d'Albret, obtint du Roi une exemption de logement des gens de guerre, pour tout son duché ; mais les évènements de la Fronde rendirent ce privilège illusoire.

A h'en juger que par leur délibération du 12 juin 1650, nos jurats mirent une extrême courtoisie à seconder les vœux de cette dame aussi noble que malheureuse, puisqu'ils s'empressèrent de *la prier d'envoyer un receveur pour opérer cette recette.*

Mais il est de notre devoir de mettre aussi sous les yeux de nos lecteurs, une autre jurade, celle-ci du 6 septembre d'après. Nous y lisons :

« Par le sieur Ladième (jurat) a esté proposé que quelques personnes malicieuses et mal affectionnées à M. le lieutenant général au siège de cette ville, ont dressé à cachettes certain prétendu procès-verbal par lequel on suppose que ledit sieur lieutenant a fait tous les effortz possibles, mesme violents, à divers de nos habitants, pour les obliger à payer le don gratuit à Mme la Princesse et se déclarer pour les Princes et l'ayant fait signer à des officiers et des consuls qui estoient du complot et ennemis formels dudit sieur lieutenant, ont fait partir un habitant de cette ville en compagnie de MM. les députés qui sont vers le Roy, avec charge de donner requête à Leurs Majestés sur le subjet dudit sieur lieutenant général, de la part de nostre communauté et d'autant que chacun sait que parmi lesd. sieurs députés, il y en a qui sont passionnés contre ledit sieur lieutenant et qu'il est à craindre que puisqu'on a esté si hardy de fabriquer un tel procès-verbal, qu'à suite ilz ne se prestent et au lieu que leur charge n'est que de remonstrer la grande foulle que nous avons souffert des gens de guerre, ils ne se servent de cette occasion pour se venger et n'agissent contre le sieur lieutenant général, ou ne fassent agir en qualité de députés ; led. Ladième a demandé que le corps aye à délibérer.....

« A esté arresté que la communauté recognoit que led. sieur lieutenant général a toujours paru en toutes les occasions bon et fidèle serviteur du Roy et qu'on ne sache pas qu'il aye rien fait pour le service des Princes, qui choque le service de Leurs Majestés, et que partant on désavoue toutes personnes de quelle qualité que puissent estre, soit officiers, soit consuls, soit députés, qui à raison des inimitiés qui sont entre eux feraient quelque acte au-delà de leur charge et contraires à la vérité..... »

Le 11 septembre même mois, M. Ladième fit connaître une nouvelle dénonciation machinée contre M. de Brocas, pour l'accuser auprès du Roi et de la Reine, régente, d'avoir déserté son poste et d'avoir grossi, dans Bordeaux, le nombre des ennemis de Leurs Majestés, alors qu'appelé à Bordeaux par un grave procès, il s'y voyait retenu au lit par une maladie. Nos jurats s'empressèrent de donner un éclatant démenti à cette accusation.

Le secret de cette affaire, nous allons le dire :

C'est que le duc d'Epernon, contre lequel les Bordelais avaient repris les armes, pour soutenir la princesse de Condé, ne cessait d'inonder de soldats la ville de Casteljaloux ; c'est que, en septembre 1650, le Roi et la Reine régente, sa mère, avaient marché sur Bordeaux, pour l'assiéger ; c'est que de lâches concitoyens, qui peut-être s'étaient, eux aussi, pris de pitié, envers une grande infortune, cherchaient à déverser toute la responsabilité de ce fait, en voyant s'approcher la réaction, sur le chef de notre magistrature..... Ceux-là, voyez-vous ! auraient été dignes de renaître au XIX° siècle !

Voici, du reste, le triste tableau que nous trouvons, dans les registres municipaux de cette époque, et qui sert à expliquer, sinon à excuser la conduite que nous venons de signaler chez quelques-uns de nos aïeux.

Le 13 juin 1650, M. de Villeneuve s'était présenté au corps de ville, pour lui annoncer que le duc d'Epernon venait de le faire inviter par un de ses gentilshommes à recevoir une garnison de lui, ou à lui remettre le château, et que tout en demandant de soumettre cet ordre au conseil des jurats, il avait répondu qu'il tenait cette place du prince de Condé. Nos jurats s'en remirent, sur ce point, à la prudence de M. de Villeneuve.

Le 15 juin, on reçut une lettre du même duc, qui exhortait les habitants de Casteljaloux à rester fidèles au Roi et à s'opposer à toute levée d'argent.

Le lendemain, avis de l'envoi par le gouverneur de Guienne, d'une garnison pour le château. M. de Villeneuve est prié de se rendre à Bordeaux, auprès de la princesse, afin d'implorer sa protection.

Le 6 juillet, ordre du duc d'Epernon aux consuls de Casteljaloux, de recevoir le régiment de Bancs, cavalerie, et de lui fournir la subsistance. C'était une contribution de 1,264 écus par jour. Le 7 juillet, on nomme des députés, avec mission d'aller *solliciter le soulagement d'une si grande foule.* — Ces députés joignirent le duc d'Epernon, à Dax. *Il leur accorda pour aides Aillhas et Pellegrue*, ce qui signifie que ces deux dernières juridictions furent tenues de supporter leur part *de la subsistance des gens de guerre logés à Casteljaloux.*

Et comme c'est surtout dans le malheur que les caractères s'aigrissent, à la séance des jurats, du 14 juillet, le consul Ducastaing exposa qu'à l'occasion de sa charge et bien qu'il se trouvât revêtu de la *livrée consulaire*, M. de Laval, avocat du roi, venait de lui chercher querelle ; que le fils de ce dernier lui avait *donné un coup d'épée à travers son manteau*, et que Mademoiselle de Laval l'avait *pris aux cheveux*. Le corps de ville pria M. de Noailhan, sr de Villeneuve, et M. de Malvin, sr de Merlet, d'*accommoder* cette affaire. Durant une autre séance, M. de Bacoue, procureur du roi, s'oublia jusqu'à traiter M. de Boutet de *séditieux* et à lui donner un démenti. Soudain l'assemblée *trouve à propos que le sieur procureur du Roi sorte de la compagnie*, et M. de Bacoue ayant, en effet, quitté la salle, *il est résolu que la première fois qu'il reviendra en jurade, il fera réparation au sieur de Boutet ; que s'il refuse, on le contraindra de sortir de l'assemblée.* A la séance d'après, ils se firent des excuses réciproques.

Le 16 juillet, M. de Villeneuve proposa aux jurats *de pourvoir à la garde du château, pour empêcher quelque surprise, et aussi de lui fournir poudre et plomb; qu'autrement il protestait de tout le dommage qu'il pourrait arriver.*

Le même jour, il partit un détachement de cavaliers, avec M. de Boutet, consul, pour contraindre les habitants d'Allon et de Gouts, à payer leur quote part de la contribution qui pesait sur la baronie. Mais cette expédition obtint peu de succès, et, en outre, M. de Bacoue commença une information contre M. de Boutet. Mais le corps de ville s'empressa d'approuver les actes de celui-ci, dans sa délibération du 19 juillet.

Sur ces entrefaites, deux compagnies, l'une de M. du Breuilh, l'autre de M. Roques, étaient venues joindre, dans notre ville, le régiment de Bancs. D'un autre côté, un ordre du 20 juillet 1650, émané de Jean-Louis de La Valette, lieutenant général du Roi, en Guienne, sous l'autorité de M. le duc d'Epernon, enjoignit à tous les lieux où il se trouvait des gens de guerre, d'avoir à fournir par avance quinze jours de subsistance à ces troupes, et il résulte d'un ordre postérieur du 24 juillet, qu'il s'agissait d'une concentration de troupes en Albret et d'une entrée en campagne.

C'est en vain que l'on envoya des députés à M. de Lavalette, qui ne se relâcha nullement de la rigueur de ses ordres. Mais ayant appris qu'un père *Séraphin*, de Nérac, était chargé par ce lieut. génér., *de traiter au sujet de la subsistance des gens de guerre*, nos députés s'adressèrent à cet ecclésiastique; et au moyen d'une somme de 9,000 livres, dont 4,500 payées comptant au père Séraphin, et le reste à un très court terme, le régiment de Bancs, ainsi que les compagnies Roques et du Breuilh, quittèrent Casteljaloux, le 30 juillet 1650. Mais, dans la même journée, on eut l'avis que le régiment de St-André, se trouvant en marche pour Ruffiac, avait reçu en route l'ordre de venir loger à Casteljaloux, et qu'il menaçait d'y entrer de nuit et de mettre la ville au pillage. Cette fois, nos jurats se décidèrent à la résistance. Des gardes furent placés aux portes, pour faire valoir l'exemption que l'on avait obtenue à prix d'argent. Mais le régiment de St-André ne parut point.

Le 1ᵉʳ août, M. de Pallas, consul, ayant voulu faire enlever quelques meubles de sa maison, le peuple se souleva et s'opposa au départ des charrettes. Cette émeute donna lieu au conseil des jurats de renouveler une décision (prise le 29 juillet) contre ceux *qui désertaient la ville et le bien public, pour ne point participer aux grandes foules* que la ville avait à supporter. On prononça contre eux une amende de 1,000 livres, au profit de la communauté, et quant aux *habitants réfractaires*, on avait prié, le 29 juillet, M. de Ransan, commandant, *de loger chez eux, comme chez les absents*, un plus grand nombre de cavaliers. Néanmoins, il fut permis, le 1ᵉʳ août, au sieur Pallas et à tous autres, de *tirer de la ville les meubles les plus précieux*, pourvu qu'ils en laissassent suffisamment, pour le logement des gens de guerre.

Cependant les paroisses d'Allon et de Gouts persistaient dans leur refus de payer leur quote part des contributions imposées à toute la juridiction, et, le jour du délogement du régiment de Bancs, un maréchal-des-logis et deux cavaliers de ce corps, étaient partis avec M. de Laval, avocat du Roi, M. de Boutet, consul, Jean Labory, sergent, et plusieurs habitans de la ville, pour contraindre de nouveau ces Landais à solder ce qu'ils devaient.

Le 1ᵉʳ août 1650, M. de Laval fit en jurade le rapport de cette seconde expédition. Nous y trouvons les détails qui suivent:

« ... Comme ils avaient exécuté (saisi) certains moutons qu'ils conduisaient, et estans près de l'église de Gouts, au-delà du Giron, ils entendirent sonner le béfroy en lad. église et soudain il sortit de lad. église grand nombre de paysans armés de fusils, faux manchées à l'envers, bastons ferrés et espées, qui coururent vers led. sieur de Boutet et autres en disant: *tue ! tue !*

lâchèrent plusieurs coups de fusils vers eux, un desquels coups porta à travers le corps dud. Labory, lequel est presque mort et est demeuré sur le lieu, et auraient baillé deux coups d'espée à Thomas Conches ; et à Tennequin, plusieurs coups de baston et leur auraient fait relâcher led. bestaith.

« A esté arresté que le sieur Labory et autres blessés, seront pansés et médicamentés aux dépens de la communauté ; qu'il sera fait procès-verbal dudit rébellion et que, demain matin, les habitants de cette ville, soubs la conduite dud. sieur de Merlet, iront dans lesd. paroisses, pour les constraindre au payement.... attendu que nous devons une somme notable au commandant du dit régiment et qu'il y a des cavaliers en ville, pour nous constraindre.

« *Nota*. Que led. Labory mourut le lendemain. »

Les consuls de Casteljaloux poursuivirent cette affaire auprès de M. de La Valette, alors malade, à Cadillac, et le P. Séraphin promit, en son nom, de leur faire rendre justice. Il paraît qu'usant de récriminations, les habitants de Gouts et d'Allons accusaient nos gens *d'avoir mis le feu à la borde d'un sieur Bernos*; on décida, en jurade du 12 août 1650, que le lieutenant criminel se transporterait sur les lieux, *pour faire procès-verbal et descouvrir lad. calomnie*.

C'est dans ces circonstances que la paix fut conclue entre la Cour et les Bordelais, à la fin de septembre 1650, et que, plus tard, l'on apprit, à Casteljaloux, la mise en liberté des princes, que le cardinal de Mazarin alla quérir lui-même au Val de Grace, le 13 février 1651, pour les reconduire à Paris. A cette dernière nouvelle, les habitants de notre ville prièrent MM. du chapitre de chanter un *Te Deum* ; les consuls y assistèrent en grand costume, M. de Boutet, l'un d'eux, marchant à la tête des bourgeois en armes ; des feux de joie furent allumés, l'un sur le *canton* et l'autre devant le château. En outre, il fut distribué au peuple du pain et deux barriques de vin. Enfin, le corps de ville chargea M. de Roy, consul, d'aller présenter ses félicitations au prince de Condé. Ce député, à son retour, qui eut lieu le 1ᵉʳ avril 1651, apporta la nouvelle de l'échange passé, le 20 mars précédent, entre Louis XIV et le duc de Bouillon, du duché d'Albret et autres seigneuries, contre les principautés de Sédan et de Raucourt. — Condé avait le gouvernement de Guienne.

III. *Frédéric-Maurice de la Tour d'Auvergne, duc de Bouillon et d'Albret et 17ᵐᵉ baron de Casteljaloux*. — Nous venons de le voir, à la nouvelle de la sortie du prince de Condé de sa prison, la ville de Casteljaloux en avait manifesté une extrême joie. Et cela se conçoit. Outre l'attachement qu'elle ne pouvait refuser au vainqueur de Rocroi, alors son seigneur et maître, elle se croyait délivrée, de son côté, des avanies qu'on venait de lui infliger. Hélas ! le temps ne tarda guère à arriver, où elle aurait préféré ces premiers maux, aux calamités de toutes sortes qui fondirent sur elle !

Dès le 10 juillet 1651, le prince de Condé brouillé de nouveau avec la Cour, avait écrit aux consuls de Condom et sans doute à toutes les autres villes de son gouvernement, pour les exhorter à soutenir sa cause, qu'il ne manquait pas d'appeler celle de l'*État* et du *Bien public*.

Après avoir paru dans Bordeaux, dont le parlement rendit, au mois de septembre 1651, un arrêt *d'union* en sa faveur, il s'en alla guerroyer sur les bords de la Charente, et puis de la Dordogne, contre Henry de Lorraine, comte d'Harcourt, général des armées du Roi, en Guienne (1). Dès cette époque, il n'avait pas

---

(1) C'est ce même comte d'Harcourt qui conduisit Louis de Bourbon, de sa prison de Marcoussi à celle du Havre de Grâce. Le prisonnier fit en route ce couplet de chanson, qui courut bientôt toute la France :

« Cet homme gros et court
« Si connu dans l'histoire,
« Ce grand comte d'Harcourt,
« Tout couronné de gloire,

oublié de faire occuper Casteljaloux, et, nous n'en doutons pas, tout l'Albret, par ses troupes. Nous en trouvons la preuve dans l'écrit suivant :

« Le Prince de Condé, prince du sang, pair et grand Maistre de France, duc d'Enghien, Chasteauroux, Montmorency, Albret et Fronsac, gouverneur et lieutenant général pour le Roy en ses provinces de Guienne et Berry, généralissime des armées de Sa Majesté.

« Il est ordonné aux habitants de la ville de Castelgeloux et bastilles en dépendantes, de payer la subsistance de trente soldats et deux sergents, que nous avons ordonné pour la garde du chasteau de Castelgeloux, et ce sur le pied de huit sols par jour pour chaque soldat et de douze pour sergent et de mettre dans ledit chasteau les munitions et provisions nécessaires. — Fait à Bourg-sur-Mer, le 18 janvier 1652. Signé LOUIS DE BOURBON. »

De plus, le chevalier de Rivière, gouverneur de l'Albret, fit relever les murailles de Casteljaloux, recurer les fossés, fermer les portes de ville.....

Condé, chassé par les royalistes, des bords de la Charente, et puis de la Dordogne, s'était replié sur la Garonne. Une bicoque,

---

« Qui secourut Casal, et qui reprit Turin,
« Est maintenant recors de Jules Mazarin. »

Au surplus, le prince de Condé visita, durant cette campagne, le champ de bataille de Jarnac, où Louis de Bourbon, prince de Condé, son bisaïeul, fut tué de sang froid par un Montesquiou. On dit même que durant cette visite, son épée se détachant de son boudrier, tomba à ses pieds, ce qui fut considéré comme d'un mauvais présage ; et cependant il comptait au début de la guerre de Guienne, un Montesquiou parmi ses officiers. C'était le baron du Sendat, à qui un sieur de Cantiran de Ste-Colombe, écrivit de Tonnay-Charente, le 12 déc. 1651 « que M. le Prince l'avait demandé à diverses reprises et que s'il tardait à venir, sa compagnie serait licenciée. » En juillet 1652, M. de Montesquiou ayant renoncé au parti de Condé, tant en son nom qu'en celui de son fils, le comte d'Harcourt leur accorda une sauvegarde, à la date du 26 juillet suivant. Cette pièce fait connaître que le père avait commandé une compagnie de cavalerie, au régiment d'Albret, dans le parti du Prince, et que M. de Montesquiou fils y était cornette.

Miradoux, le retint assez longtemps devant ses murs, pour que d'Harcourt put arriver et le repousser dans Agen.

Le 15 mars 1652, on apprit à Casteljaloux que l'armée royale se trouvait à Calignac et aux environs de Nérac. Le lendemain, les consuls de cette dernière ville transmirent aux nôtre la lettre qui suit :

« A MM. les consuls et habitants de Castelgeloux.

« MM., ne pouvant esviter de jetter dans la duché d'Albret, la plus grande partie des troupes du Roy, pour en tirer une partie des fonds qui leur est destinée pour le payement du quartier d'hyver, j'ay beaucoup mieux aymé tenter les voyes de la douceur, que celles de la force, et ayant fait entendre mes sentiments à ceux qui vous rendront ceste lettre, j'ai bien voulu vous dire que j'atans par les consuls de vostre ville que vous m'envoyerez aussy tost que ceste lettre vous sera rendue la resolution que vous pourrez prendre la plus advantageuse à votre soulagement et obéissance avec punctualité et diligence aux ordres quy vous seront donnés. C'est le subject de ceste lettre que je finiray en vous assurant que je suis, MM., votre affectionné à vous servir.

« De Laplume, ce 15 mars 1652.

« Signé HARCOURT. »

Un écrit semblable parvint aux consuls de Castelmauron d'Albret.

Le conseil des jurats de Casteljaloux s'empressa d'envoyer M. Duluc, un de ses membres, au prince de Condé, pour prendre ses ordres et lui exposer « très humblement qu'il n'était pas au pouvoir des habitants d'empêcher, vu l'état où ils se trouvaient, que cette ville ne fut exposée à toutes les extrémités et rigueurs de la guerre, s'ils venaient à refuser la subsistance qui leur était demandée ; que ce n'était pas pourtant qu'ils n'eussent les mêmes cœurs et les mêmes affections pour Son Altesse, et qu'ils étaient prêts à sacrifier leurs biens et leurs vies pour son service. Mais qu'ils la suppliaient de considérer que tous leurs efforts seraient inutiles et ne feraient que leur attirer la perte et la ruine totale de sa ville et du pays. »

Mais le jour du départ de M. Duluc, Condé venait d'écrire de son côté :

« Messieurs les consuls et habitants de Castelgeloux,

« Dans l'approche des troupes du comte d'Harcourt, ne doubtant pas qu'il n'envoye quelques coureurs vers votre ville, je vous fais cette lettre pour vous dire qu'aussy tost qu'elle vous aura esté rendue vous ne manquerez à prendre les armes et vous opposer de toutes vos forces aux entreprises des ennemis. Je vous envoye le sieur de Chebert auquel vous obéyrez pour cest effet, et sy vous faictes punctuellement les choses qu'il vous dira de ma part, comme je ne doubte nullement, je vous fairay paroistre ma recognaissance et que je suis,

« Messsieurs les consuls et habitants de Castelgeloux,

« Votre meilleur amy.

« A Agen, le 16 mars 1652. »   « LOUIS DE BOURBON »

Aussi le député Duluc revint-il avec l'ordre de ce prince, de se défendre, *ne pouvant souffrir que notre ville fournit la subsistance aux troupes du comte d'Harcourt.*

En conséquence, nos jurats arrêtèrent, le 19 mars 1652, « que les consuls feraient publier que tous les habitants qui avaient déserté Casteljaloux eussent à y revenir, à peine de grande amende; que, de plus, on fortifierait les endroits les plus faibles de la ville, et qu'on achèterait de la poudre, du plomb et des armes.

Ce même jour, il entra, dans Casteljaloux, une vingtaine de cavaliers de Balthazar, partisan de Condé. Chebert augmenta de 40 soldats la garnison du château.

Sur ces entrefaites, Louis de Bourbon avait quitté son armée de Guienne, pour aller combattre contre les maréchaux d'Hocquincourt et de Turenne, à Bléneau, laissant dans nos contrées le prince de Conti, son frère, avec Marsin et Balthasar, ses lieutenants. C'est peut-être ce départ qui décida nos jurats à députer M. de Merlet, M. de Laval, avocat du roi, et M. de Brocas, sieur de Lamothe, au comte d'Harcourt, *pour lui offrir leurs soumissions* (1).

Mais le 7 avril, et avant le retour de ces députés, un trompette de l'armée royale se présenta devant la porte de Notre-Dame, où, après avoir sonné quelques fanfares, il demanda le commandant de la place. Au même instant, M. de Chebert, gouverneur envoyé par le prince de Condé, se montra sur le rempart, et le trompette lui ayant fait sommation « de remettre Castelgeloux, pour le service du Roi, entre les mains de M. de Lilebonne, un des lieutenants du comte d'Harcourt, » Chebert fit pour réponse « qu'il n'avait la volonté de remettre cette place, sans l'ordre du prince de Condé, et que si quelqu'un s'en approchait, sans être muni de cet ordre, il serait repoussé à coups de mousquets et de fusils. »

Ceci ne regardait que le château. Quant à la ville, nos jurats firent connaître à M. de Lilebonne, qu'ils avaient déjà envoyé leurs soumissions à M. le comte d'Harcourt, et ils lui demandèrent un délai, pour attendre le retour de cette députation, partie de Casteljaloux le 2 avril 1652.

D'Harcourt exigea des consuls et habitants de Casteljaloux et lieux dépendants de la sénéchaussée, y comprises nominativement les paroisses des Lugues, mais en exceptant les biens particuliers de M. de Morin et la baronie de Captieux, la somme de 40,000 liv. dont 20,000 liv. payables le 20 avril et le restant le

---

(1) La plupart des détails qui précèdent et de ceux qui vont suivre, ont déjà paru, dans l'Histoire de l'Agenais, du Condomois et du Bazadais, que nous publiâmes en 1847. Les supprimer ici, ce serait tronquer la Monographie de notre ville.

30; il fut dit que l'on prendrait les pistoles d'Espagne de poids à 12 liv., les louis blancs à 3 liv. 5 sols et les demi louis à proportion. Cet ordre est daté du Camp devant le Mas, 12 avril 1652.

Le 20 du même mois, M. de Marin fit connaître à nos consuls et à quelques habitants mandés par ce général, à Samazan, « que M. le comte d'Harcourt lui avait baillé ordre de venir assiéger le château de Castelgeloux, et que pour empêcher du désordre, il voulait que la ville fournit le pain de munition aux soldats et six sols à chacun par jour, ainsi que le logement pour les officiers. » Avant de quitter Samazan, nos consuls, voulant satisfaire à cette dépense, empruntèrent à Mme de Bacalan une somme de 600 liv. De plus, le corps de ville vota un second emprunt de 20 boisseaux de seigle, pour faire le pain de munition, et grâce à ces mesures, la ville fut préservée des maux de la guerre, durant le siège du château. Mais les soldats des régiments de Lorraine, logé à Ruffiac, de Benac, logé à Poussignac, d'Auvergne, logé à Veyries ainsi qu'à St-Giny, et de la brigade de cavalerie de M. de Mercœur, qui faisait plus de 4,000 chevaux et occupait Villefranche, Lupiac, Beyrac et le Sendat, n'en désolèrent pas moins le pays, brûlant les maisons, pillant les églises, fouillant les sépultures, et se livrant, en tous lieux, au meurtre comme au viol. « Tesmoignage que Dieu était irrité contre nous, pour nos péchés. — En la plus part des esglises, à la campagne, le service divin fut discontinué. En ceste ville, l'exercice de la justice cessa durant longtemps. » (Note du secrétaire de la ville de Casteljaloux, sur les registres municipaux de 1652).

Le château de Casteljaloux se soumit, le 29 avril 1652, après avoir soutenu un siège de huit jours, et le jour même de la capitulation de Chebert, nos jurats firent supplier le comte d'Harcourt de leur laisser la garde de cette place, comme de leur accorder le délogement des troupes. Henry de Lorraine mit au château le capitaine Deslandes, du régiment d'Harcourt, et exigea le paiement immédiat de 34,000 liv. à compte sur la contribution de 40,000, promettant à cette condition le délogement demandé. Plus tard, il donna rendez-vous à nos députés, pour le lendemain, à Marmande, leur faisant espérer qu'il retirerait de Ruffiac, Poussignac, Bouglon, Labastide, Villefranche, et tous ses régiments d'infanterie et sa brigade de cavalerie. Mais il insista pour que l'on s'empressât de compléter non seulement les 34,000 liv., mais même les 40,000, sans compter la subsistance du gouverneur et de la garnison du château.

C'est le 5 mai 1652, que M. de Marin quitta Casteljaloux et délivra le pays de toutes ces troupes. Notre ville ne se trouvait pas néanmoins au bout de ses épreuves, nos pauvres aïeux n'en accusant, comme on l'a vu, que *leurs péchés*, sans songer, dans leur résignation chrétienne, à maudire tous ces grands de la cour, princes, prélats, ducs et duchesses, sur qui l'inexorable histoire a fait retomber la responsabilité de tant de meurtres, viols, pilleries et sacrilèges. Mais... *plectuntur achivi*.

Aux 40,000 liv. de la première contribution, s'étaient joints 6,000 liv. pour les vivres fournis aux troupes du siège du château. D'Harcourt avait accordé un garde pour accompagner, dans les paroisses contribuables, le consul Castaing et le receveur Dutour, chargés d'activer la collecte des fonds. Toutefois, cette première mesure ne put aboutir, d'un côté, parce que les communautés de Cazeneuve et de Castelnau de Cernes en appelèrent à M. de Pontac, intendant, et, d'un autre côté, parce que les habitants des Lugues en appelèrent aux armes.

A la vérité, une ordonnance de Henri de Lorraine, du 7 juillet même année, condamna par provision les communautés de Cazeneuve et de Castelnau de Cernes, à payer leur part contributive. Meilhan et Marcellus succombèrent également dans leurs demandes d'exemption. Ste-Bazeilhe paya, non sans résistance aux premières contraintes. Mais les Lugues s'obstinèrent dans leur refus. Quelques cavaliers du comte d'Harcourt s'étant joints au consul Duluc, qui parvint avec cette escorte dans la commune de Pompogne, on s'y trouva bientôt en face d'un rassemblement qui, de prime abord, enleva trois chevaux à ces cavaliers et fut cause que le corps de notre ville envoya, pour assister Duluc, une troupe composée d'habitants en âge de porter les armes. Une autre troupe partit, le même jour, 28 mai, pour Allon et Gouts, sous la conduite de MM. Baulaigne, consul, Lamothe Brocas et Dutour, jurats.

C'est principalement Bacoue, procureur du Roi au siège de Casteljaloux, que l'on accusait être le provocateur de ces désordres, dans l'intérêt de Condé. Aussi le comte d'Harcourt ordonna, le 7 juin 1652, la confiscation de ses biens qui furent abandonnés au gouverneur Deslandes. De plus, le prévôt général de l'armée royale reçut commission de faire le procès à ce magistrat.

Déjà ce grand prévôt s'était présenté dans notre ville, le 25 mai précédent, demandant la liste des habitants déserteurs ou rebelles. On lui répondit que *tous les habitants étaient restés fidèles serviteurs du Roi.*

Du reste, à force de soins et de persistance, la ville de Casteljaloux put opérer, le 21 mai 1652, un paiement de 8,447 liv. Il y a même tout lieu de croire que d'autres à-comptes s'ensuivirent, M.. nous ne pouvons l'affirmer. Toujours est-il qu'il ne se passait pas de jour, sans notifications de quelque menace venant du quartier général. C'est ainsi que le consul Duluc, se trouvant à Marmande, le 17 mai, se vit dans la nécessité d'écrire à ses commettants que « si l'on ne payait pas les 40,000 liv. en totalité, le lendemain, d'Harcourt enverrait des gens de guerre pour désoler la ville. Pourtant on a vu que Henri de Lorraine se contenta, pour le moment, des 8,447 liv. qui lui furent comptés, sinon le lendemain, du moins quatre jours après. D'un autre côté, si le comte d'Harcourt ne réalisa point ses menaces, on ne le dut qu'à l'intervention de M. de Morin, dont M. de Léglize alla solliciter l'appui, au Sénéat, comme député de notre ville. Grâce à ce magistrat, on obtint une sauvegarde *faisant défenses aux gens de guerre de loger ni fourrager dans Casteljaloux et ses dépendances.*

Ce n'est pas tout ; une extrême disette affligeant la ville et tout le pays, il fallut prendre des mesures pour approvisionner les habitants qui se trouvaient en état de payer ces vivres. Quant aux pauvres que la désolation des campagnes avait refoulés et multipliés dans nos murs, les deux consuls chargés du syndicat de l'hôpital, leur distribuèrent, chaque jour, deux cartons de blé seigle et six cartons de millade.

En même temps on relevait les murailles de la ville et l'on munissait le château de provisions de bouche et de guerre. Deslandes ayant demandé un ameublement personnel, les jurats autorisèrent les consuls *à lui bailher un lit honneste, qu'ils prendraient de quelqu'un à louage, plus huit plats, seize assiettes et une salière d'estain et autres ustensiles de cuisine, avec deux nappes, une douzaine de serviettes, qui seraient changées toutes les semaines, une livre de chandelle de suif, chaque semaine, un quintal de résine et le bois nécessaire.* Cet ameublement *honnête* ne paraîtrait pas *conséquent* à nos commandants de place modernes. Des maçons et des charpentiers réparèrent le pont-levis du château et firent disparaître les traces du dernier siège.

A part les menaces journalières d'envoi de troupes, faute de paiement complet des 40,000 liv.; à part également la rébellion des Lugues, notre municipalité parvint, sans de funestes incidents, jusqu'aux premiers jours du mois d'août 1652. Le comte d'Harcourt, vers cette époque, se trouvait à Monflanquin, après avoir levé le siège de Villeneuve-sur-Lot, dans la nuit du 30 au 31 juillet 1652.

IV. *Godefroy Maurice de la Tour d'Auvergne, duc de Bouillon et d'Albret et 18ᵐᵉ baron de Casteljaloux.*

C'est dans ces circonstances que Henri de Lorraine reçut une députation de nos concitoyens, lui demandant l'autorisation de traiter avec le prince de Conti. Marsin, capitaine général en Guienne, pour le prince de Condé, et St-Micault, gouverneur de Bazas, poussaient des partis jusqu'aux portes de Casteljaloux, où ils enlevaient des prisonniers et des bestiaux; et le capitaine Deslandes avait déclaré à nos jurats *qu'il ne se trouvait pas en force pour en garantir le pays.* Néanmoins Henri de Lorraine rejeta bien loin cette prière de notre jurade, lui faisant annoncer qu'il *saurait la protéger.* Mais il ne tarda guère à quitter son armée, qu'il laissa aux mains de MM. de Marin, de Lilebonne et de Sauvebeuf. Ceux-ci venant de Ste-Bazeilhe, opérèrent une démonstration avec toutes leurs troupes, sur Casteljaloux. Pourtant ils ne firent qu'y paraître, ayant défilé, le 23 octobre 1652, savoir : la cavalerie et l'infanterie le long de nos murailles, et deux couleuvrines avec de nombreux bagages, par l'intérieur de la ville. Cette armée s'en alla ainsi loger à Villefranche, à Fargues, à St-Julien et à Caubeyres, commettant dans cette malheureuse contrée, tous les crimes de la soldatesque la plus effrénée. (Note du secrétaire de la jurade de Casteljaloux).

Le voisinage de ces troupes n'empêcha point les Lugues de se soulever, et ce rassemblement en vint jusqu'à insulter aussi notre ville. De son côté, le colonel Balthazar mit le siège devant Castelnau de Mesmes, et durant cette opération, il enleva non loin de Casteljaloux, le capitaine Lasserre qui avait une compagnie de chevau-légers chargés, avec 80 hommes du régiment de Rouillan et les habitants, de défendre cette dernière place.

Castelnau ayant capitulé au bout de quatre jours, Balthazar y laissa St-Micault et partit avant le jour, avec sa cavalerie, après avoir dirigé son infanterie, et ses canons, sur Antagnac, où Marsin l'attendait pour entreprendre le siège de Casteljaloux.

L'approche de ces deux chefs ayant répandu le trouble dans notre ville, il fallut recourir à des mesures sévères, afin d'empêcher la fuite de plusieurs habitants.

Néanmoins, l'armée ennemie ayant paru, ces habitants et la garnison opérèrent une sortie. Mais ils furent repoussés, et, d'après les mémoires de Balthazar, peu s'en fallut qu'il n'entrât pêle-mêle avec eux dans la place. Les assiégeants campèrent sur les sables de Lirac, en face de la porte de Veyries. C'était le 15 novembre 1652.

A l'issue de cette première affaire, Balthasar écrivit à nos consuls :

« Messieurs, la croyance que j'ay que vous estes à Monseigneur le Prince m'oblige à vous faire ce mot avant que vostre ville soit mise au pillage et au sac, quy vous est infaillible, ceste nuit, sy vous ne vous soubmettez. Envoyez-moi vostre intention et ne mesprisez pas mon advis, vous assurant entièrement de mon amitié, et ne cherchez aucune protection auprès de moi, si vous le négligez. Songez-y bien et à vos familles et responce sur ce subjet. Je suis, en attendant, Messieurs, votre très affectionné serviteur.   BALTHAZAR. »

La ville se rendit, et voici quels furent les termes de la capitulation, qu'obtinrent MM. du Castaing, conseiller du Roi, Duluc, consul, Roy et Villeneuve, jurats, députés à cet effet :

« Articles accordés aux consuls, jurats, manans et habitants de Castelgeloux et autres personnes réfugiées et retirées en lad. ville, par Monseigneur de Balthazar, lieutenant général du Roy, soubz l'autorité de Monseigneur le Prince.

« Premièrement que les habitants et autres réfugiés en ladite ville se mettront dans l'obéissance qu'ilz doivent au Roy et à Monseigneur le Prince.

« Que mondit seigneur de Balthazar promet auxd. habitants, consulz et juratz, toute protection et que pour cest effect il ne leur sera rien prins ny enlevé dans leurs maisons, en la ville ny aux champs, tant en leurs personnes qu'en leurs familles, mubles, argent, denrées et bestiaux, armes et chevaux, et pour le bestailh et autres choses déjà prinses qui sont en nature, seront rendues auxd. habitans auxquels ny à leurs familles ne sera mesfaict ny mesdit, pour quelque prétexte que ce soit.

« Sera pareillement permis aux habitants et estrangers réfugiés dans lad. ville, de se retirer, si bon leur semble, avec leurs familles et leurs chevaux, armes, argent et équipage, et leur sera fourni passeport et escorte nécessaire jusqu'à ce qu'ils soient en la ville du Mas ou Marmande par le plus court chemin, auxquels ne sera non plus mesfaict ny mesdit, ny en leurs personnes ny en leurs familles ny en leurs biens, ny en leurs armes et chevaux, soubz quelque cause et prétexte que ce soit.

« Que led. seigneur de Balthazar promet de ne mettre point de garnison dans la ville, ny faire entrer des troupes soit de gens de cheval ou de pied.

« Que la garde de lad. ville sera laissée aux habitants.

« Que les troupes d'infanterie qui sont dans la présente ville, se pourront retirer avec leurs armes, chevaux et bagages, tambour battant, mesche allumée par les deux bouts, dans la ville du Mas ou Marmande, où ils voudront, par le plus court chemin, et pour cest effect leur sera fourny passeport et escorte nécessaire, auxquels ne sera mesfaict ny mesdit, soit en leurs personnes, argent, armes, chevaux, hardes et généralement en tous leurs équipages. BALTHAZAR. »

C'est le régiment de Rouillan qui sortit ainsi de Casteljaloux avec tous les honneurs de la guerre. Quant aux chevau-légers de Lasserre, Balthazar ne voulut les recevoir qu'à discrétion. Mais il paraît qu'ils prirent du service avec leur capitaine, dans l'armée du prince de Conti.

A la nouvelle de la reddition de Casteljaloux, le comte de Marsin s'y rendit, pour conférer avec Balthazar de leurs opérations ultérieures. Après avoir chargé Duplessis, maréchal de camp, de faire le siège du château, ils partirent tous les deux avec 1,500 chevaux pour Condom, où Balthazar s'était ménagé des intelligences. Ayant appris, en chemin, que Duplessis venait d'être tué sous le feu meurtrier du château de Casteljaloux, ils y envoyèrent Bauvais-Chantirac, autre maréchal de camp. Puis, leur expédition sur Condom ayant échoué, Marsin se replia sur notre ville.

Comme on vient de le voir, Deslandes fit une belle défense. Le canon fut d'abord placé contre la place, devant l'église de Notre-Dame, ensuite à la porte même du château et enfin au jardin de M. du Solier, près la halle. La disposition actuelle des lieux ne permet plus d'apprécier ce système d'attaque. Durant ce siège, dit le secrétaire de la ville de Casteljaloux, dans une note apposée à la suite de la capitulation du 15 novembre 1652, « l'infanterie composée de plus de 2,000 hommes et grand nombre de cavalerie logèrent dans la ville. » Deslandes se rendit, le 21 du même mois.

Plusieurs habitants s'étaient jetés dans le château, lors de l'entrée des frondeurs dans la ville. C'étaient notamment Pierre Roux de Laval, avocat du roi, Carbonnieux, seigneur d'Ambruch, Lamothe de Brocas, capitaine au régiment de Candale, de Béraud, capitaine au régiment d'Anjou, Baroque, avocat, et Maussac, jurat. On refusa de les comprendre dans la capitulation et ils furent mis à rançon. On reprochait surtout à Roux de Laval, qui avait servi de lieutenant à Savoze, notre gouverneur, durant plusieurs années, de leur avoir occasionné de grandes pertes, par la connaissance qu'il avait de la place et de la ville. Sa maison fut pillée, sa vaisselle d'étain réduite en balles de mousquet; son argenterie disparut; on appliqua à l'entretien des troupes tout son blé, qui valait alors une somme énorme, (25 liv. le sac contenant 85 litres environ); on livra tout son vin au régiment d'Irois; et, pour lui extorquer son argent, Blazon, lieutenant colonel du régiment de Conti, non content de le menacer à chaque instant de le faire arquebuser, le fit hisser sur un noyer, près de Lirac, métairie de M. de Margeon, et fit allumer au pied de cet arbre plusieurs fagots, dont la fumée et la flamme contraignirent ce magistrat, âgé pour lors de 58 ans, à payer la somme de 1,800 liv. « Dieu qui est vengeur des mauvaises actions, permit que led. Blazon ne survécut pas à son crime, car il fut tué trois jours après devant la ville du Mas. » (Mémoire M. S. de Bertrand Roux de Laval, appuyé pour les faits ci-dessus, d'un acte de notoriété reçu par Jean-Jacques de Mothes, lieutenant général au siège de Casteljaloux, du 25 juin 1666).

Cependant Sauvebeuf et Merinville étaient en marche à la tête de l'armée royale, pour combattre le comte de Marsin. Ils vinrent occuper Fargues et Couthures, d'où Sauvebeuf envoya, par un trompette, son défi à Marsin, lui mandant que *s'il voulait sortir de son poste et venir dans la plaine où il se trouvait, il lui livrerait bataille.* Marsin avait retiré de la ville toutes les troupes du siège et s'était de nouveau posté sur les sables de Lirac. Il répondit au cartel de Sauvebeuf, *qu'il savait fort bien ce qu'il avait à faire, en cette occasion, ayant déjà commandé des armées en chef; qu'il était devant Castelgeloux, dans une belle plaine, où il ferait son devoir, et que Sauvebeuf verrait de faire le sien.* Celui-ci ne se présenta pas au combat, et le trompette chargé de la réponse de Marsin, trouva même les royalistes décampés. Balthazar s'étant mis à leur poursuite avec deux escadrons, chargea plusieurs fois leur arrière garde; mais le comte de Marsin qui craignait un piège, refusa de le faire appuyer par le reste de ses troupes.

Le secrétaire de la ville de Casteljaloux, après avoir rappe dans ses notes (citées plus haut), que les frondeurs quittant leur camp voisin de la porte de Veyries, s'en allèrent loger tous à St-Martin, Heulies, Antagnac et Figués, en désolant, comme d'habitude, tout ce pays, nous fournit ces autres détails :

« Le sieur de la Magdeleine, capitaine du régiment de Marsin, fut mis gouverneur au chasteau et y ayant demeuré deux jours après, avant d'estre destitué du gouvernement, se révolta, et comme on afustait le canon pour l'assiéger, son lieutenant et ses soldats qui estaient avec lui au chasteau, le voulant saisir, ils le blessèrent d'un coup de pistolet et d'un coup de mosquet ; et après, il se jeta au bas des murailles et se sauvit à la faveur de la nuit, vers le Mas; estant poursuivi et pris, le conseil de guerre le condamna d'estre arquebusé, ce qui fut exécuté près la porte de Veyries, et enterré dans l'église de St-Raphaël, à la chapelle de Notre-Dame de Lorette, où sont les fonds baptismaux. — Le 29 dud. mois, lad. armée défila vers le Mas, qu'elle assiégea avec deux canons et peu de jours après fut pris d'assaut et pillé. — Les vivres étaient fort chers et rares, Dieu estant irrité pour nos péchés. »

Durant le siège du Mas d'Agenais et le 5 décembre 1652, le comte de Marsin mit à contribution le château de Montcassin, où s'étaient réfugiés nombre d'habitants du pays. En même temps, il recommandait au capitaine Desaydes, qu'il avait mis dans le château de Casteljaloux, à la place du capitaine La Magdeleine, de le tenir au courant des desseins de l'ennemi, et de soutenir vigoureusement un siège, si on venait l'attaquer, l'assurant qu'il lui donnerait secours, avec l'aide de Dieu.

A son départ de notre ville, le comte de Marsin, à l'exemple du comte d'Harcourt, l'avait frappée d'une contribution de 40,000 liv., qu'il réduisit ultérieurement à 10,000. De leur côté, les chefs de l'armée royale s'étaient remis à poursuivre, avec de nouvelles menaces, le paiement du solde de leur contribution. Oh! cette fois, enfin, le conseil des jurats, malgré la résignation chrétienne que nous lui connaissons, ne put retenir un cri d'indignation, qui nous est parvenu, à travers deux siècles : « c'est un procédé inouï ! » porte leur délibération du 29 novembre 1651 ; et certes, alors que sans cesse et sans trêve, ils se voyaient envahis, maltraités et pillés par les gens de guerre; que chaque jour leur amenait une menace, une avanie ; que, dans le but de leur extorquer de l'argent, le gouverneur Desaydes faisait enlever et conduire au château leurs consuls, ou que les généraux de chaque parti retenaient les députés que notre ville leur envoyait en suppliants, cette expression doit nous paraître bien modérée !

C'est dans ces tristes circonstances qu'un magistrat, M. Gardelles (ou Gardolles), lieutenant criminel au siège de Nérac, eut, le premier, l'idée de demander, à prix d'argent, pour la ville et juridiction de Casteljaloux, une neutralité, dont la démolition de l'ancien château des sires d'Albret serait la sanction. Les chefs royalistes et frondeurs prolongèrent, à ce sujet, les négociations et redoublèrent même de vexations, pour forcer nos jurats à subir de plus grands sacrifices. Enfin, une ordonnance du comte de Marsin, rendue à Bordeaux, le 2 mars, et une semblable du duc de Candale, du 1er mai suivant, accordèrent cette neutralité. Puis un *passeport général* permit aux habitants de Casteljaloux *d'aller librement par toute la province et où leurs affaires générales et particulières les appeleraient, sans qu'il leur fût donné aucun trouble ni empêchement, ains toutes sortes d'ayde et assistance.*

Mais dire ce que cette neutralité nous coûta, c'est impossible. Outre les contributions principales dont les deux partis ne voulurent pas se départir, il fallut payer une indemnité de délogement au gouverneur du château. Bien d'autres commandants exigèrent aussi des gratifications, et M. de Gardelles lui-même se fit compter un beau denier. Aussi, malgré quelques dédommagements que le prince de Condé fit parvenir à ceux qui avaient souffert pour sa cause, malgré l'aliénation d'une partie du domaine de notre ville, pour éteindre ses divers emprunts, elle devait encore, en mai 1657, la somme énorme de 59,681 liv. 9 s. 1 d.

Eh bien ! cette neutralité ne fut qu'un leurre, comme nous allons l'établir, après avoir parlé des voleurs et de la peste, qui s'étaient joints à tant d'autres maux.

Le 27 février 1653, le consul Brostaret annonça que des gens de Marmande et du Mas se permettaient d'enlever des bestiaux, jusqu'aux portes de Casteljaloux, et que notamment ils avaient ravi tous ceux de Moleyres et de Roques. Nos jurats décidèrent aussitôt qu'il serait dressé un rôle de tous les habitants en état d'entrer en campagne ; et l'on écrivit aux consuls du Mas et de Marmande qu'ils eussent à faire restituer les bestiaux volés, sans quoi l'on prendrait les armes pour en obtenir de force la restitution. Il paraît que cette démarche obtint un plein succès.

Deux mois après, c'est-à-dire vers la fin d'avril 1653, d'autres voleurs ayant dévalisé plusieurs maisons de Ruffiac, comme de St-Martin, et ayant même fait souffrir des tortures à quelques habitants d'Antagnac, qu'ils dépouillèrent, il partit de notre ville une troupe de cavaliers, avec dix ou douze fusiliers, qui coururent sus à ces bandits, et les ayant saisis, les conduisirent dans les prisons de Casteljaloux.

C'est vers cette époque, déjà si funeste, que l'on apprit qu'une maladie contagieuse s'était manifestée à Nérac. Aussitôt nos jurats établirent des gardes aux portes de la ville, dont l'entrée fut interdite aux *étrangers dangereux*. Bientôt le mal s'étant répandu dans plusieurs villes voisines, on dut recourir à d'autres mesures. Une délibération prise le 15 mai voulut que le marché se tînt en dehors des murs, près la porte de St-Raphaël, et c'est également hors de la ville que l'on distribua les aumônes aux nécessiteux. La peste se rapprochant de nous, se manifesta, dès le 10 juin, dans la paroisse de Pompogne. En juillet, on la signala dans la juridiction de Montcassin, et malgré les soins extrêmes pris, dans nos murs, pour en préserver la ville, un premier cas de peste s'y produisit, le 12 septembre. Bientôt ces cas se multiplièrent. A chaque décès, on expulsait de Casteljaloux la famille atteinte et l'on interdisait l'entrée de cette maison. C'est

ce qui fit qu'en octobre 1653, Bessivat, valet des consuls, s'étant
introduit dans le logis d'une pestiférée, qui venait de mourir, en
pilla les hardes et fut chassé, pour ce fait, avec tous les siens.
L'on pria, dans cette occasion, MM. du chapitre de « faire sonner la grande cloche de St-Raphaël, pour signal de retraite, tous
les soirs, à neuf heures, après quoi les consuls, les jurats et les
bourgeois devaient multiplier les patrouilles par les rues, pour
empêcher de tels larcins. » En même temps, on ne cessait de
recommander de tenir les rues propres et d'y allumer de grands
feux de bois de pin. On avait loué un chirurgien, un apothicaire,
ainsi qu'un croq (corbeau), du nom de Lardit, pour ensevelir les
morts. Mais le mal s'aggrava tellement qu'il fallut établir des
huttes, loin de la ville, pour recevoir les pestiférés, et que l'on
invita ceux qui possédaient des maisons aux champs, de s'y réfugier. De leur côté, nos jurats chassés de l'hôtel-de-ville, et
plus tard de Casteljaloux, n'y rentrèrent qu'en décembre 1653.
Encore les voit-on, le 18 décembre, délibérer dans la rue, puis,
c'est-à-dire le 22, dans la maison de M. de Léglise, où il fallut
procéder à plusieurs élections, afin de combler les vides que la
peste avait occasionnés dans le corps de la jurade. Le lendemain, 23, c'est *sur le canton* que cette assemblée tint sa séance.

Encore si ce fléau avait pu écarter à distance les gens de
guerre ! mais il semble que ces derniers voulaient rivaliser de
fureur avec la peste dont ils durent sans doute favoriser les progrès, par leurs désordres, comme par les entraves qu'ils apportèrent aux soins de notre administration municipale. Un sieur de
Licogne, qui commandait, pour Condé, quelques cavaliers et
quelques fantassins, dans le château de Capchicot, ainsi qu'un
sieur de Barbuscan, autre capitaine frondeur, logé dans le château de Castelnau de Mesmes, envoyaient des partis piller les
bestiaux dans les paroisses voisines de notre ville et résistaient
aux supplications de nos consuls. Des troupes de cavalerie et
d'infanterie couraient le pays, *battant les blés et les portant ven-*

dre en ville ou aux moulins. Craignant même que la ville ne fut envahie et mise au pillage, on tenait sur pied et en armes, nuit et jour, le tiers des habitants. Le 28 août 1653, dans la nuit, M. de Merle, *appréhendant que les gens de guerre ne lui enlevassent la pile qu'il avait à Bourras*, sortit de la ville, accompagné de M. de Plaisance et d'autres amis, pour faire transporter dans sa maison cette récolte qui n'était pas encore dépiquée. Mais ils furent assaillis par huit soldats du régiment de Marsillac, cavalerie, près du lieu de Carré, et dans l'engagement qui s'en suivit, M. de Plaisance, tomba mort, en même temps qu'un des assaillants recevait, de son côté, une blessure dont il mourut le lendemain. Et veut-on connaître quelle fut la réparation obtenue par la famille de M. de Plaisance ? la voici : M. de Marsillac, qui commandait ce régiment, fit tirer au sort celui de ses soldats que l'on devait faire le semblant de pendre. Car il ne fit attacher ce soldat à la potence, qu'après s'être assuré, par une convention expresse, que nos consuls demanderaient sa grâce, laquelle ne manqua pas d'être accordée. Le 5 septembre 1653, le consul du Soliei (et non Dutour, comme on l'a dit par erreur dans l'*Histoire de l'Agenais*....), fut retenu prisonnier, à Grignols, par un capitaine du régiment de Boisse, lequel lui extorqua ainsi une somme de 1,250 liv. Le 11 septembre 1653, un capitaine du régiment de Larboue s'étant présenté à nos portes, muni d'un ordre de logement pour sa troupe, les jurats lui fermèrent les portes de la ville, décidés à les défendre ; telle fut la résolution que l'on notifia également à plusieurs autres corps en marche sur Casteljaloux et qui, cette fois, rebroussèrent chemin. Mais il ne pouvait en être de même de l'armée royale, qui se présenta devant Casteljaloux, le 14 octobre 1653, et qui ne délogea que lorsque nos jurats, frappés d'un contribution de 12,000 rations de pain, se furent exécutés, au moyen d'un nouvel emprunt. En vérité, nous éprouverions un véritable dégoût à rappeler ces avanies et ces vexations exercées sur une ville que dévorait la peste, si nous n'y trouvions l'occasion de faire ressortir l'admirable conduite d'une municipalité dont la résignation n'excluait pas le courage.

Après une recrudescence qui se manifesta au mois d'avril 1654, la mortalité s'éteignit, dans le courant de cette même année.

Sur ces entrefaites, Condé faisait la guerre à la France, dans l'armée espagnole. A la bataille des Dunes, livrée le 4 juin 1658, un escadron du régiment de Turenne faillit de faire ce prince prisonnier. Nous mentionnons ici ce fait, parce que ce dernier corps se recrutait dans l'Albret, et, par conséquent aussi, à Casteljaloux, comme l'établit une jurade du 26 février 1654, par laquelle il fut fourni au fils de M. de Morin, capitaine au régiment de Turenne, quelques soldats, à l'instar des villes de Nérac, de Tartas et de Castelmoron. Du reste, on sait que le prince de Condé ne rentra en grâce que lors du traité des Pyrénées, conclu le 7 novembre 1659. Mais dès le 30 juillet 1653, la ville de Bordeaux ayant signé sa paix avec la Cour, le comte de Marsin s'était retiré au pays de Liége, sa patrie, et Balthazar avait pris du service dans l'armée royale, avec 600 hommes de pied et 400 chevaux.

Parti, avant la signature du traité des Pyrénées, pour aller épouser, à St-Jean-de-Luz, l'infante Marie Thérèze, Louis XIV fit son entrée à Bazas, le 7 octobre 1659, et c'est dans cette ville qu'il accorda la grâce de plusieurs habitants de Casteljaloux, à raison d'un fait qui mérite d'être rappelé.

Nos lecteurs n'ont pas oublié sans doute ce Tristan de Piis, condamné à mort pour avoir concouru au meurtre des Lavaissière, dans l'église d'Allons. Nous avons déjà dit que ce gentilhomme ayant échappé à cette condamnation, servit, comme capitaine, dans les troupes de Condé, et il n'est pas à croire que la violence de son caractère se fut amortie à l'école des guerres civiles; aussi voyons-nous le parlement de Bordeaux le condamner de nouveau par contumace à mort, le 30 août 1659, avec un Joseph Dubousquet, dit Lahitte, Lamothe, son valet et Sauterisse, comme coupables du meurtre de Mᵉ Jean Descuraing de Lagrange, avocat. Mais Trajan de Piis, réfugié au Peyré de Léberon (dans la juridiction de Villefranche du Cayran), s'y trouvait protégé non moins par sa terrible réputation que par les fortes murailles de sa demeure. Le 15 septembre, même année, Anne Roy, veuve de M. Jean Descuraing de Lagrange, obtint un arrêt qui lui permettait de courir sus aux condamnés, en enjoignant à tous les citoyens de lui prêter main forte.

En conséquence, un groupe de bourgeois de Casteljaloux marcha sur le Peyré, avec un sergent royal nommé Laborde. Ces bourgeois au nombre de dix, c'étaient Jean Sauvaige, âgé de 30 ans ; Gabriel Lagrange Descuraing, âgé de 25 ans ; Pierre Brun, âgé de 34 ans ; Jehan de Bérauld, âgé de 25 ans ; Arnaud Eyma, âgé de 24 ans ; Arnaud de Lacrosse, âgé de 25 ans ; Jehan de St-Aubin, âgé de 25 ans ; Jehan Laban, âgé de 16 ans ; Jehan Monlon, âgé de 20 ans, et Léonard Gafauré, âgé de 22 ans.

Cette troupe n'ayant trouvé au Peyré ni Trajan de Piis, ni ses complices, avait repris le chemin de Casteljaloux, lorsqu'ils firent la rencontre de celui qu'ils cherchaient, accompagné de Dubousquet dit Lahitte, de Lamothe, d'un sieur de Puybarban et du valet de celui-ci. De part et d'autre on était armé de fusils, de pistolets et de mousquetons. Un engagement eut lieu. Du côté de ceux qui prêtaient leur appui à la loi, deux, Sauvage et Monlon, furent blessés. Mais, dans la troupe opposée, Trajan de Piis fut tué sur la place..... Lors du passage de Louis XIV par Bazas, ces dix bourgeois se constituèrent prisonniers dans cette ville. Ils furent interrogés dans leur prison par messire René Bonneau, conseiller, aumônier ordinaire de Sa Majesté, Mᵉ Gilbert Roux, écuyer, conseiller du roi, lieutenant particulier, civil et criminel de la prévôté de son hôtel, grand prévôt de France, et Mᵉ Pierre Rogier, greffier en chef, civil et criminel en la prévôté dudit hôtel. C'est sur le rapport de ces derniers, que la grâce fut accordée à ces habitants de notre ville.

Du reste, la cour passa également par Casteljaloux, le 8 octobre, et le Roi y occupa la maison des Saintrailles, qui appartenait, vers cette époque, à la famille de Brocas. *Ceux qui conduisaient les chariots* obtinrent du conseil des jurats, que la porte de Notre-Dame fut élargie pour leur livrer passage. Le duc de Bouillon, alors mineur, était du voyage, ainsi que le duc d'Anjou et le prince de Conti. La Cour repartit de Casteljaloux, le lendemain, 9 octobre 1659, « après avoir ouï la sainte messe au couvent, et s'en allèrent vers Nérac. » (Note du secrétaire du corps de ville.)

Au retour des noces de St-Jean de Luz, le duc de Bouillon repassa par Casteljaloux avec le maréchal de Turenne, son oncle. Ils séjournèrent au château de Durance, où Maussac, consul, et deux jurats allèrent les saluer, le 21 juin 1651. Puis, M. de Morin les ayant reçus en son château du Sendat, les bourgeois de Casteljaloux s'y rendirent avec leurs consuls et jurats, pour offrir leurs hommages à ces hôtes illustres. Le 23 juin 1651, Turenne et Bouillon traversèrent notre ville, s'en retournant à Paris.

CHAPITRE 9e.

Modifications apportées aux élections consulaires. — Décadence du parti de la Réforme. — Faits antérieurs à la révocation de l'Édit de Nantes.

Pour ne pas interrompre le récit des guerres soit religieuses, soit purement civiles, qui troublèrent le règne de Louis XIII et le commencement du règne de Louis XIV, en ce qui concerne notre pays, nous n'avons pas fait connaître jusqu'ici les atteintes que subirent, durant cette même époque, les privilèges de la ville de Casteljaloux ; nous voulons parler ici des élections consulaires.

I. Sous Henri IV, ces élections s'opéraient encore dans toute l'indépendance des formes primitives, et c'est le duc d'Epernon qui eut le triste honneur de porter la main, le premier, à ces franchises, en s'arrogeant le droit de nommer lui-même nos consuls, pour l'année 1625. Il poussa ce mépris de nos privilèges, jusqu'à prendre ces magistrats hors du conseil des jurats, en telle sorte que ceux dont il fit choix, furent obligés, pour entrer en charge, de prêter un double serment : celui de jurat, d'abord; celui de consul, ensuite.

En décembre, même année, les électeurs ne s'en disposaient pas moins à procéder, dans les anciennes formes, à leurs opérations, lorsque l'on apprit que M. de Savozo, gouverneur du château de Casteljaloux, venait de nommer, de sa propre autorité, quatre consuls, dont il refusait même de faire connaître la liste. Néanmoins, sur les réclamations de nos jurats, le duc d'Epernon leur restitua le privilège des élections consulaires, en exigeant toutefois que le capitaine du château y assistât. Lorsque les consuls allèrent notifier cette ordonnance du gouverneur de Guienne à M. de Savoze, celui-ci retint prisonnier au château, le sieur de Gueyrin, l'un de ces magistrats, sous le prétexte que ce consul s'était opposé à des inhibitions de port d'armes.

II. Plus tard, sans qu'il nous soit possible d'assigner une date à cette modification, la liste consulaire dut être soumise à l'approbation des gouverneurs ou des intendants de Guienne, tant que le Roi resta duc d'Albret; puis, du prince de Condé, du prince de Conti, son frère, ou du chevalier de Rivière, gouverneur de l'Albret, du chef du prince de Condé, engagiste de ce duché, et bientôt après de M. François de Morin, baron du Sendat, qui eut ce gouvernement dès la minorité de Godefroi Maurice de La Tour d'Auvergne, duc de Bouillon et d'Albret (1).

---

(1) On trouve sur les registres municipaux de Casteljaloux, la lettre d'avis de la nomination de M. de Morin. Nous la transcrivons ici :

« A nos chers et bien amez les consuls de notre ville de Castelgeloux.

« Chers et bien amez, Mons. de Morin ayant tousjours tesmoigné tant de zèle et affection pour nos intérêts, particulièrement tout de nouveau à nostre establissement dans nostre duché d'Albret, que nous souhaiterions bien avoir en main quelque chose de plus considérable, pour lui en faire ressentir nostre recognoissance, outre son mérite et sa condition quy nous y ont obligée, quy soit digne de luy, que du gouvernement de nostre dit duché; nous le prions de l'accepter et à cest effect lui en faisons envoyer les provisions, dont vous avons bien voulcu advertir et vous dire que nous désirons, voulons, et vous nous fairez chose agréable que de rendre désormais aud. sieur de Morin les honneurs et déférences quy sont deues à une personne de sa condition et de sa charge et d'agir et faire sur ce qu'il vous faira entendre de nostre part, comme sur nos propres ordres ; à quoy nous fairez plaisir de convier toutes les bastilles quy sont dans vostre destroit, de s'y conformer, afin que ceste nostre intention soit accomplie; ce que nous promettant de vos bonnes volontés, vous devez aussi espérer que nous prendrons tous les soins que vous pouvez désirer pour la protection et conservation de ce quy vous touche. Cependant nous prierons Dieu, chers et bien amez, vous combler de ses graces et bénédictions. -- Ecrit à Paris, ce 18 mars 1654. Vostre plus af-

III. Le 6 décembre 1641, Henri de Bourbon, prince de Condé, se trouvant à Casteljaloux, exigea qu'on lui remit une liste de douze candidats, dont trois pour chaque rang dans le consulat, et c'est sur cette présentation qu'il fit choix des quatre consuls. A compter de cette époque, les gouverneurs de l'Albret ne tinrent plus compte rigoureusement d'un autre usage qui s'était suivi sous Louis XIII et qui consistait à ne placer qu'un gentilhomme au premier rang de notre administration municipale.

Il paraîtrait que le chevalier de Rivière se contenta d'une liste de huit candidats. Mais M. de Morin rétablit la règle tracée par le prince de Condé, et l'on trouve sur nos registres plusieurs documents semblables à celui-ci, qui est de décembre 1658 :

« Liste des jurats qui composent en partie la communauté de la présente ville de Castelgeloux, pour estre envoyée à M. de Morin, seigneur baron du Sendat, gouverneur d'Albret, pour Monseigneur le duc de Bouillon....

Premier rang.

M. de Laval, advocat du Roy ; M. du Castaing, conseiller ; M. Sauvage, vieux.

Second rang.

M. Fortenier ; M. Boutet, vieux ; M. Boutet, jeune.

Troisième rang.

M. du Castaing, juge de Villefranche ; M. Comblon ; M. Burgué.

Quatrième rang.

M. Dulaur ; M. Maussac ; M. Pallas.

Mais il semble résulter de quelques listes postérieures, que MM. de Lamoignon et de Mesmes, tuteurs honoraires du duc de Bouillon, réduisirent, comme l'avait déjà fait le chevalier de Rivière, la présentation dont nous venons de parler, à huit candidats.

---

fectionnée à vous servir, F. M. Eléonore de Bergh, duchesse de Bouillon. » — Nos consuls adressèrent à cette princesse leurs remerciments du choix qu'elle venait de faire.

IV. Ces usurpations du pouvoir sur le régime municipal, ne s'opérèrent pas sans éprouver de la résistance, et il fallut nombre d'arrêts et d'ordonnances, pour contraindre nos aïeux à les subir. On formerait des volumes de tous ces textes sous la rigueur desquels succombèrent nos franchises. Le duc de Bouillon s'étant irrité à son tour de notre mauvais vouloir, à l'encontre de ces abus, le Roi, à la sollicitation de ce prince, envoya, l'an 1670, à Casteljaloux, une compagnie de cavalerie, ou plutôt de garnissaires, dont les vexations brisèrent toutes les oppositions.

Vers cette époque, notre ville devint le théâtre de beaucoup de troubles et d'émotions. De grands mouvements de troupes opérés dans la province, jetaient journellement dans nos murs des régiments entiers. Le chapitre, les moines et les nobles se trouvant exempts du logement des gens de guerre, ce fardeau retombait plus lourd sur les autres habitants (1). Les opérations du cadastre, connu sous le nom de *cadastre Baritaut*, parce que ce travail ordonné par S. M., dès 1668, et commencé, dans nos contrées, en 1671, se fit sous les yeux de M. de Baritaut, conseiller au parlement de Bordeaux et commissaire du Roi en cette partie, rendirent plus ante encore cette question surgie entre les privilégiés et les non privilégiés.

Durant ces troubles, M. de Brocas, sieur de Lanauze, fut pourvu par le duc de Bouillon, plusieurs années de suite, de la charge de premier consul, et il eut à combattre une faction que menait un sieur Pallas, syndic de la ville. Celui-ci accusait M. de Brocas de vouloir se perpétuer dans un emploi que sans doute cet antagoniste ambitionnait. Il y eut des consuls intrus, que l'on opposa aux consuls présentés par le corps de ville à la no-

---

(1) Le nommé Saintaouste obtint cette exemption, en sa qualité de *quêteur pour la rédemption des captifs*.
Une déclaration du Roi, du 13 avril 1681, exempta aussi pour deux ans, les nouveaux convertis, du logement des gens de guerre, ce dont se plaignirent les anciens catholiques.

mination du duc de Bouillon. Comme ils se disputèrent les livrées consulaires, les deux partis en vinrent aux mains et des coups de pistolets, de dagues ou d'épées, furent échangés, dans quelques rencontres. M. de Brocas opposa la plus louable modération à toutes ses violences, et c'est sous ces auspices que le 10 décembre 1675, *une assemblée considérable de tous les officiers de justice, prud'hommes et jurats, déclara nuls les actes du sieur Pallas, lui présent, en ordonnant qu'à l'avenir tous ceux qui composaient cette réunion vivraient en bonne intelligence,* ce qu'ils *scellèrent, en s'embrassant réciproquement et en se donnant le baiser de paix.* Pallas essaya de se relever de cet échec; mais il éprouva de constants désaveux de la part du corps de ville.

V. Il restait une autre difficulté, celle-ci résultant de l'antagonisme des deux religions qui se partageaient la ville et se disputaient le consulat.

Antérieurement à Louis XIII, deux consuls étaient pris parmi les catholiques et deux parmi les prétendus réformés. Mais en 1622, à la suite de la rébellion de Nérac, le duc d'Epernon n'admit qu'un consul de cette dernière religion. Cependant ce nouvel ordre ne survécut pas à ce gouverneur de Guienne. Le consulat de Casteljaloux redevint mi-parti, après le duc d'Epernon, et ce ne fut que le 1ᵉʳ de l'an 1658, que M. de Morin, ayant, en sa qualité de gouverneur de l'Albret, fait choix pour consuls de notre ville, de MM. de Laval, avocat du Roi, Berauld, Moncaubet et Boutet, M. Bacoue, procureur du Roi, s'opposa à leur installation, excipant d'un arrêt du parlement de Bordeaux, par lequel il était ordonné *qu'il n'y aurait qu'un consul de la religion prétendue réformée qui serait le second.*

Le corps de ville résista et la délibération du 1ᵉʳ de l'an 1658 constate que ce fut aussi bien le sentiment des catholiques que des protestants.

Mais le 11 août d'après, le prince de Conti, gouverneur de la province, intima l'ordre à nos consuls de se conformer à l'arrêt de la cour de parlement, et comme ils hésitaient encore, le lieutenant général St-Luc leur fit de telles menaces, qu'il leur fallut céder. M. de Morin avait ouvert l'avis, le 27 août 1658, d'attendre l'arrivée du commissaire que les tuteurs du duc de Bouillon avaient promis d'envoyer, *afin de pourvoir au consulat.* Mais Bacoue s'indignant de cette proposition, alla jusqu'à dire « que le duc de Bouillon n'entendait pas que M. de Morin, chef et conseiller de ceux de la religion prétendue réformée, se mêlât de ces sortes de questions. » En juillet précédent, le baron du Sendat venait d'assister au synode tenu à Duras, comme député de ses co-religionnaires. Du reste, le commissaire des tuteurs du duc de Bouillon ne fit pas rétablir le consulat mi-parti.

VI. Les prétendus réformés, du reste, en étaient venus au point de ne pouvoir plus se dissimuler leur décadence, et les ministres de leur église s'efforçaient en vain de retenir dans leurs voies ceux qui les désertaient. Le zèle qu'ils déployèrent donna lieu à deux procès, qu'il importe de rappeler ici.

Dès le 6 février 1677, Pierre Augier, l'un d'eux, avait subi une condamnation au conseil d'État, « en une aumône de 50 livres, applicable aux pauvres de la ville de Casteljaloux, pour avoir proféré des blasphèmes et paroles injurieuses contre la religion catholique et ses divins mystères, dans son prêche du 4 juin 1676, » et si Sa Majesté lui avait permis *de reprendre l'exercice de son ministère,* ce n'est *qu'en lui faisant très expresses défenses d'user à l'advenir, dans ses prêches, d'aucuns discours injurieux à la religion catholique, apostolique et romaine.*

Il paraît que cet avertissement ne put modérer le zèle de ce ministre, qui appartenait à une famille plus connue par sa bouillante bravoure que par sa résignation évangélique. Deux ans s'étaient à peine écoulés, que déjà le procureur général au parlement de Bordeaux lui avait intenté un nouveau procès. L'information dressée contre lui, le 5 juillet 1679, par M. Jean-Jacques de Mothes, lieutenant général et commissaire examinateur, au siège de Casteljaloux, nous montre ce ministre et le sieur de Massillos, son frère, joignant à de nouveaux blasphèmes contre la religion catholique, des injures et des menaces, contre deux de leurs co-religionnaires qui s'étaient convertis. — M. Pierre Augier fut mis à la Bastille (1).

Un autre ministre de l'église réformée de Casteljaloux, M. Pierre de Brocas de Hondepleurs, donna lieu à un arrêt plus grave, à raison d'un sermon qu'il avait prononcé dans le temple de notre ville, et dont le père Simphorien de St-Ysère, prédicateur missionnaire, supérieur des Capucins de Casteljaloux (11),

---

(1) A la jurade du 12 décembre 1683, le corps de ville alloua des frais faits par les consuls pour la capture de M. de Massillos, et le 25 mai 1684, on alloua au consul Gueymu la dépense de la *traduction* du sieur de Massillos, prisonnier d'État, dans la ville de Marmande, le 9ᵉ décembre dernier. Nous ne doutons pas qu'il ne fût encore question, cette fois, de quelque excès de zèle, en matière de religion. Plus tard, cependant, on trouve un sieur de Massillos, au nombre des nouveaux convertis.

Lorsqu'en 1767, on craignit pour la suppression du couvent des Cordeliers de Casteljaloux, on fit valoir que « c'était à eux que l'on devait principalement l'extirpation de l'hérésie, dans cette ville ; que frère Joseph Lartigue, cordelier conventuel à Casteljaloux, mit en quelque sorte la dernière main au grand œuvre de la réunion des protestants à l'église catholique, lorsqu'en 1685 il confondit le ministre Augier, dans une dispute réglée sur les matières de controverse, et fit tomber par cet acte éclatant le parti protestant en discrédit. » Dans le siècle suivant, un Augier de Massillos fut curé du Sendat.

(11) Les pères Capucins s'étaient établis à Casteljaloux, dans une maison particulière, qui avait appartenu à un sieur Fonfrède. Le 12 juillet 1661, ils demandèrent la place du ravelin de la porte de Veyries, pour y bâtir leur couvent et leur église. Sur quoi, « attendu l'incertitude, dirent nos jurats, si l'on peut disposer de lad. place, il a été arrêté que lesd. pères Capucins en feront ce qu'ils aviseront. » On lit, de plus, dans une jurade du 14 octobre 1664, que M. Nicolas Leglyze s'y fait décharger d'un article qu'il payait à raison d'une pièce de terre, qu'il avait vendue aux pères Capucins, proche la porte de Veyries, depuis 3 ou 4 ans. Pourquoi trouve-t-on ces religieux établis, au contraire, non loin de la porte de St-Raphaël, où nous les verrons, dans les années postérieures, disputer à notre ville une place voisine de leur couvent, c'est ce qu'il nous a été impossible d'éclaircir. — C'est le 14 février 1685, que les dames de Barbot, de Gaichies et de Roquant, religieuses de l'ordre de St-Benoît, du couvent de Marmande, demandèrent à fonder un monastère, ce qui leur fut accordé. Nos jurats avaient d'abord indiqué le *fau-*

déposa dans l'information, en reprochant, de plus, aux ministres, de souffrir à leurs prêches, des enfants de pères et mères catholiques, d'avoir des sages-femmes de leur religion, et, dans leur temple, des bancs plus élevés les uns que les autres. Le parlement, par arrêt du 30 avril 1683, condamna M. de Brocas-Hondepleurs à faire amende honorable à l'audience, les fers aux pieds et à genoux, le bannit à perpétuité du royaume, prononça l'interdiction du culte des religionnaires dans nos murs et fit raser leur temple. — Le 24 août d'après, un arrêt du conseil prononça l'exclusion, à son tour, des prétendus réformés, *des charges de consuls et conseils politiques.* D'autres décisions ne permettant dans les corps de jurats qu'un quart pris parmi *ceux de la religion*, un procès-verbal du 11 mai 1683, constate les difficultés que l'on eut, à ce sujet, pour composer la jurade, *attendu que la plus grande partie des bourgeois et autres personnes étaient de la religion prétendue réformée.* Pourtant, le chapitre ayant entrepris la réédification de l'église de Notre Dame et s'étant pourvu en justice, pour obtenir que la ville y contribuât, nos jurats accédèrent, le 17 août 1683, à cette demande, « après avoir mûrement considéré, dirent-ils, l'importance de la réédification de lad. église collégiale et paroissiale, pour la gloire de Dieu et de son service, et sur ce que l'église où le chapitre fait le service divin (St-Raphaël) ne peut contenir la moitié du peuple.... *le nombre même s'augmentant tous les jours, par la multitude des nouveaux convertis, les plus qualifiés, depuis quelques années.* » Ces conversions ne firent que se multiplier, depuis, témoin le document qui suit :

« Aujourd'hui, 3ᵐᵉ du mois de septembre 1685 (moins de deux mois, avant la révocation de l'Édit de Nantes; laquelle est du 22 octobre 1685), les soussignés, au nom de toute la com-

---

bourg de la ville, attendu la petitesse de l'enceinte d'icelle. Mais elles obtinrent de s'établir dans l'intérieur des murs, avec prolongement de leur enclos en dehors.

munauté et sous le bon plaisir de Sa Majesté, dans la salle du château de Castelgeloux, pour délibérer sur la proposition qui leur a été faite de renoncer à la religion prétendue réformée, Sa Majesté n'ayant rien plus à cœur que de voir tout le peuple de son royaume réuni sous une mesme communion, ont déclaré et déclarent que pour le salut de leurs âmes et pour monstrer à S. M. le désir qu'ils ont de lui plaire en toutes choses, ils renoncent à lad. religion prétendue réformée et à toutes ses erreurs, comme ils ont desjà fait par leur abjuration et protestation de la foy et religion catholique, apostolique et romaine, qu'ils ont embrassée et dans laquelle ils promettent de vivre et mourir, jusqu'au dernier moment de leur vie. »

Signatures : Brostaret, Botet, Larivière, Sauvage, Brostaret, Brostaret, de Leglize, Leglize, Bujons, Sabla, Brun, Antoine de Castaing, P. Gaubert, Fortenier, Dauvergne, G. Larrieu, Sabla, Lanteau, Ducastaing, Brun, Bonneau, Bresy, Salafranque, F......, Dégans, Seigneuron Augier, Esclarens, de Picault, Saint-Aubin, Israïl, Sainfurebin, Murat, Mulle, du Castaing, Fayolle, Bonty, Jollis, Pulchic (ou Fulchic), Ballade, Constans, Jacques Augier, Duvigneau, Duvigneau jeune, D..., Lavigne, Degans, Duvigneau, de Terras, Philippe Sanson, Brun père, Destreilh.

VII. Quelques faits antérieurs permettent de croire que le parti de la réforme ne fournit que trop de prétextes aux rigueurs qui furent le prélude de la révocation de l'Édit de Nantes. Nous en citerons un exemple ici.

C'était en 1661. M. de Mothes ayant obtenu le brevet de *capitaine* du château de Casteljaloux, M. Pierre Roux de Laval, avocat du Roi qui s'y trouvait établi, refusa d'en déloger ; ou du moins, à l'occasion de son déménagement, une rixe ne tarda pas à s'élever entre quelques bourgeois survenus au nom de M. de Mothes et la famille expulsée. Le peuple s'ameuta, les protestants aux cris de Mme Roux de Laval, leur co-religionnaire, et les artisants catholiques, sur l'ordre du lieutenant général au siège de Casteljaloux et du consul Pallas, revêtus de leurs insignes. Il était sept heures du soir ; la cour du château regorgeait de protestants des deux sexes ; les Roux de Laval s'étaient barricadés dans leurs demeures. Mais à l'aspect du consul et de M. de Mothes, Mme Roux de Laval livra la porte du château, sur la promesse qu'on lui fit de respecter la liberté de son mari.

En ce moment, surviennent l'épée au poing et la menace à la bouche, le sieur de Massillos, (ce frère du ministre Augier que nos lecteurs connaissent déjà), Chanrose, Darrac, Bacoue, (qu'il ne faut pas confondre avec le procureur du Roi, converti dès cette époque, Lacrosse et vingt autres jeunes protestants. C'est en vain que Pallas essaye de les contenir par quelques mots de conciliation. Massillos le charge, et le jurat Moncaubet a la main percée d'outre en outre, en se jetant au devant du consul. Un autre catholique reçoit un coup d'épée à la cuisse. « Il y en aura de pendus ! » criait, au milieu de cette mêlée, M. de Mothes. Il paraît que ce gros de protestants n'était accouru, que sur le faux avis des dangers que courait la famille Roux de Laval. Mieux renseignés à l'instant, ils se retirèrent, sans pousser plus loin leur folie.

VIII. Pour être juste envers tout le monde, nous ajouterons que M. de Mothes n'a pas de bonnes notes sur les registres de nos jurats.

Nos lecteurs se souviennent sans doute des dettes énormes qui pesaient sur notre ville, à l'issue des guerres civiles. A la vérité, le prince de Condé, de retour en France, après la paix des Pyrénées, s'était fait un devoir d'envoyer quelques fonds pour soulager les victimes de sa cause, comme nous l'avons déjà rapporté. Mais il n'est pas besoin de dire que chaque ville ou commune n'y trouva qu'une indemnité hors de toute proportion avec ses pertes. Il fallut donc avoir recours à des ventes ainsi qu'à de nouveaux impôts. Le 29 septembre 1654, la jurade de Casteljaloux, sous la présidence de M. de Morin, gouverneur d'Albret, déclara le *privilège des vignes bourgeoises* éteint et supprimé. Seulement, les propriétaires de ces biens demeurèrent autorisés à faire entrer en ville autant de tonneaux de vins qu'ils avaient de journaux de vignes bourgeoises, (bien entendu que cette récolte devait en provenir), et à la charge d'un impôt de peu d'importance. — On réserva également aux chanoines, aux jurats, ainsi qu'aux ministres et pasteurs de la religion prétendue réformée, le droit de faire entrer gratuitement le vin nécessaire à leur consommation, et pour éviter des fraudes et difficultés ultérieures, il fut déclaré que, dans le délai de trois ans, toutes les barriques *seraient égalisées et réduites à une jauge de* 110 *pots* (aujourd'hui 2 hectol. 20 litres).

Plus tard, c'est-à-dire le 24 février 1658, une autre délibération permit à tous les hôteliers, cabaretiers et débitants de la ville et tailhable, de vendre leur vin à 4 sols le pot (2 litres), au lieu de 3 sols, prix précédent, à la charge de payer par tonneau un impôt de 15 livres. Mais il fut expliqué qu'on leur passait 3 liv. par tonneau, à raison de leur consommation personnelle, ce qui réduisait en réalité l'impôt à 3 liv. par barrique.

Il va sans dire que cette délibération fit jeter les hauts cris à cette foule de consommateurs qui, de tout temps, ont fréquenté les tavernes de notre ville natale.

Il y avait alors au siège de Casteljaloux, un lieutenant général, du nom de Bernard de Tastet (ou Tastes.) Ce chef de notre magistrature prit parti pour les buveurs et sur un requisitoire de M. de Bacoue, procureur du Roi au même siège, *plein d'impostures et de calomnies contre les consuls*, si nous en croyons une jurade du 20 décembre 1658, M. de Tastet permit aux hôtes et autres habitants, *de vendre le vin à pot et à pinte à si bas prix qu'ils voudraient*, ce qui impliquait la décharge de l'impôt.

Le 18 mars 1659, le corps de ville fulmina contre M. Bernard de Tastet, un acte de récusation. On y relevait divers actes hostiles émanés de lui, et on l'accusait d'être *l'ennemi capital de la communauté de Casteljaloux*, *tant en général qu'en particulier*, *pour n'avoir été député d'icelle à la poursuite d'un procès pendant au conseil privé du Roi*, *contre les communautés de Meilhan, de Marcellus, d'Ailhas et autres*, au sujet de la répartition d'anciennes contributions de guerre.

Nous ignorons ce qu'il advint de cette récusation. M. de Mothes qui succéda peu de temps après à M. de Tastet et que nous voyons apparaître pour la première fois, en jurade, le dernier jour du mois d'avril 1660, ne se montra pas moins hostile contre nos consuls. Nous passons sous silence des scènes affligeantes qui se réfèrent aux discussions sur le consulat et durant lesquelles M. de Mothes fit emprisonner des consuls et prêta la main à des rixes indignes de son caractère. Nos jurats le lui rendirent bien, en l'accusant *d'exercer sa charge sans provisions du Roi*, comme aussi *sans avoir subi d'examen ni prêté le serment à la Cour;* et le parlement de Bordeaux ordonna même que dans un délai qui se prolongea, M. de Mothes rapporterait ses provisions de lieutenant général, ou cesserait d'en exercer les fonctions. Du reste, comme nous en avons fait l'observation dans la Biographie de l'arrondissement de Nérac, (p. 658), les documents nous manquent pour apprécier ces querelles sous leurs deux faces, n'ayant que les livres des jurats accusateurs, et rien des justifications que M. de Mothes pouvait leur opposer. C'est donc avec réserve que nous allons rapporter deux des griefs imputés à ce magistrat.

Au mois de juin 1661, M. de Mothes se transporta dans toutes les tavernes de Casteljaloux, pour défendre aux débitants de payer l'impôt du vin. Le 15 novembre d'après, ayant reçu un arrêt du parlement de Guienne portant permission de chasser aux palombes avec le filet, il fit crier sur le canton, par ceux qui publiaient cet arrêt : « *Vive le Roi, sans impôts !* et c'est sans doute au souvenir de cette provocation que, le lendemain, des artisants se portèrent sur cette même place, *avec une pinte et un verre de vin*, criant : « *à quatre sols le pot de vin ! Vive le Roi, sans gabelle ni impôts !* » et cherchant à ameuter le peuple contre les consuls.

A cette époque, cependant, un arrêt du parlement, du 11 mai 1658, avait homologué la délibération du 24 février précédent, et si un arrêt de la cour des aydes, tout en accordant une semblable homologation, avait réservé *le bon plaisir du Roi*, un arrêt du conseil, du 13 novembre 1661, avait permis définitivement l'impôt que M. de Mothes s'arrogeait le pouvoir d'abolir.

IX. Au milieu de ces désordres, durant lesquels les officiers de justice donnèrent de trop nombreux exemples de leur mépris envers les officiers municipaux, ces derniers virent maintes fois leur autorité méconnue et même leurs personnes outragées par de simples particuliers. C'est ce qui arriva notamment le 3 mai 1682. Il était d'usage alors de fermer les portes de la ville, à 9 heures du soir, et de ne les rouvrir qu'à 4 heures du matin. Vers une heure après minuit, M. de Corbian, fils aîné (un Sacriste, croyons-nous), se présenta à l'une des portes, où il heurta, demandant qu'on la lui ouvrît. Sarrauste, sergent de ville, mit la tête à la fenêtre et lui dit que les clefs se trouvaient dans les mains de M. de Malvin, sieur de Merlet, premier consul. Là dessus, M. de Corbian se répandit en injures, menaçant Sarrauste de *coups de bâton et de lui bailler les étrivières.* Puis, le matin venu, comme M. de Malvin s'était réuni, sur le canton, à MM. de Bacoüe, lieutenant criminel au siège de Casteljaloux, Bacoue Baraton, Comblon, Maussac et autres, M. de Corbian se permit d'interpeller le premier consul, de l'outrager par paroles, et passant des paroles aux voies de fait, de tirer son épée du fourreau et de lui en porter deux coups, l'un du tranchant, l'autre de la pointe, que par bonheur le lieutenant criminel ainsi que les autres assistants réussirent à détourner.

Sur la plainte que les consuls dressèrent de ce délit, d'après l'avis de la jurade, le duc de Roquelaure, gouverneur de la Province, chargea M. de Morin et M. de Ste-Colombe de juger cette affaire, et voici quelle fut leur sentence :

« Nous soubs signés . . . . avons estimé que ledit sieur de Corbian a grandement failli et qu'il doit demander pardon audit sieur de Merlet, chez lui, de l'insulte qu'il lui a légèrement et mal à propos faite, pour plus grande réparation de laquelle, il tiendra prison pendant un mois et s'abstiendra de venir dans la ville de Castelgeloux, pendant deux mois.

« Nous disons aussi que mondit sieur de Corbian doibt tesmoigner à MM. de la communauté, dans l'hostel de ville, qu'il n'a heu aucune intention de leur déplaire, et qu'il leur demande pardon de son emportement à l'esgard du sieur de Merlet, leur premier consul, et payera à lad. communauté 31 liv. pour les frais qu'elle a advancés au subjet de cest affaire.

« Lequel jugement sera exécuté suivant les ordres de Monseigneur le duc de Roquelaure, gouverneur de Guienne.

« Fait arresté dans la ville de Castelgeloux, maison de M. de Ste-Colombe, le 24ᵉ mai 1682. Signés : *Morin* et *Ste-Colombe*. »

Le même jour, M. de Ste-Colombe vint annoncer à l'hôtel-de-ville que M. de Corbian se trouvait dans la prison du château. Mais M. de Malvin s'empressa de déclarer que le public recevrait plus de satisfaction des excuses ordonnées que de la prison et de l'exil ; que, quant à lui, il n'exigeait rien de plus. En conséquence, M. de Corbian se présenta devant nos jurats et consuls, desquels il sollicita et obtint son pardon.

X. Ce M. de Corbian, *ou quelqu'un des siens*, nous est également signalé par une délibération que nous avons trouvée à la mairie de Villefranche de Cayran, du dernier de juin 1677. Les consuls y exposent que depuis le commencement du mois de mai précédent, il leur est adressé des plaintes journalières contre M. de Corbian, qui forme une compagnie pour le régiment de Piémont et qui assemble ses gens dans sa maison de Corbian, juridiction de Villefranche ; que ses soldats courent de jour et de nuit par les métairies, ravissant les agneaux et les volailles; qu'ils ont enlevé de nuit et de force les nommés Samson Darblade et Janton Robert, lesquels le sieur de Corbian a relâchés ensuite, savoir : Darblade pour huit écus et Robert pour 22 liv.; qu'ils ont également capturé sur le grand chemin de Castelgeloux et qu'ils détiennent à Corbian, Gabriel, fils de Janton Bergues, cordonnier de Villefranche ; que de telles violences ont jeté la terreur dans cette jurisdiction, à ce point que les journaliers se réfugient dans les bois, pour se soustraire aux extorsions de M. de Corbian ; et comme les consuls ajoutèrent que le sieur Lacouture, jurat, était sur le point d'entreprendre le voyage de Bordeaux, afin de porter au duc de Roquelaure la plainte du père de Gabriel Bergues, pauvre homme dénué de tout autre secours que celui de son fils, le conseil des jurats de Villefranche, *vu la notoriété de tous ces faits*, chargea le jurat Lacouture de faire connaître au gouverneur de la province, les vexations ci-dessus.

Le sieur Lacouture obtint-il satisfaction ? C'est ce que nous n'oserions garantir. Nous pouvons affirmer, du moins, qu'à la même époque, une tentative d'enrôlement que M. de Corbian se permit chez nous fut plus promptement réprimée. Un jour, il avise, dans la rue, un marchand ambulant, dont la tournure et l'âge lui plaisant, il feint de lui acheter une pièce de son magasin portatif, qu'il paie au-delà de son prix. « Il vous revient un écu, dit le marchand sans défiance. » — « Il ne me revient pas une obôle, reprend M. de Corbian; tu t'es enrôlé pour cet écu ! » et il le saisit au collet. Mais le jeune homme poussa des cris de détresse ; on accourut à son aide ; et les consuls intervenant, arrachèrent cette proie à M. de Corbian.... *ab uno disce omnes !*

CHAPITRE 10e.

Faits postérieurs à la révocation de l'Edit de Nantes et antérieurs à la Révolution Française. — Remaniement du régime muni̇̃ ;al.

Les guerres religieuses et civiles ont pris fin; la guerre étrangère ne gronde qu'aux frontières, et l'histoire de notre ville a cessé d'offrir cet intérêt qui nous avait décidé à l'écrire jusqu'en 1685. Néanmoins, nous la continuerons jusqu'à nos jours, ayant surtout à rappeler divers remaniements que subit, dans Casteljaloux, le régime municipal.

I. De 1685 à 1692, le corps de ville y resta composé de consuls et de jurats revêtus des mêmes attributions que dans les années antérieures. M. Brostaret, ancien médecin aux gages de la commune, succéda, vers l'an 1688, à M. de Mothes, dans la charge de lieutenant général à ce siège, et, à ce titre, il eut des démêlés avec nos officiers municipaux, au sujet de la police qu'une transaction, du 16 juillet 1688, conserva cependant à nos consuls.

En mars 1690, on prit des mesures pour protéger contre le passage des chevaux et des charrettes, la promenade que l'on avait créée sur l'emplacement de l'ancien ravelin de St-Raphaël. C'est là que nos jurats avaient obtenu, dans les années précédentes, de faire camper les gens de guerre. Quatre compagnies bourgeoises ayant été formées à Casteljaloux, en avril 1691, c'est également sur la promenade de St-Raphaël qu'elles firent leurs exercices et qu'elles furent passées en revue. Néanmoins les religieux du couvent voisin, c'est-à-dire nos révérends pères capucins, y ayant commis des entreprises, il s'ensuivit un procès avec eux. Mais une ordonnance du Roi rendue en Conseil, le 15 juin 1759, finit par maintenir notre ville dans cette propriété.

La milice bourgeoise dont nous venons de parler, servit à préserver le pays des troubles dont le menaça, vers le mois de mai 1691, une grande disette survenue cette année. Autant par rancune que par spéculation, les *Lugues* la rendirent plus rude, en s'abstenant d'apporter leurs denrées à Casteljaloux et même en faisant de grands amas de blés tant dans le château de Capchicot, que dans la maison d'un nommé Bazin, de Saumejan. Force fut à nos consuls autorisés à cette expédition par une ordonnance de justice, de faire vider, sous leurs yeux, ces magasins et d'en faire vendre les blés au cours, dans notre ville.

II. Sur ces entrefaites, la pénurie du trésor de l'Etat que les guerres avaient épuisé, venait de faire naître le système à jamais regrettable de la création d'offices sans nombre. De ces innovations dont quelques-unes étaient une insulte au bon sens public, nous ne citerons que celles qui portèrent atteinte à notre régime municipal.

Un édit, du mois de juillet 1690, ayant créé *des procureurs du Roi ainsi que des greffiers des hôtels de ville*, et l'édit du 27 août 1692, *des maires et des lieutenants de maire, héréditaires*, les officiers de justice se virent exclus de nos jurades ; le maire et son lieutenant y remplacèrent le lieutenant général et les lieutenants particuliers du sénéchal, de même que le procureur du Roi de l'hôtel-de-ville y remplaça les membres du parquet de la sénéchaussée. M. Gabriel de Boutet s'était fait pourvoir de l'office de maire de Casteljaloux. Mais il ne garda point cette charge et c'est en réalité M. Ducasse du Mirail qui fut notre premier maire. L'édit du 27 août 1692 créa aussi des offices *d'asses-*

seurs héréditaires, ayant entrée et voix délibérative dans les assemblées municipales. Quant aux consuls, comme aux jurats, ils continuèrent de fonctionner, sous la présidence de M. Ducasse du Mirail, ou de M. de Boutet devenu lieutenant du maire. Mais lors des élections des jurats et consuls, la moitié en était prise parmi les assesseurs. Bientôt, l'établissement d'un lieutenant général de police vint enlever aux consuls de Casteljaloux, du moins dans la ville, l'une de leurs principales attributions. Par suite d'un autre édit, du mois d'août 1696, M. Arnaud de Lacrosse, commissaire aux revues, obtint l'office de gouverneur de Casteljaloux. Son fils, Joseph de Lacrosse, capitaine d'une compagnie d'infanterie au régiment de Picardie, lui succéda dans ce gouvernement, en 1701.

L'édit de janvier 1704 créa des offices pour la moitié des échevins, consuls, capitouls, etc., en telle sorte qu'il ne resta chez nous que deux consuls à l'élection du corps de ville; encore fut-il dit que les assesseurs antérieurs seraient choisis à l'exclusion de tous autres, jusqu'à ce qu'ils eussent tous passé, au moins une fois, dans une de ces places, après quoi l'élection demeurerait libre.

Enfin, nous lisons au même édit :

« Ordonnons, en outre, qu'à l'avenir, les assemblées des corps de ville ne seront composées que du maire, son lieutenant, les échevins en charge ou en année, les assesseurs, notre procureur et greffier et les autres officiers par nous créés et établis, qui ont par le titre de leur création droit d'assister auxdites assemblées. »

Ainsi se trouva supprimé le corps des jurats que nous ne voyons reparaître qu'après la mort de Louis XIV, survenue le 1er septembre 1715, le rétablissement du régime municipal sur l'ancien pied ayant été opéré par les édits de juin 1716 et 17 juillet 1717. Un autre édit, celui-ci du mois d'août, même année, supprima les offices de gouverneurs, lieutenants de Roi et majors de ville, créés par l'édit du mois d'août 1696. — En 1715, un bureau particulier fut chargé de la direction de l'hôpital, malgré l'opposition de notre municipalité.

C'est le 28 octobre 1717, que fut reconstitué à Casteljaloux le corps de 24 jurats. Alors reparurent aussi dans cette assemblée les officiers de justice. M. de Molhes y figure comme lieutenant général. On y voit aussi parfois le subdélégué de l'intendant de Guienne, charge de création récente, ainsi que M. de Burgué, revêtu de l'office de trésorier. Celui-ci fit connaître en jurade, le 26 décembre 1718, deux lettres trouvées dans les papiers du prince de Cellamare. « Sa Majesté veut, dit-il, que tous les siens sachent les raisons que Son Altesse monseigneur le régent a eues pour faire arrêter cet ambassadeur et le renvoyer en Espagne. » Cet appel à l'opinion des municipalités du royaume, nous a paru digne d'être rappelé.

Sur ces entrefaites, et dès l'an 1711, le chapitre et le curé de Notre-Dame avaient pu commencer leurs services religieux dans la nouvelle église, dont la voûte porte en effet ce millésime. Mais la façade entreprise par Marsaudon aîné ne fut terminée que plus tard. En novembre 1759, cet architecte déclara à l'intendant de Guienne, passant par notre ville, « que le mur ancien de cette église, séparant la nef d'avec la tribune, était trop faible pour appuyer la partie des ouvrages qu'il devait supporter; qu'il était donc indispensable de fortifier et d'épaissir ce mur. » L'intendant adhérant à cette proposition, reçut la soumission de Marsaudon à cet effet, pour 6,000 liv. Les cloches furent hissées au clocher de Notre-Dame, en avril 1763. Le 9 février 1768, M. de Constans de Bresy discutant les comptes de l'entrepreneur, demanda « qu'il fut fait l'estimation des objets contenus dans la décision de M. Boutin, (intendant), du 18 février 1764, consistant au dôme que Marsaudon devait faire sur le clocher, les fondations qu'il devait démolir et rebâtir, du béfroi qu'il devait refaire, changer la pierre défectueuse qu'il avait employée, déduire 600 liv. pour une horloge qu'il devait fournir, faire un autel convenable et décent. » Mais cette proposition n'eut pas de suite. — En février 1779, on convint avec le chapitre de faire fondre une cloche de 9 à 10 quintaux, et d'employer la matière des deux existantes, pour en obtenir une de 5 quintaux, le tout à frais communs et pour le service tant du chapitre que de la paroisse de Notre-Dame.

III. *Emmanuel Théodore de la Tour d'Auvergne, duc de Bouillon et d'Albret, et 19ᵉ baron de Casteljaloux, dès le 25 juillet 1721.* — *Charles Godefroy de la Tour d'Auvergne, duc de Bouillon et d'Albret et 20ᵉ baron de Casteljaloux, le 17 mai 1730.*

Le 25 mars 1725, le corps de ville arrêta le projet d'une promenade à la porte de Veyries, *comme étant le point où, loin des marais, l'on respire l'air le plus pur*, et l'on y consacra outre l'emplacement du ravelin qui défendait cette porte, un lopin de terre dont on fit l'acquisition. En 1739, le père Verdillac, jésuite, ayant terminé une mission à Casteljaloux, le mardi 3ᵐᵉ fête de Pâques, nos jurats, à la demande de ce missionnaire, firent planter une croix sur la promenade de Veyries. Au mois de juillet 1740, l'on obtint de l'intendant de Guienne qu'il serait prélevé sur l'impôt du vin une somme de 1,000 livres, *pour être employée à perfectionner cette promenade* C'est M. Marsaudon, architecte de la ville, qui devint l'entrepreneur de ces travaux, et l'on voit nos jurats l'autoriser, le 28 février 1744, à n'y planter que onze ormeaux sur chaque rang au lieu de douze. On sait à quelle prodigieuse élévation parvinrent ces mêmes arbres. Une autre mission ayant été prêchée à Casteljaloux, en 1760, cette fois par les révérends pères capucins, une croix fut plantée, le 28 mai, *sur le pavé et devant le parapet de la plateforme.*

Aux mêmes époques, notre corps de ville se trouva fort désireux d'établir une fontaine publique, « n'y en ayant pas dans l'enceinte de la ville, ni en dehors et seulement quelques puits dont les eaux sont mauvaises, à cause du voisinage des marais. » (jurade du 27 janvier 1728). Mais ce projet ne put recevoir d'exécution. Seulement, et longtemps après, c'est-à-dire le 2 janvier 1768, les jurats adoptèrent la proposition de *construire une fontaine, près la porte de Veyries, au lieu appelé à les Hountines, sur le bord du grand chemin qui va au gué du moulin de Lannes et au Mas d'Agenais.* Le 20 mai 1780, il fut question de *réparations à faire à la fontaine publique.* Cette proposition se reproduisit, le 28 janvier 1781. Il ne pouvait être question en ceci que de la fontaine des *Hountines*, (petites sources).

IV. Un édit de novembre 1733 ayant créé des offices de 1ᵉʳ et de 3ᵐᵉ consuls, nos jurats en opérèrent le rachapt, et le corps de ville se crut dispensé dès lors, d'après l'avis de M. de Tourny, intendant de Guienne, de présenter à M. le duc de Bouillon, une liste à cet effet de huit candidats. C'est ainsi que, le 29 janvier 1748, on élut directement consuls, MM. du Castaing, avocat du roi, de Constans, Durifs et Salefranque, et qu'il leur fut fait remise, en cette qualité, *des robes consulaires, du flambeau pour le feu de la St-Jean, de trois paires de menotes pour les vagabonds, des poids et des balances publics, du tarif servant à la fixation du prix du pain, des clefs des portes de la ville et de diverses lettres et papiers courants.* Mais dès le mois d'août 1750, M. Ducasse, procureur domanial, ayant réclamé les droits du duc de Bouillon, nos jurats s'en remirent à la décision de leur baron, et le 24 septembre 1750, M. de Tourny revenant sur sa première opinion, leur écrivit que M. le duc de Bouillon avait conservé le droit de nommer sur une liste double les second et quatrième consuls, dont notre ville n'avait pas été obligée d'opérer le rachapt. Ce même M. Ducasse reparut dans les assemblées municipales, en qualité de chef du parquet au siège de Casteljaloux.

Avant de passer au 2 mars 1768, époque d'un autre remaniement de notre régime intérieur, il convient de rappeler les faits qui s'étaient passés sous l'administration de nos consuls, depuis l'an 1717.

V. A une époque peu précise, mais antérieure au 18 juillet 1728, la ville de Casteljaloux acquit une maison voisine du couvent des Cordeliers, pour y loger les dames de la Foi qui s'y consacrèrent à l'éducation des jeunes filles. Cette habitation nécessita des réparations nombreuses et presque annuelles. La ville les a constamment ordonnées et soldées.

En 1717 (nous croyons devoir ainsi anticiper, comme nous l'avons déjà fait, en d'autres occasions, sur l'ordre chronologique de notre travail), la municipalité de Casteljaloux fit demander à l'évêque de Bazas, par l'abbé de Verdun, doyen du chapitre de Notre Dame, d'appliquer les bâtiments du couvent des Bénédictines, aux dames de la Foi, dont on destinait, dans ce cas, la maison au logement des soldats de la maréchaussée (1). Ces pauvres Bénédictines s'étaient laissé prendre au système de Law et y avaient perdu presque toutes leurs rentes, en telle sorte que, faute de ressources et ne pouvant pas recevoir des novices, il ne restait plus que trois de ces dames, lorsque, le 30 mai 1767, nos consuls émirent le vœu de voir réunir les biens de ce monastère à l'hôpital de Casteljaloux. Cette proposition n'ayant pas abouti, c'est le 2 juin 1771 que se produisit, pour la première fois, le projet repris, en 1777, de loger les dames de la foi au couvent de St-Benoît, et la maréchaussée au couvent de la Foi. Mais les démarches de l'abbé de Verdun furent contrariées par celles du promoteur du diocèse, qui demandait la réunion des biens des Bénédictines au couvent de Ste-Ursule de Bazas. Cette affaire ne reçut pas de solution.

---

(1) Il résulte d'une délibération, du 26 août 1732, qu'un bras de l'Avance servant de fossé, au nord de la ville de Casteljaloux, faisait anciennement mouvoir un moulin près du couvent de St-Benoît. Ceci vient à l'appui de ce que nous avons déjà dit, p. 6.

Un autre couvent, nous voulons parler de celui des Cordeliers, fondé par les sires d'Albret, donna lieu également, le 30 mai 1767, à une délibération de notre municipalité, dans la prévision d'un *règlement des maisons religieuses* déjà annoncé. Ces Cordeliers avaient combattu avec zèle la Réforme, avant la révocation de l'édit de Nantes ; « ils entretenaient un cours d'études, dans leur maison, pour de jeunes étudiants de leur ordre, et ils y admettaient les jeunes gens de la ville. » C'est à raison de ces services que nos jurats et consuls demandèrent la conservation de ce monastère.

Nous ne trouvons pas les habitants de Casteljaloux aussi bien inspirés, dans l'opposition qu'ils firent à l'établissement d'une seconde halle, en dehors de la porte de St-Raphaël, et surtout à l'empierrement de la route de Bazas et de Nérac. Plus préoccupés de la charge momentanée qui devait en résulter pour eux, que des avantages de cette voie aujourd'hui si prospère, ils opposèrent à M. de Tourny, intendant de Guienne, une résistance que sa venue même dans nos murs ne put vaincre. A son départ de Casteljaloux, le 10 novembre 1758, cet intendant justement célèbre laissa un ordre écrit en entier de sa main, pour faire établir un relai à Grignols et un autre à Pompiey, sur la route de Bazas à Nérac, de même qu'un troisième relai à Nébout, sur la route de Casteljaloux à Roquefort.

VI. L'édit ou règlement du mois de mai 1765, rendu en exécution de celui du mois d'août 1764, voulait que les corps de ville fussent désormais composés d'un maire, nommé pour trois ans, de quatre échevins pour deux ans, de six conseillers de ville, dont un changé tous les ans, d'un syndic receveur et d'un secrétaire greffier, élus par la voie du scrutin dans les assemblées de notables, à l'exception du maire resté à la nomination du Roi, sur une liste de trois candidats. Le maire devait être pris parmi ceux qui avaient déjà exercé cette charge ou celle d'échevin ; les échevins, parmi les conseillers des villes, pourvu qu'il s'en trouvât un de gradué ; les conseillers de ville, parmi les notables actuels ou anciens, et les notables au nombre de 14, savoir : un dans le chapitre du lieu , ou dans l'ordre ecclésiastique, un parmi les nobles et officiers militaires, un dans le bailliage ou sénéchaussée, un dans le bureau de finances, un parmi les officiers des autres juridictions, deux parmi les commensaux de la maison du roi , les avocats, les médecins et bourgeois vivant noblement, un parmi les membres des communautés de notaires et de procureurs, trois parmi les négociants en gros, marchands ayant boutique ouverte , les chirurgiens et autres exerçant les arts libéraux, et deux parmi les artisants. Chaque corps devait fournir un député pour l'élection des notables.

Par suite de ces dispositions, M. de Piis de Varenne fut revêtu de la charge de maire , et MM. Jean-Henri de Morin de Rimbez, chevalier de St-Louis , Claude-Antoine Plaize , conseiller au sénéchal, et Germain-Berthomé de Chapelle, ancien garde du Roi, furent élus échevins.

VII. C'est sous ce régime, et vers l'an 1771, qu'une épidémie s'étant manifestée dans notre ville , tous les médecins , soit de Casteljaloux, soit étrangers, émirent l'avis que l'on devait en attribuer la cause, du moins en partie , aux miasmes délétères qui s'exhalaient du cimetière de St-Raphaël. Les échevins firent observer , à la séance du 25 mars 1772, « que l'emplacement d'icelui ne contenait que 55 toises superficielles; qu'il servait néanmoins à l'inhumation des paroissiens de St-Raphaël et de partie de ceux de St-Gervais et de Belloc ; qu'il n'y avait pas un pouce de terrain qui n'eut été fraîchement ouvert ; que depuis le mois de septembre précédent, on y avait inhumé environ soixante cadavres , dont les derniers n'avaient pu être mis à plus de deux pieds et demi de profondeur, par la rencontre d'autres cadavres fraîchement inhumés ; que ce sol était élevé de plus de huit pieds au-dessus du niveau de la rue et de la place publique et de plus de dix au-dessus du pavé de l'église ; qu'enfin, au travers du mur de l'église, du côté du cimetière, il suintait une humidité grasse et fétide.

Séance tenante, il fut décidé que le cimetière de St-Raphaël et même celui de Notre-Dame, bien que moins dangereux, seraient interdits, et qu'il en serait établi un, commun aux deux paroisses, au fond de l'enclos des Bénédictines, *monastère destiné,* disait-on, *à une suppression complète,* et réduit à une seule religieuse. Mais ce fut précisément parce qu'une seule religieuse ne faisait pas une communauté, que l'on ne put traiter avec elle, et que l'on fut contraint d'établir le nouveau cimetière, *dans les sables, au couchant du chemin qui va du Serpolet au gué de Lannes.* Sur le devis dressé par l'architecte Marsaudon, pour les murs de clôture et un oratoire, Pierre Parage, maçon, devint, le 9 juin 1772, adjudicataire au rabais, de ces travaux, moyennant la somme de 1,494 liv., dont l'intendant de Guienne fit l'avance.

Quant au cimetière de St-Raphaël, on y transporta *des terres glaises et argileuses, des platras et autres décombres, qui furent battus à l'épaisseur de six pouces et le tout recouvert d'une couche de terre ordinaire* (1).

Dans l'intervalle de temps écoulé entre l'interdiction des cimetières de la ville et l'établissement du nouveau, on avait fait les inhumations dans ceux des annexes voisines.

VIII. L'édit de novembre 1771 ayant créé de nouveau des offices de maires, lieutenants de maires, jurats, etc., en accordant aux villes la préférence pour les acquérir, l'ensemble des sommes à payer, à cet effet, par la ville de Casteljaloux,

---

(1) Les protestants eurent leur cimetière, antérieurement à la révocation de l'Edit de Nantes, à côté de celui des catholiques, à Notre-Dame. Forcés de s'en créer un séparé, ils achetèrent à ces fins, un jardin et écurie, de M. Augier. Ils furent obligés d'agrandir ce nouveau cimetière, en 1680, par l'acquisition d'une maison et d'une place appartenant à Jean Viradan.

s'éleva à 18,600 liv. Aussi, notre municipalité, tout en exprimant le regret de voir se perdre ses anciennes franchises, se vit contrainte, faute d'argent pour les racheter, de renoncer, le 12 juillet 1772, à cette faculté, et par brevet du roi, du 29 avril 1773, M. Jean Augier de Massillos, chevalier de St-Louis, fut pourvu de l'office de maire de Casteljaloux, M. Antoine-Claude Plaize, de celui de premier jurat, M. Germain-Berthomé de Chapelle, de celui de second jurat, M. Mathieu Degans, avocat en parlement, de celui de troisième jurat, et M. François Brostaret de Labarthe, bourgeois, de celui de quatrième jurat. — M. Joseph Ducasse, procureur du roi au sénéchal, obtint l'office de procureur syndic.

IX. Ils eurent, immédiatement après leur installation, à réprimer les troubles occasionnés par une disette qui désolait toutes nos contrées. Déjà des émeutes avaient eu lieu dans les sénéchaussées voisines, et craignant que la crainte ne retint les marchands loin de notre ville, le maire et les échevins obtinrent de ceux qui avaient des magasins à Casteljaloux, d'approvisionner notre marché du 18 mai 1773, de plus de blé que dans une année d'abondance, et même de consentir à une baisse de 2 livres par sac, sur le marché précédent. Néanmoins, quelques voix s'étant élevées dans la foule et criant *que le Roi avait taxé le blé à 6 liv.; qu'on le voulait à ce prix!* le tumulte commença. Le maire crut bien faire de réduire encore le cours de vingt sols. Alors on voulut le blé *pour rien*, et comme la maréchaussée, composée d'un brigadier et de quatre cavaliers, essayait de rétablir l'ordre, la foule se rua sur eux et ils se virent sur le point d'être égorgés. Cependant le maire avait donné l'ordre au tambour de la ville de battre le rappel, pour rassembler la milice. Mais comme le temps pressait, les chevaliers de St-Louis (c'étaient les trois frères de Lacrosse, les deux frères de Soulier, M. Henri de Morin de Rimbèz, M. de Burgué et M. de Labarrière Lameillous), mirent l'épée à la main, secondés par quelques autres notables de la ville, refoulèrent la foule et permirent ainsi à la milice bourgeoise d'intervenir. Bientôt, grâce à leurs efforts réunis, l'ordre fut rétabli dans le marché.

A cette nouvelle, l'intendant de Guienne fit partir pour Casteljaloux des troupes d'infanterie et de cavalerie, dont la présence empêcha ces désordres de se reproduire.

Le 25 décembre 1773, M. Honoré de Béraud de Montesquiou fut pourvu de l'office de maire de Casteljaloux, en remplacement de M. Augier de Massillos.

Le 5 juin 1778, on forma un bureau de charité, composé des officiers municipaux, de l'abbé de Verdun, comme doyen du chapitre, de MM. de Rimbèz et Labastide (un Lacrosse), chevaliers de St-Louis, de MM. Botet de Lacaze, lieutenant particulier, et Lacorrège, lieutenant assesseur au sénéchal, de M. Druilla, notable, et de M. Larrieu, bourgeois; les fonds attribués à ce bureau « devant servir, dit le procès-verbal, non à nourrir des gens qui se livraient à la mendicité par habitude et par goût, mais à fournir du travail à ceux qui en manquaient, ou à secourir ceux qui, par leur âge ou leurs infirmités, étaient véritablement hors d'état de travailler.» Ce bureau, d'accord avec l'intendant de Guienne, s'empressa d'établir des ateliers de charité, sur le chemin vicinal dit de Caubun, et conduisant de Casteljaloux à Tonneins.

Le 28 juillet 1782, les officiers municipaux furent chargés de faire fondre des canons, aux forges de St-Julien, pour servir dans les réjouissances publiques, et c'est, en effet, au bruit de cette artillerie, comme de la mousqueterie, que le 26 juillet 1789, l'on chanta le *Te Deum* dans l'église de Notre-Dame, pour célébrer la réunion des 3 ordres aux Etats généraux. Notre ville comptait un de ses enfans dans cette assemblée : c'est M. Brostaret (Jean-Baptiste), élu avec M. Brunet Latuque, pour le Tiers Etat, par les sénéchaussées de Casteljaloux et de Nérac.

CHAPITRE 11e.

Faits postérieurs à la Révolution de 1789.

I. Le décret du 14 décembre 1789 rendit à l'élection des citoyens actifs, la formation des municipalités, et voulut que dans les villes d'une population de 500 à 3,000 âmes (c'était le cas de Casteljaloux), le nombre des officiers municipaux fut de six, y compris le maire. Le conseil général de notre commune dut se composer de ces officiers et d'un nombre double de notables. Le même décret créa un secrétaire greffier, dans chaque municipalité, ainsi qu'un procureur de la commune, chargé de défendre les intérêts et de poursuivre les affaires de la communauté. Ils étaient tous élus pour deux ans. M. de Béraud fut le premier maire de notre ville, depuis 1790, et c'est sous ses auspices, que pour remédier à la disette des vivres, il se forma, dans nos murs, une *société philantropique*, dont les soins et les fonds sauvèrent le pays de la famine.

II. Les décrets des 15 janvier, 16 et 26 février 1790 ayant divisé la France en 83 départements, et ces départements en districts, le département de Lot-et-Garonne comprit neuf districts, dont les chefs-lieux furent Agen, Nérac, Casteljaloux, Tonneins, Marmande, Villeneuve, Valence, Monflanquin et Lauzun. Ces districts ayant été divisés à leur tour en cantons, le district de Casteljaloux se composa des cantons de Casteljaloux, de Bouglon, de Damazan, de Houeillés, de Labastide et de Villefranche. Quant à la municipalité de Casteljaloux, on la forma des sections 1° de la ville et faubourgs; 2° de St-Raphaël et Belloc; 3° de Gassac; 4° de Loupiac et Beyrac; 5° du Sendat et

6° de Couthures. Ultérieurement l'on forma une commune dite *la Réunion*, des sections du Sendat, de Couthures, de Loupiac et de Bayrac, ce qui s'est compensé, plus tard, par la réunion de la commune de St-Gervais à celle de Casteljaloux.

III. En exécution du décret du 16 août 1790, sur l'organisation judiciaire, qui établit dans chaque district un tribunal composé de cinq juges, d'un greffier et d'un officier chargé des fonctions du ministère public, Casteljaloux reçut l'un de ces corps judiciaires, dont M. de Béraud-Montesquiou fut élu président. On y comptait deux juges, MM. Rieult-Lacoste et Castets, qui ne tardèrent pas à troubler notre ville par l'exagération de leur patriotisme. Ce tribunal eut pour greffier M. Jean-Baptiste Samazeuilh, notaire et ancien juge civil et criminel de Labastide (1).

A la création, dans les cantons, d'une justice de paix, M. Dartaud (Pierre), notaire, fut élu juge de paix de Casteljaloux, par l'assemblée primaire de ce canton, les 26, 27 et 28 décembre 1791.

IV. Sur ces entrefaites, c'est-à-dire le 14 juillet 1790, l'on avait célébré, dans notre ville, la fête de la Fédération. Un autel avait été construit dans la promenade de la plateforme. Il était surmonté d'un *baldaquin aux trois couleurs*. Deux estrades placées en avant de chaque côté de cet autel, devaient recevoir l'une le corps municipal, l'autre l'état-major de la garde nationale. *A l'extrémité de ce champ de la Fédération*, et en face du même autel, s'élevait un amphithéâtre destiné aux citoyens sans armes, la garde nationale devant occuper tout l'emplacement intermédiaire.

Mais une véritable tempête ne permit pas de célébrer la messe en plein vent, et c'est dans l'église de Notre-Dame que cette fête

---

(1) Père de l'auteur de la présente Monographie.

commença par l'office divin. Cependant on put, à l'issue de la messe, se rendre au champ de la Fédération, au bruit de l'artillerie, la garde nationale servant d'escorte au corps municipal ainsi qu'au clergé revêtu de ses habits pontificaux. Parvenus à la plateforme, des discours furent prononcés, bien des serments prêtés, tant *à la loi* qu'*au Roi*, que l'on oublia, depuis ; M. Renous, curé de Notre-Dame, entonna le *Te Deum, et l'on se retira dans le plus bel ordre,* ajoute le procès-verbal de cette fête.

Le soir, à six heures, un repas patriotique, (jamais nos concitoyens n'ont omis ce détail dans le programme de leurs fêtes), un repas patriotique, disons-nous, réunit dans les cloîtres de l'ancien couvent des Cordeliers, devenu propriété nationale, les officiers municipaux, les gardes nationaux et d'autres citoyens. On avait dressé, pour les recevoir, 54 tables de 15 couverts chacune. Un président élu pour chaque table, demeura chargé d'y maintenir le bon ordre et de prendre garde que le vin des coteaux du Cayran n'y exhaltât outre mesure le patriotisme. Ce premier repas terminé, on introduisit dans ces cloîtres et l'on fit asseoir à ces tables, tous les pauvres du pays, que les 54 présidents du banquet se firent un devoir de servir.

Il y eut postérieurement bien d'autres fêtes, dans notre ville, celles, par exemple, *de la déesse de la raison, de l'agriculture, de la jeunesse, des époux, de la vieillesse,* etc., etc. Mais nous nous garderons bien d'en parler, et nous nous bornons à celle de la Fédération, comme emblême de tant d'illusions trop promptement dissipées.

V. Le 8 août 1791, M. Troupel Larrive, major de la garde nationale, se présenta à la maison de ville, annonçant qu'un gros d'habitants de Villefranche était en marche sur Casteljaloux, dans l'intention de délivrer un de leurs compatriotes que le tribunal du district avait fait emprisonner, la veille, pour avoir fait partie d'une insurrection concernant les dixmes, dont les détails nous sont restés inconnus. Sur la demande de M. Troupel Larrive, la municipalité fit battre la générale, et la garde nationale s'étant réunie aussitôt, on garnit les deux portes de Notre-Dame et de Veyries, de défenseurs et de canons. Puis, deux officiers municipaux, assistés du procureur de la commune, se portèrent au devant des assaillants. Mais, soit par crainte des préparatifs que l'on venait de faire, soit en réalité, parce qu'ils n'avaient pas d'autres projets, ces derniers se bornèrent à faire présenter par dix des leurs, une pétition en faveur du prisonnier, et l'élargissement de celui-ci leur ayant été refusé, l'attroupement se retira et se dissipa, sans qu'il eut été brûlé une amorce de part ou d'autre.

VI. Nous nous tairons sur l'époque néfaste de la terreur. Ici l'histoire de notre ville se confond avec celle de toutes les autres communes de la République française. Chez nous, comme partout ailleurs, les dénonciations et les arrestations se trouvaient à l'ordre du jour. Un club dirigé par Lacoste et Castets comprimaient, dans nos murs, tous les esprits, au nom de la liberté, et le moment vint où l'on put croire qu'on n'aurait pas assez de patriotes pour garder sous les verroux tant de *présumés suspects*. Aussi quand survint le 9 thermidor an II, (27 juillet 1794), la chute de Robespierre ne manqua pas de déterminer à Casteljaloux une réaction qui, par bonheur, ne fit pas couler une outte de sang. C'est par des chansons que les deux partis se provoquèrent. Les uns chantaient le *Réveil du peuple,* les autres la *Marseillaise*. Il nous vint même de ces chanteurs réactionnaires, de la ville de Bazas. Ces groupes opposés couraient, durant la nuit, toutes les rues, armés de flambeaux. Mais comme ces provocations réciproques auraient pu amener quelque conflit, notre municipalité dut les réprimer, et pour faire connaître le style des membres qui la composaient, dans ces temps difficiles, voici les dernières lignes de la proclamation qu'ils publièrent, à cet effet :

« Bons citoyens de la commune, vos magistrats vous avertissent ! Tenez-vous prêts à obéir aux réquisitions qu'ils pourraient avoir besoin de vous faire. Ils vous promettent, de leur côté, que vous n'aurez plus d'excès d'indulgence à leur reprocher; que la loi sera exécutée contre les terroristes et les buveurs de sang, dans toute la latitude de sa sévérité, et que s'il fallait en venir, en quelque occasion que ce fut, jusqu'à employer la force, pour soumettre à la loi cette troupe plus méprisable encore que barbare, vous les verriez toujours occuper avec courage le poste que la loi leur assigne. (Signés : Brostaret, maire, Salefranque, Bassuet, Labarrère et Laumet, officiers municipaux, et Goumois, secrétaire greffier). »

VII. La constitution publiée le 1er vendémiaire an IV, divisa les départements en cantons et les cantons restèrent divisés en communes. Les districts se trouvant ainsi supprimés, Casteljaloux perdit son tribunal et devint justiciable de celui établi à Agen, pour tout le département. A la révolution du 18 brumaire an VIII, la constitution consulaire distribua la France en départements et arrondissements communaux. Chaque arrondissement reçut un tribunal de première instance, et le canton de Casteljaloux fit partie, jusqu'en 1808, de l'arrondissement de Marmande. Plus tard, il fut annexé avec le canton de Damazan, à l'arrondissement de Nérac. Quant à notre municipalité, elle avait perdu, depuis la révolution, sa physionomie particulière déjà fort dénaturée par les édits antérieurs. Nous dirons quels furent ses actes les plus notables.

VIII. L'hôpital était parvenu à une fortune qui suffisait aux besoins de tout le pays, et dont il fut dépouillé par le décret du 23 messidor an II, qui réunit l'actif et le passif de ces sortes d'établissements, au domaine national. A la vérité, la loi du 2 brumaire an IV suspendit l'exécution de ce décret, mais la spoliation n'en resta pas moins consommée, et l'État s'étant, au contraire, libéré envers d'autres hospices, en leur cédant les rentes de l'hôpital de Casteljaloux, on ne sauva de ce naufrage que la halle. D'un autre côté, la gêne de ces temps de terreurs et de calamités ayant tari la source des secours promis aux établissements de bienfaisance, nos officiers municipaux se virent dans l'obligation *d'ordonner la fermeture de l'hôpital, faute de provisions*, ce qui fut opéré le 16 nivose an IV, sur une lettre de la *citoyenne Ytier, hospitalière,* annonçant qu'il n'y restait plus de malades. Mais peu de temps après, on obtint un secours de 1800 liv. De plus, on apprit que les débiteurs de l'hospice qui ne s'étaient pas fait scrupule, vis-à-vis du domaine national, de se libérer en papier monnaie, voulaient payer des indemnités à l'établissement lui-même. Cela fit, joint au rapport de la loi spoliatrice, que l'on reconstitua le bureau d'administration.

Le 18 fructidor an X, sous l'administration de M. de Béraud Montesquieu, maire de Casteljaloux, il fut établi un impôt de 5 francs par barrique de vin se débitant dans les cabarets des communes de Casteljaloux et de St-Gervais, pour être prélevé sur le prix de ferme de cet impôt, une somme de 1000 fr. en faveur de notre hospice. En pluviose an XI, cet impôt fut étendu aux viandes de boucherie, et le prélèvement de l'hospice plus que triplé. Telle fut l'origine de notre octroi. Mais des difficultés administratives ne permirent pas d'y assujettir St-Gervais, et c'est l'une des causes qui décidèrent l'annexion ultérieure de cette commune à celle de Casteljaloux. — Dès le 27 janvier 1793, notre municipalité avait demandé au directoire du département, d'être autorisée à transférer l'hospice au couvent des Cordeliers. Mais ce projet ne reçut pas d'exécution.

IX. Nos officiers municipaux s'établirent, dans ce couvent, le 8 messidor an IV, et pour faire suspendre la vente de ce vaste local, ils firent valoir auprès de l'autorité supérieure, que l'on n'avait ni des casernes pour la gendarmerie, ni des prisons assez solides pour empêcher l'évasion des prisonniers ; que la maison de ville n'était plus habitable ; que dans le couvent des Cordeliers se trouvaient déjà la bibliothèque (1), le magasin militaire, de vastes greniers.....; que, d'ailleurs, ce couvent avait été désigné par l'administration du district de Casteljaloux, pour recevoir les vieillards pauvres et infirmes de l'un et de l'autre sexe, les filles enceintes et sans moyens d'existence, les enfants abandonnés et les orphelins. La vente fut suspendue, et ce n'est que par procès-verbaux des 17 et 24 juin 1807, que les bâtiments et jardins de l'ancien couvent des Cordeliers furent adjugés à MM. Beauroche, Courtés, Gaubert, Dartaud Saint-Laurent, Vialatte, Pouget, curé, Dabeaux, chef d'institution, et Laborie, qui s'en portèrent adjudicataires, pour les consacrer à l'instruction publique. Dès lors, divers instituteurs s'y succédèrent, jusqu'à la venue de M. Destrac, maître de pension, qui en fit aux mêmes fins l'acquisition, par contrat du 6 juin 1828. Enfin M. Bergues Lagarde, beau-frère et successeur de M. Destrac, ayant cédé le couvent des Cordeliers à l'hospice de Casteljaloux, en échange du local qu'occupait cet établissement sur la place de Notre-Dame, par là se trouva réalisé le vœu exprimé en 1793. Plus tard on délivra d'une longue profanation l'ancienne église des Cordeliers, qui servait d'écurie et de magasin à fourrages, pour les chevaux de la brigade de gendarmerie logée

---

(1) On avait réuni dans la salle qui s'ouvre sur l'ancien enclos des Cordeliers, aujourd'hui prairie et jardin où sont établis les bains-Samazeuilh, tous les livres de ce couvent et de celui des Capucins. Mais en l'an 7, le citoyen Delsoër se transporta à Casteljaloux, chargé d'extraire de la bibliothèque des Cordeliers tous les ouvrages nécessaires pour compléter la bibliothèque de l'école centrale d'Agen. Les autres livres furent vendus ou dilapidés.

dans l'ancien couvent des dames de la Foi, nommées, dans l'origine, *dames de l'Enfance* ou de *l'Enfant Jésus*.

X. On a vu, p. 222, que la ville de Casteljaloux fit l'acquisition de cette maison dans les premières années du XVIII° siècle. Les dames de la Foi ayant refusé, le 24 février 1792, de prêter le serment exigé par les lois des 26 décembre 1691 et 22 mars 1792, des personnes chargées de l'instruction publique, la municipalité dut les expulser de ce couvent, où l'on plaça ultérieurement la gendarmerie. Le 20 pluviose an XI, le corps de ville déclara vouloir affecter la maison des dames de la Foi, au logement de M. Pouget, curé de Casteljaloux. Mais les gendarmes résistèrent et soutinrent sinon un siège, du moins un procès administratif, et il paraît que, malgré le zèle déployé par MM. de Mothes et de Morin, maires successifs de Casteljaloux, dans la défense des droits de cette commune, une décision dont il ne nous est pas donné d'apprécier le mérite, nous enleva cette propriété. Bientôt nous rappellerons la combinaison au moyen de laquelle l'ancien couvent des dames de la Foi a reçu les Frères de l'école chrétienne (1).

XI. Il ne suffisait pas de restaurer l'hospice, que de nouveaux bienfaiteurs, en tête desquels il faut placer Mlle Castaing, vinrent, au surplus, doter de nouvelles rentes. La salubrité publique réclamait d'autres soins. Les marais qui s'étendaient depuis les sources de la grande papeterie, de Neuffonds et de Clarens, jusqu'à la ville, n'avaient point cessé de répandre, dans tout le pays, leurs miasmes délétères. Lors de la vente du moulin du

---

(1) Un jugement rendu par le tribunal civil de Nérac, le 30 novembre 1833, déclara également la commune de Casteljaloux sans droit à la forêt des *Minouets*, située dans la commune de La Réunion, et qui avait été régie par l'administration de Casteljaloux, lorsque ces deux communes n'en faisaient qu'une.

château confisqué au préjudice du duc de Bouillon (1), notre municipalité obtint que l'on interdirait à toujours le rétablissement de cette usine, et nous notons ici que la destruction des vannes de ce moulin ayant opéré l'abaissement des eaux de l'Avance, en amont de la ville, tous les puits de Casteljaloux s'en ressentirent, à ce point qu'il fut arrêté, le 23 prairial an II, que l'on établirait, pour ce motif, une fontaine *au bout de la rue du milieu, aboutissant à celle de la Liberté, ci-devant Veyries, chez le sieur Col, marchand, en démolissant un appartement qui aboutissait à la maison de Cabannes, chaudronnier*. Mais ce n'est qu'en 1830, sous l'administration de M. de Labarrière, maire de Casteljaloux, qu'une fontaine alimentée par les eaux de la source *des frères* (v. p. 12) a été fondée sur la place de N. D. et non *au bout de la rue du milieu*.

Pour en revenir aux marais, MM. de Béraud Montesquieu, de Mothes, de Morin et de Mothes, maires successifs de Casteljaloux, depuis le Consulat jusqu'à la Restauration inclusivement, n'ont jamais discontinué leurs plaintes à ce sujet, auprès de l'autorité supérieure. C'est le 5 janvier 1824, que notre ville s'imposa extraordinairement à concurrence d'une somme de 8,600 francs, pour concourir par tiers avec le département et le gouvernement, au dessèchement de ces marais. Ces travaux ne furent néanmoins entrepris que vers la fin de novembre 1832. De nos jours, la ville de Casteljaloux se trouve convenablement assainie, et loin d'être un séjour redouté, les bains et la fontaine ferrugineuse fondés dans l'ancien enclos des Cordeliers, par M. Julien Samazeuilh, notaire (II), ainsi qu'un pareil établissement

---

(1) La loi du 4 août 1789 ayant aboli la féodalité, nous avons arrêté notre liste des ducs d'Albret, barons de Casteljaloux, à Godefroy Charles Henri de la Tour d'Auvergne, duc de Bouillon. Ce prince mourut en 1793. Jacques Léopold, son fils, décéda sans enfants vers l'an X de la République.

(II) Frère de l'auteur de la présente Monographie.

fondé par M. Lévadou, dans l'ancien jardin Courtés, y attirent une grande affluence d'étrangers (1).

XII. D'un autre côté, la ville de Casteljaloux doit une autre cause de prospérité aux belles et nombreuses routes qui la traversent. Bien différents de nos aïeux que nous avons vus contrarier les vues intelligentes de M. de Tourny (p. 223), nos modernes administrateurs n'ont reculé devant aucun sacrifice, pour seconder l'autorité supérieure, dans la création de ces artères de l'industrie et du commerce. C'est ainsi que le 20 juin 1829, sous l'administration de M. de Labarrière, maire, le conseil municipal réuni aux plus haut imposés, vota une somme de 7,917 francs, pour l'achèvement des routes départementales et l'ouverture de la route royale n° 133 de Périgueux à Mont-de-Marsan. La dépense totale dépassant trois millions, la part des communes avait été fixée à 350,000 fr. Nous devons à la création de cette dernière route, les trottoirs de la grande rue de Casteljaloux, établis en 1836 et 1837, et le beau pont dit du château, construit en 1855, sous la direction de M. Martin, conducteur des ponts et chaussées, ce qui a rendu plus facile l'abord de notre ville, de ce côté (II). — C'est en 1839 que l'on ouvrit le chemin qui va de la porte de Veyries à la route impériale de Périgueux. En 1836, sous l'administration de M. Lamarque, maire, l'on a créé le chemin d'intérêts communs de Casteljaloux à Tonneins, par Villefranche, et l'on a ouvert la nouvelle rue ou chemin dit de St-Benoît, parce qu'il mène de l'angle sud-ouest de cet ancien couvent, à la route départementale n° 4. Quant à la rue des Boulevards, où s'est formé, de nos jours, un

---

(1) Le plan suivi pour le dessèchement des marais n'a point permis d'exécuter une proposition à laquelle le conseil municipal accorda son adhésion, le 18 messidor an XII. C'était de jeter dans nos rues une dérivation de l'Avance et de faire jouir Casteljaloux des avantages que procurent à Baghères, à Tarbes, etc., des eaux vives et limpides.

(II) Déjà, en 1793, la porte de Notre-Dame avait été élargie, mais le pont

quartier prospère, déjà, l'an 1808, sous l'administration de M. de Morin, le conseil municipal avait autorisé la vente des murs de ville, *de manière à élargir la rue et pour en employer le prix à une fontaine publique.* Mais ce n'est qu'en 1845 et sous l'administration de M. Lamarque, que le conseil municipal arrêta le plan sur lequel s'est groupé le quartier des Boulevards. Nous devons à la même administration, l'achat d'une pompe et la création d'une compagnie de pompiers, ainsi que les reverbères qui éclairent la ville, le tout remontant aux années 1836 et 1837.

XIII. Nous venons de parler des boulevards, dont le projet fut arrêté sous l'administration de M. Lamarque. Mais c'est sous celle de M. Remy Dartaud, nommé maire de Casteljaloux, en 1847, que ce quartier s'est formé et a été relié avec la place, qui le sépare de la traverse de la route impériale, ou grande rue de Casteljaloux. Pour ce faire, l'ancienne halle rachetée à l'hospice moyennant une rente de 400 fr. au capital de 8,000 fr., a été démolie. L'on a démoli également l'ancien hôtel-de-ville (v. p. 13) ainsi que les maisons Poujardhieu, Manan et Bordes, dont l'expropriation volontaire a coûté 30,000 fr., et l'on a obtenu ainsi une place centrale, ombragée de tilleuls et ornée d'une nouvelle halle que surmontent des appartements où l'on pourra établir la nouvelle mairie. Vers la même époque, l'on pavait et terminait la rue ou chemin de St-Benoit, ainsi que la place de la Cardine, où s'élève l'hôtel Girot, et le chemin de Ceinture au nord de la ville; l'on rectifiait le champ de foire aux bestiaux, avec plantation d'arbres sur toute son étendue et l'on

---

était fort étroit et le passage le long de l'ancien moulin fort restreint. Quant à la porte de St-Raphaël, les pilastres qui la figurent sont de 1791. En 1793, on opéra quelques destructions, notamment de *l'auvent* de l'église de St-Raphaël, pour élargir cette issue. Quant à l'église elle-même, c'est un monument complètement perdu.

rectifiait aussi la place des Capucins, en démolissant l'ancien hôtel du *Chapeau rouge*, exproprié volontairement au prix de 10,000 fr. et remplacé, en recul, par l'élégant *hôtel Fages*. En outre, une bascule a été construite sur cette place et l'on a planté des tilleuls sur l'avenue qui mène des mêmes lieux à l'Avance.

A ces travaux et embellissements, la même administration a joint des créations d'un ordre supérieur. Grace aux fonds fournis notamment par M. le comte de Bastard, par M. le baron du Sendat et par MM. de Brocas, Lamarque, Remy Dartaud..... La maison des dames de la Foi a été rachetée, au prix de 16,000 fr. converti en une rente de 800 fr., et l'on y a placé l'école gratuite communale pour les garçons, sous la direction des Frères de la doctrine chrétienne. De plus, un presbytère a été fondé et grace aux fonds fournis notamment par Mmes veuve de Monlon, née de Béraud, et veuve Larrieu, comme par MM. Favar, curé, de Lacaze, de Calbiac, de Brocas, Lamarque, Casse, de Lartigue....., l'église de Notre-Dame a reçu des vitraux historiés et a vu refaire son pavé de dalles, avec l'appui de communion. D'un autre côté, un local contigu à l'hospice a été acquis de M. Barthe, au prix de 3,500 fr., pour recevoir une salle d'asile, et l'hospice lui-même s'est agrandi de la partie ouest des anciens cloîtres, que l'on avait distraite du couvent et que M. Col a cédée au prix de 3,000 fr. Nous ne devons pas oublier non plus la fondation, dans notre ville, de la Société de secours mutuels et de la Société philharmonique, sous la présidence de M. Remy Dartaud, maire.

XIV. Ceci nous conduit à fournir, pour compléter notre travail, la statistique sommaire de la commune de Casteljaloux.

Sa superficie est de 3,032 hectares, dont 1,036 hect. en terres labourables, 235 hect. en prairies, 124 hect. en vignes, 704 hect. en bois, 19 hect. 23 c. en jardins et vergers et 674 hect. en sols de maisons, routes, chemins, cours d'eau ; parmi ces derniers, nous citerons la petite rivière de l'Avance qui naît dans la commune, à Neuffons et à Clarens, les ruisseaux de Belloc et de Baraton, qui viennent du plateau et commune de St-Martin, le ruisseau du Papetier, qui naît un peu en amont du moulin de même nom, dans la commune de Pindères, le ruisseau du Sendat, dont les deux principales sources sont à la Maronde et à Lesquiouet, commune de La Réunion, et le ruisseau de La Salette, qui vient de Loupiac.

La commune de Casteljaloux a une population de 2,863 habitants. L'école communale, sous la direction des Frères de la doctrine chrétienne, compte plus de 200 élèves, l'école de l'hospice 70 jeunes filles qui reçoivent une instruction gratuite et 30 payant une rétribution ; la salle d'asile, 86 enfants de l'un et de l'autre sexe, et l'orphelinat, 25 jeunes filles, environ.

Favorisés par la route impériale nº 133, de Périgueux à Mont-de-Marsan, et par les routes départementales nº 4 de Nérac à Grignols et Bazas, nº 6 de Casteljaloux au Mas et Feugarolles, et nº 11 de Casteljaloux à Damazan, ainsi que par le chemin de grande communication nº 20 de Tombebœuf à Anzex, par Tonneins, et par le chemin d'intérêts communs de Casteljaloux à Villefranche, le commerce et l'industrie ne cessent pas de faire des progrès sur ce territoire. L'Avance fait mouvoir, dans notre commune, les moulins à blé des Frères, de Lannes, de la Bourre et de Compay, ainsi que le moulin à écorce de la Bourre et deux scieries à bois. Le moulin à blé de Baraton doit son moteur aux eaux du ruisseau de même nom. A Neuffons, l'on trouve des forges et hauts fourneaux ; à Clarens, un moulin à papier de paille ; à Lirac, une fabrique de thérébentine, ainsi qu'une fabrique de cierges et bougies. — Casteljaloux possède de plus une seconde fabrique de bougies et cierges, ainsi que deux verreries (dont une en chômage), deux tanneries, une fabrique de carreaux mosaïques, huit fours à chaux ou tuileries, deux établissements de bains minéraux, chacun avec sa buvette, et dont les baigneurs peuvent recourir aux soins de cinq docteurs médecins et de deux pharmaciens établis dans la ville, sans parler de quatre sages-femmes. On y compte aussi trois hôtels, 40 auberges, cinq cafés, six marchands de vin, sept boulangers, trois pâtissiers, dix épiciers, quatre marchands de grains et de graines, douze maraichers, cinq jardiniers, dix bouchers ou charcutiers, deux banquiers ou escompteurs, cinq marchands de bois de toute nature, quatre de bois de construction, dix-sept parcs ou magasins à bois, (c'est là le commerce le plus important du pays avec les écorces, lièges, matières résineuses, cires et miel, que fournissent les Landes), dix maçons, dix carriers, treize tailleurs de pierre, huit charpentiers, huit menuisiers, trois peintres vitriers, cinq tourneurs, cinq forgerons, quatre serruriers, trois cloutiers, trois couteliers, quatre maréchaux, sept tailleurs, quatre perruquiers, sept chapeliers ou bonnetiers, sept cordonniers, six sabotiers, sept charrons, trois carrossiers, trois selliers, deux bourreliers, deux entrepreneurs de roulage, des voitures publiques sur Nérac et sur Marmande, deux arquebusiers, trois magasins d'objets en bronze, deux magasins de quincaillerie, cinq layetiers et coffretiers, un fabricant de parapluies, trois magasins de draperies, deux de toiles et cotonnades, un décatisseur d'étoffes, trois marchands de chaussures pour homme et femme, vingt bucherons ou charbonniers..... — Casteljaloux, simple chef-lieu de canton, a, du reste, un juge de paix, avec son greffier et deux huissiers, trois notaires, un maire avec deux adjoints et un conseil muuicipal de 22 membres, un conducteur des ponts et chaussées, un agent-voyer, un commissaire de police, un bureau de la poste aux lettres, avec un relai de la poste aux chevaux, deux employés des contributions indirectes, deux bureaux de tabac, un receveur de l'enregistrement et des domaines, ainsi qu'un percepteur.....

Puisse cette situation modeste s'améliorer et puisse un continuateur de la *Monographie de Casteljaloux* avoir ultérieurement de plus riches tableaux à publier.

FIN DE LA MONOGRAPHIE DE CASTELJALOUX.

PRINCIPALES CORRECTIONS A OPÉRER.

Page 13, en note, *scellés* au lieu de *sceltés* ;
Page 19, 7ᵉ ligne, *Savoze* au lieu de *Savèze* ;
Page 44, 3ᵉ avant-dernière ligne, *l'abbé* au lieu de *i'abbé* ;
Page 60, 12ᵉ ligne, *Franquessas* au lieu de *Franpuessas* ;
Page 61, 23ᵉ ligne, supprimer 2ᵉ *du nom* ;
Page 95, 17ᵉ ligne, *tuerait* au lieu de *tueraii* ;
Page 99, en note (2), *affaire* au lieu de *aaffire* ;
Page 102, 21ᵉ ligne, *trembler* au lieu de *tember* ;
Page 105, 9ᵉ ligne, *quelle* au lieu de *qu'elle* ;
Page 179, en note, 6ᵉ ligne, *baudrier* au lieu de *boudrier*.

TABLE DES CHAPITRES.

	pages
CHAPITRE 1er. — Antiquité de la ville de Casteljaloux.	3
CHAPITRE 2me. — Guerre entre les évêques d'Agen et de Bazas, au sujet de la ville de Casteljaloux. — Guerre entre Amanieu d'Albret et l'évêque de Bazas. — Avènement des sires d'Albret à la baronie de Casteljaloux.	22
CHAPITRE 3me. — Émancipation de la commune de Casteljaloux. — Organisation municipale. — Population diverse	26
CHAPITRE 4me. — Administration de la justice	40
CHAPITRE 5me. — Tailhes. — Souquet. — Comptes des Consuls.	45
CHAPITRE 6me. — Faits antérieurs aux Guerres de Religion.	57
CHAPITRE 7me. — Faits survenus durant les troubles religieux, jusqu'à l'Édit de Nantes et la mort de Henri IV.	71
CHAPITRE 8me. — Faits divers survenus sous les règnes de Louis XIII et de Louis XIV, jusqu'à la fin des guerres civiles.	143
CHAPITRE 9me. — Modifications apportées aux élections consulaires. — Décadence du parti de la Réforme. — Faits antérieurs à la révocation de l'Édit de Nantes	200
CHAPITRE 10me. — Faits postérieurs à la révocation de l'Édit de Nantes et antérieurs à la Révolution Française. — Remaniement du régime municipal	216
CHAPITRE 11me. — Faits postérieurs à la Révolution de 1789	228

www.ingramcontent.com/pod-product-compliance
Lightning Source LLC
Chambersburg PA
CBHW070522170426
43200CB00011B/2292